U0050789

元華文創
頂尖文庫 EA003

數位時代圖書資訊服務新建構

國際視野的觀察

The New Construction of Library Information Services in the Digital Era : an International Perspective

簡秀娟 著
Hsiu-Chuan Chien

曾　序

　　為打造我國國家圖書館（簡稱國圖）成為一個卓越化、專業化、數位化、國際化、多元化、人性化的專業圖書館之願景，並成為國際上指標性的國家圖書館，在獨特的臺灣文化環境下，與面對國際化、網路化、數位化、個人化、多元化、合作化的趨勢，國圖必須在擔負傳統的任務及服務外，思考如何成為影響文化與社會、甚或經濟及科技等層面的力量。

　　本人上任時，曾提出以上國圖未來努力方向的六大願景及目標，為了達成這些目標，在審慎衡酌環境、專業發展、人力資源等條件，並進一步擬定各項策略與行動方案，作為與國圖夥伴們齊心努力的方向，其中包括：強化組織效能、提升服務品質、建立優良組織文化、追求服務創新、精進人員專業、型塑組織形象，打造卓越知識團隊。

　　置身 21 世紀知識經濟時代，「人力」即「國力」，優質專業人力資源，才能厚植國圖知識組織，實踐資訊服務精神，重建國圖專業領導地位，型塑創新、進步形象。所以，近年來國圖相當鼓勵本館同人能積極從事自行研究，培養學術研究專業知能，以提升創新研發水準，甚或著述出版，知識傳播，以發揮杜拉克（Peter Drucker）所謂知識工作者（knowledge worker）所應具備的專業知識、解決問題、資訊與通訊科技、創新、溝通、合作、繼續學習與變革等核心能力。

　　本書內容共計十一章，探討處於數位時代的現代圖書館所建構有關：主題資訊服務、圖像資訊服務、國家書目資訊服務與新書資訊服務等。書中研究對象的圖書館涵蓋國家或地區包括：美國、加拿大、紐西蘭、澳洲、中國大陸與臺灣地區，並著重於分析國家圖書館、學術圖書館、與公共圖書館等三種主流類型圖書館資訊服務機制內容與特色，以瞭解國內外圖書館所建置無論文本或圖像、出版

前或出版後的資訊服務理論與實務。

　　作者簡秀娟小姐自國立臺灣大學圖書資訊學研究所畢業後，曾先後在本館漢學研究中心、國際標準書號中心、編目組、與館藏發展及書目管理組服務。書中內容主要為作者服務於本館期間，近年來對圖書館資訊服務理論與實務的研究論述與創新探討。

　　秀娟在職期間，認真負責，公餘之暇並不斷自修精進，汲取新知，筆耕不輟，孜孜不倦，勤奮鑽研，累篇成書。在業務繁重之餘，有此成果，實屬不易，展現圖書館員優良的研究素質，今新書出版在即，故樂為之序。

國家圖書館館長　曾淑賢　謹誌

自 序

　　面臨資訊成長過量與搜尋引擎崛起的挑戰，促成圖書館進一步思考創新的使用者服務策略或方法。又資訊資源市場興起，各項迅速發展的資訊技術和設備，例如：社群網路服務、智慧手機與平板電腦等行動資訊終端的流行，為使用者提供更多的模式與選擇。資訊使用者因而順勢採用新興的科技模式，並將這些模式、方法融入到各自搜尋情境中。我們前瞻資訊新技術，圖書館網站功能及資訊服務形式，有其需待突破之處，這也意謂著此兩者扮演一個愈益重要、迎向使用者需求及利用新技術的角色。

　　放眼海內外許多發展先進的圖書館，它們居於大數據時代，能順應數位環境的演變，突破舊有傳統藩籬，運用集體智慧，勇於數位創新，活化圖書館服務模式；提倡以人為本，演繹知識新價值，重視使用者需求應用體驗，這些資訊服務建構成果的經驗，相當值得研究與參酌。

　　本書收錄本人研究撰寫的十一篇論著，分別探討美國、加拿大、紐西蘭、澳洲、中國大陸與臺灣地區等地現代圖書館所提供相關資訊服務，包括：主題資訊服務、圖像資訊服務、國家書目資訊服務與 CIP 新書資訊服務等，並著重於分析國家圖書館、學術圖書館、與公共圖書館等三種主流類型圖書館資訊服務機制內涵與特色，以瞭解海內外圖書館所建置無論文本或圖像、出版前或出版後的資訊服務模式與功能。書末並列出圖書、期刊論文、報紙專文、會議論文、博碩士學位論文、網路資源等中西文文獻資源，以提供讀者進行相關論題深入研究時參考。

　　本書之完成，也算是給自己數十年來之圖書館實務生涯，留下一項具體的成果。漫長的研究與寫作過程，從中更深深體會一思一想、一字一句，宛如一步一腳印走出來的踏實，也大有「輕舟已過萬重山」、「見山又是山，見水又是水」的

豁然澄明。想那靈雲志勤禪師尋尋覓覓多年，幾逢落葉幾抽枝，與自我妄執纏鬥
三十年，一日經行，見桃花灼灼，契入悟達，平生疑處，妄念頓消，正所謂：「忽
遇惠風吹散，卷盡雲霧，萬像參羅，一時皆現」。

　　本書之撰述，內容雖力求完善，然掛一漏萬，或魯魚亥豕，仍難倖免，尚祈
各界專家、學者先進不吝指正，以匡不逮。

簡秀娟 謹誌

2017 年 1 月

目　次

緒　論

一、 數位時代圖書館資訊服務

　　電腦網路科技的進展與資訊社會（information society）的崛起，現代圖書館不免面臨數位時代資訊多元化與多媒體呈現的影響與衝擊，圖書館所提供的資訊服務永遠是居於接受挑戰與跨界整合的角色。又居於知識經濟（knowledge economy）時代，對於圖書館資源組織與儲存、知識呈現與傳達是資訊社會中知識工作者的天職，而對於知識探索、應用、與創新，則是所有知識需求者所致力的方向。當新工具時代來臨，藉由活用具創意且有成效地運用資訊科技，產製不同的數位創新（digital innovation），創造新價值的機會，重塑圖書館所有知識工作者專業素質和形象典範，以契合提高數位時代圖書館資訊服務的能量與效益，方能取得競爭優勢之一席。

　　當新加坡國家圖書館（National Library Board Singapore）在西元（以下同）2010 年網站首頁顯示著標語：Libraries for life. Knowledge for success.（National Library Board Singapore, 2010），似乎意謂著：善用圖書館服務，掌握知識力量，以創造成功的你我，圖書館服務應走入每個人的生命當中，Lib 2.0 圖書館服務也正導向於創造屬於「你（you）」的時代。顯示在電腦螢幕前面的「you」一詞，曾榮登為 2006 年美國《時代週刊》（*TIME*）年度風雲人物（person of year: you）（Time Inc., 2006），普通網民集體當選，一時躍身為時代亮點。在資訊時代（information age）所有的「你」，當然都是圖書館資訊服務對象的使用者。

　　當網路頻寬需求持續成長的情況下，在 2010 年曾被《時代週刊》預測將取代石油成為眾人爭奪、有如原油般珍貴的黑金時（Bandwidth is the new black gold）（行政院經建會綜合企劃處, 2010），一向善用資訊科技的圖書館自不能缺席，當使用者需要圖書館的服務時，服務就應該讓「你」隨選即用、唾手可得。Library 2.0 或是 Lib 2.0 核心精神，相應於 Web 2.0 的概念，即強調在於以使用者為中心的分享與參與、雙向的互動，以及累積豐富使用者的經驗。

　　又大數據（big data 或 megadata）時代來臨，在「數位化」之後，產生龐大的資料量，這股「資料革命」旋風已經悄然地轉變人類的思考、生活、社會及科學等各個層面，也重新改寫企業獲利，所以，除了知識產權外，大數據隨即也被比喻冠稱為 21 世紀的黑金。（IBM, 2015）（羅倩宜，民 102）事實上，不論時空，從古到今，「資料」隨處隨時都存在，資料是否經過被察覺、掌握、分析、提煉與萃取成為有價值的結果，繼而賦予創新創造，才是站穩絕對優勢的關鍵點。

　　綜觀國內外各先進圖書館，居於 Web 大數據時代，能順應數位環境的變遷，突破舊有傳統藩籬，運用集體智慧，勇於數位創新，活化圖書館服務模式，營造長尾效應（the Long Tail）新價值，提倡以人為本，重視使用者需求應用體驗，相關資訊服務建置成果經驗相當值得研究與借鏡。

二、 本書各章主要內容

　　隨著數位時代的興起趨勢，各類型圖書館的服務也面臨轉型的變革構思，帶動圖書館普設數位網站，實踐知識管理的數位創新，以各項數位服務設施與電子資源內容提供使用者探索與擷取多元化資源門徑。但使用者在搜尋與取用圖書館網站（library website）內含百科眾多資源時，也不免容易耗費過多時間在找尋真正所需資訊，部分使用者甚至迷失在過多資源的資訊煙霾或資訊超載中，或不熟悉圖書館網站檢索環境而易導致查無所獲，或難分辨哪些才是真正所要的資訊，造成使用者在找尋所需資訊時徒費許多精力與時間，甚或喪失對利用圖書館網站的

信心。

　　所以，國內外各類型圖書館網站紛紛建置主題服務的功能，基於資源導航、資訊傳播或研究入門，主要是為方便對圖書館資源組織或檢索機制不熟悉的使用者，便捷式獲取或瀏覽資源，建立其對圖書館易用性（user-friendly）的認同感。基於此研究動機，本書第一章內容主要探討近幾年來國內外圖書館網站曾開發的主題資源指引數位服務機制，並著重於分析國家圖書館、大學圖書館、與公共圖書館等三種主流類型圖書館網站主題服務內容與特色，以瞭解國內外圖書館網站所建置主題資源服務模式與功能，並藉由顯示部份各類型圖書館網頁主畫面功能，針對主題資源指引在圖書館網站數位創新服務功能做全面性、客觀性、系統性的特色與內容分析；最後在研究成果的脈絡下作出多項結論，並提出政策面及實務層與後續研究建議和心得，希冀提供各類型圖書館與相關各界在建置圖書館網站主題資源指引數位服務時架構與內涵之借鏡與參酌。

　　在本書第二章中則探討國家圖書館（簡稱國圖）於「2010 至 2013 中程發展策略計畫」方案中，所研擬推出建置的「主題隨選百科書目服務」（簡稱 SOD 服務）。SOD 服務初期規劃延伸搜錄國圖五個應用系統，建置 100 個學科主題指引，在使用者服務面上，除提供百科主題訂閱、最新百科書目瀏覽、個人收藏、查詢歷史等服務機制外，同時採使用者分群與資訊需求分級化概念，從所需主題或不同主題的角度，架構出屬於使用者資訊需求為主題的個人化資訊服務環境。

　　又，全球網際網路的普化與進展，實體博物館、美術館與藝術館等所珍藏的人文藝術等文物作品與圖像，經由數位化轉製之後，可提供社會大眾在網路上直接瀏覽、觀賞與評介，在既有知識的充分利用之餘，開創知識機構家族在數位時代知識管理的另一篇章。

　　在本書第三章中，則研究已逾百餘年歷史的舊金山公共圖書館（San Francisco Public Library，簡稱 SFPL）勇於突破舊有的脈絡，將各界所遺留的珍貴歷史圖像，追尋數位創新格局，提供全方位地方性歷史照片數位典閱。位於 SFPL 的「舊金山歷史中心」，館藏包含大約 40,000 張舊金山歷史圖像，圖像範圍包括照片和其他從 1850 年代到至今有關舊金山及加州的作品，圖像主題涵蓋了舊金山街頭的場

景、建築物和街區，以及舊金山當地著名人物的照片等。透過詳細的詮釋資料，與後端數位化作業處理，以最新資訊技術提供隨選隨看、多層次數位服務效能。SFPL 繼續打響公共圖書館百年老店服務名號，數位化歷史圖像成了最佳佐證與對先民追憶的第一手來源，堪稱舊金山敘事的集體記憶，也以歷史圖像深化大眾人文素養，以在地性的主題知識領航閱讀影視歷史，實現了公共圖書館社教網絡的建置與達成促進民眾便利獲取資訊、知識的使命宗旨。

同時，加拿大國家圖書館暨檔案館（Library and Archives Canada，簡稱 LAC）也早在 2002 年即主持開發「加拿大圖像」（Images Canada）網頁，透過該得自於全國各地 15 個文化機構資源整合協作性網頁，可探索由加拿大事件、人物、地點、與事物所構成加拿大集體遺產的歷史記憶圖像。「加拿大圖像」主要收錄來自加拿大全國各地引人入勝的圖像，內容涵蓋的時間大約從 18 世紀末至 1990 年代後期，目前總計收納超過 65,000 種索引圖像。LAC 將各界所遺留的珍貴歷史照片建置數位化服務，希望提供一個單一窗口，讓使用者能在線上搜尋，並享受由全國圖書館、博物館與檔案館聯合提供有關「加拿大」的圖像，包括照片、插圖、漫畫等內含豐富有趣的歷史畫面或具有故事性的題材。

在本書第四章內容，即研究「加拿大圖像」國家歷史圖像數位創新服務內涵，包括：「加拿大圖像」協作機構、建構「圖像路徑」（Image Trails）主題式服務、建置「圖像專文」（Photo Essays）內容式服務、提供加值利用及教學資源、版權聲明、與 Flickr 網路相簿社群媒體之應用建置等。

紐西蘭國家圖書館（National Library of New Zealand，簡稱 NLNZ）在 2007年曾提出新一代 10 年策略願景，以作為 NLNZ 未來營運價值觀、策略面、與經營環境規劃方向。為配合 10 年策略重點未來發展，NLNZ 於 2008 年 2 月建置推出「紐西蘭國家出版資訊網」（Publications New Zealand，簡稱 PublicationsNZ），以進一步提供全方位整合式國家型出版資訊數位服務網，以配合新時代數位化發展，共享國家數位記憶，履行徵集有關紐西蘭與紐西蘭人民相關文獻，並實現促使各界方便運用國家出版資訊，以豐富使用者閱讀資源、資訊經驗、與知識創新。

在本書第五章中即研究 PublicationsNZ 之國家出版資訊服務，該網站屬於客

製化整合型服務。PublicationsNZ 可說是列在國家書目（national bibliography）上有關紐西蘭過去與現行出版品的紀錄，資料庫包含在紐西蘭當地出版的圖書、期刊、錄音資料、音樂、電影、有聲書、地圖和其他材料等書目描述，或收錄在內容上有明顯紐西蘭色彩的出版品，並提供連結到典藏的圖書館單位，以利使用者就近獲取所需資源。PublicationsNZ 其服務功能項目包括：整合型多重檢索介面設計；建置國家出版資訊 Web 2.0 個人化服務；提供多元書目欄位選擇的客製化書目服務型態；提供檢索、下載與連結圖書封面影像服務；每月定期提供多元化資料類型服務與紐西蘭國家出版書目轉錄服務等，以上國家型出版資訊服務兼備提供英文與毛利文兩種功能選項。

　　本書除了關注國家型書目數位化資訊服務外，書中後六章則探討新書資訊服務。內容首先詮釋出版品預行編目（Cataloging in Publication，簡稱 CIP）在資訊時代扮演的角色，並研析各國 CIP 編製範圍情形。另外，論述加拿大與臺灣多年來實施 CIP 計畫管理機制與實務作業。除了探究加拿大 CIP 計畫模式及延伸推展自 CIP 計畫的加拿大新書資訊加值服務外，並回顧與前瞻臺灣地區近十餘年來的 CIP 計畫服務，和研究知識管理時代 ISBN/CIP 服務資源整合模式。

　　揆諸世界各國圖書館界向來十分重視 CIP 計畫，實際負責執行 CIP 編目單位幾乎是國家圖書館，共享書目資源以達節省人力物力效益。在圖書館編目技術規範體系下建立書目資源、掌握書目訊息、實現書目品質，最終共享書目成果。CIP 預編資料就是整個書目資訊環節與價值建立的源頭。CIP 資料對一般使用者而言，方便查詢完整的新書資訊，以利用掌握新知出版脈動。同時其中很多新書可以在實際出版前已被下訂單，這對出版業者而言是一項明顯的經濟效益。CIP 計畫服務圖書館界與出版業界，為圖書館採編作業參考資源，與出版界圖書市場發行之橋樑。全球圖書館投入相當資源於施行 CIP 計畫，繼而從抄錄編目資源共享中，獲得龐大的書目資源，以及明顯的人力物力資源的節省。

　　CIP 預編作業雖有節省人力物力之效，但考慮預編部門資源有限等諸多因素，各國在其 CIP 計畫說明，皆詳列其適用與不適用編製範圍的規定，在適度性範圍內預編其本國新書出版品。為進一步提升 CIP 服務成長的最大動能效益，對

於臺灣地區 CIP 申請作業編製範圍的適宜性，實有進一步參酌其他國家 CIP 計畫編製範圍的空間。美國、加拿大、澳洲、紐西蘭等幾個國家自 1970 年代即陸續展開 CIP 計畫，而亞洲的新加坡推行 CIP 計畫也制度完善，取鏡國外行之有年 CIP 編製範圍制度不失為一有效參考途徑。

　　加拿大自 1976 年 1 月即開始實施 CIP 計畫，採分散制度，目前由 LAC 統籌負責協調管理。LAC 強調，CIP 作業的特點在於「出版前」編目紀錄的建立與傳送，並將預編資料印製在新書上。藉由提供即時性相關新書書訊予書商、零售商和圖書館，作為選購、編目與其他加值利用之參考，以促進新書發行銷售觸角，也為加拿大出版業者的合法出版品增進曝光機會。經過 30 餘年進展，CIP 計畫機制在加拿大已樹立完善體制與服務。本書第八章主要從回顧 LAC 早期施行 CIP 概況、問題與效益，並瞭解 LAC 現今 CIP 作業實務，與前瞻數位環境興起下 CIP 所面臨的挑戰、及分析加拿大 CIP 計畫機制特色，探討 LAC 實施多年有成的 CIP 計畫作業與服務。加拿大現行 CIP 計畫模式，具有其多年累積的成果與效益，又其中值得探究的問題包括：CIP 計畫整體管理機制；CIP 作業編製範圍與申請條件；CIP 計畫網頁宣導方式；CIP 書目維護措施；CIP 新書資訊傳播途徑等。雖國情版圖不同，但在申請表的豐富項目、CIP 書目維護、及新書內容服務等，甚值國內相關各界參考。

　　本書第九章主要探討 LAC 新書資訊服務（New Books Service，簡稱 NBS）功能並分析其作業特點。加拿大開始實施 CIP 計畫已逾 30 餘年，為出版業者與圖書館界通力合作的一項自願性計畫（voluntary program），近年來 LAC 更進一步將 CIP 資源延伸推行 NBS 新書資訊服務，進而充實國家書目服務體系，提供使用者更完善的預編新書資訊瀏覽、檢索、與利用機制。LAC 所實施的 NBS 服務，以提供相關新書出版品線上預告服務為主，其資料庫主要收納過去半年內，在加拿大當地出版的英語和法語的新書書目資訊，書目源自於 LAC 的 CIP 申請作業。除了出版資訊外，該出版品書目紀錄也可能包括一些增補資訊，例如：封面、目次、內文樣張、作者介紹、序文說明、得獎紀錄、和書評等資料，以深化 CIP 新書編目加值內容服務（content service），拓展讀者預覽新書資訊範圍，邁向數位多媒體

現刊出版圖書目錄（Books in Print，簡稱 BIP）國際交流平台的開發，深化書目服務內涵，串連起新書個人化閱讀、出版產業書目供應鏈、與圖書館採編模式一氣呵成，以詮釋知識經濟時代出版文化加值體系互動合作、共生多贏之體質。

　　為推行發展國際統一的圖書編號制度，1988 年 7 月行政院正式核備國立中央圖書館（即國家圖書館前身）為臺灣地區國際標準書號（International Standard Book Number，簡稱 ISBN）權責單位。1990 年 2 月正式成立「國際標準書號中心」（簡稱書號中心），同時實施 CIP 計畫。CIP 計畫藉由圖書館編目技術規範所建置的預編書目內容，為讀者傳播書目最前線，建構新書即時主題所需服務。在 CIP 計畫正式在臺灣地區實施屆滿 20 週年之際，本書第十章謹擇要回顧 CIP 計畫近十餘年來的演變並前瞻未來發展。CIP 計畫多年來在出版界體系與圖書館作業系統間，擔負著新書書目知識服務管理價值鏈角色，深耕在地新書出版資訊服務，並從傳統模式走向數位化平台，建構種種發展創新措施，藉以標準化、數位化、與服務化，提升快速化、精簡化、國際化，達成華文新書優質競爭力的預編服務效益。臺灣地區 CIP 預編作業，在書目服務第一線，利用各種媒體建置提供書目資料檢索下載利用，俾便傳播分享新書資訊，也配合編目技術規範的修訂，因應政策面之施行，啟動相關書目控制措施，深化書目服務管理建置。

　　知識管理是組織在面對 21 世紀知識經濟社會，所應建立的一個將資料、資訊、專業知識技術、智慧資本與整體工作作業流程、組織精神與文化加以融合的過程。透過融合過程，可望不斷創造新的知識。面臨此一變局考驗，不僅企業體組織有此認知，政府公部門自宜因應調整，強化組織效能，促進提升國家整體競爭力。書號中心 ISBN/CIP 新書資訊服務是圖書館生產與作業機能上游之上游服務，檢視多年來現行 ISBN 作業流程上再接續 CIP 預編，呈現垂直型兩階段分立作業型態，再加上因近年來行政組織普遍精簡，人力未擴充，ISBN/CIP 作業也存在著一般性的困難。為增益 ISBN/CIP 服務效率，提昇簡編書目資訊服務品質，檢視修正及調整製程關鍵品質因素項目，期對 ISBN/CIP 書目之穩健品質及書目供應鏈之附加價值具有正面的提升效果，並藉分類編目技術規範以建立 ISBN/CIP 標準化作業流程（Standard Operating Procedure，簡稱 SOP），營造顧客滿意度與

企畫品質競爭力。

　　面臨數位出版環境潮流的蓬勃，及冀望提升所有圖書館書目供應鏈中各階段製程的書目資料生產效能（productive efficiency），CIP 預編書目未來建置與管理，不論加拿大、臺灣甚或美國等，勢必會更密切關注 CIP 計畫與圖書館編目互動的未來發展，以更彈性地促進與實踐圖書館與書目機構間編目資料兼容互通及資源共享。

三、 本書各章內容摘要

　　本書各章內容摘要如下：

第一章　主題資源指引在圖書館網站數位創新服務之研究

　　面對龐雜多元的資訊，一向強調提供知識的圖書館服務，尤其圖書館網站的建置，如何提供使用者便捷有效的主題性資源，透過不同主題指引，導航使用者即類就書、隨選可參、切合所需，已是圖書館資訊服務居於 Web 2.0 時代的重要課題。本章研究主要從資訊時代使用者對於圖書館的認知與圖書館所面臨的挑戰、網路資訊組織技術、與圖書館主題資源組織等課題，探討圖書館網站建置主題服務的內涵，並援引國內外各型圖書館網站已建立的主題服務，說明圖書館主題數位資源指引機制。

第二章　百科主題編製之探討：主題資源個人化數位服務知識地圖

　　SOD 服務係國圖所推出建置的圖書館主題資源個人化服務，提供使用者一個最佳化的自主定位導航指引。初期規劃延伸搜錄國圖五個應用系統，建置 100 個學科主題指引，讓使用者可從所需主題或不同主題的角度，來學習與認識一個知識領域範圍的出版資源，進一步可作為知識服務先導基礎。本章主要探討 SOD 服務前製作業之「百科主題」實際編製、與建置 SOD 服務基本架構，最後分析 SOD

服務機制預期效應。

第三章　歷史圖像主題數位創新服務之研究：以舊金山公共圖書館為例

位於 SFPL 總圖書館六樓的「舊金山歷史中心」，其典藏的舊金山歷史圖像範圍，包括照片和其他從 1850 年代到至今有關舊金山及加州的圖像。中心收藏的圖像主題涵蓋了舊金山街頭的場景、建築物和街區，以及舊金山當地著名人物的照片等。這些歷史圖像典藏資源是城市集體記憶，也是區域研究的珍貴史料來源。本章首先從簡述 SFPL 設置歷程與服務內涵、及「舊金山歷史中心」所提供的資源與服務，解析 SFPL 網站歷史圖像主題數位服務與地理編碼圖像探索老舊金山服務介面架構，從而探討 SFPL 歷史圖像數位服務的建置與內涵，並分析此網站數位資訊服務功能與特色。

第四章　「加拿大圖像」之國家歷史圖像數位服務探討

LAC 早在 2002 年即開發建置「加拿大圖像」（Images Canada）網頁，透過該協作性網頁，可探索由加拿大人事地物所構成集體遺產的歷史記憶圖像。本章首先綜述 LAC 整合歷程、服務與職責，繼而探究「加拿大圖像」數位創新服務機制與內涵，研究結果包括：「加拿大圖像」協作機構、建構「圖像路徑」主題式服務、建置「圖像專文」內容式服務、提供加值利用及教學資源、版權聲明、與 Flickr 網路相簿社群媒體之應用建置。

第五章　紐西蘭國家圖書館國家出版資訊網數位服務研究

NLNZ 擔負著編製與提供國家書目的基礎設施，以利有效率與經濟地傳輸書目內容，進而造福所有紐西蘭人民書目資訊需求。NLNZ 所建置推出的「紐西蘭國家出版資訊網」（PublicationsNZ），可說是列在國家書目上有關紐西蘭過去與現行出版品的紀錄，其內容上包含在紐西蘭當地出版的圖書、期刊、錄音資料、音樂、電影、有聲書、地圖和其他材料等書目描述，或收錄在內容上有明顯紐西蘭色彩的出版品，並提供連結到典藏的圖書館單位，以利使用者就近獲取所需資源。

本章主要從紐西蘭國家發展、文化特色、與紐西蘭圖書館事業和國家圖書館的策略願景，探討 PublicationsNZ 的建置與內涵，並分析此網站數位資訊服務功能與特色。

第六章 出版品預行編目（CIP）在資訊時代的角色詮釋

CIP 計畫服務圖書館界與出版業界，為圖書館採編作業參考資源，與出版界圖書市場發行之橋樑。全球圖書館投入相當資源於施行 CIP 計畫，繼而從抄錄編目資源共享中，獲得龐大的書目資源，以及明顯的人力物力資源的節省。本章首先探討資訊時代 CIP 計畫之意義、方式、與關鍵點，並論及 CIP 書目之維護與 CIP 編目人員之素養，最後前瞻 CIP 計畫的未來挑戰。

第七章 出版品預行編目（CIP）編製範圍研究

各國圖書館界歷來皆十分重視 CIP 計畫的實施，書目資源共享，以達成節省人力物力效益。實際作業層面，則編訂 CIP 編製範圍之合格與不合格條件，以納入作業標準程序。本研究首先回顧 CIP 編製範圍施行概況，次及各國 CIP 編製範圍內容，主要介紹美國、加拿大、澳洲、紐西蘭與新加坡等國 CIP 編製範圍情形，並論述分析臺灣地區 CIP 編製範圍準則，最後歸納出幾項結論與建議供參。

第八章 加拿大出版品預行編目（CIP）機制之探討

CIP 是出版業者與圖書館界通力合作的一項自願性計畫。加拿大自 1976 年 1 月即開始 CIP 計畫，採分散制，目前由 LAC 統籌負責協調管理。經過 30 餘年進展，CIP 機制在加拿大已樹立完善體制，近年來 LAC 更進一步將 CIP 資源延伸為相關的新書資訊服務（NBS）。本研究主要從回顧 CIP 施行概況、作業實務、計畫前瞻、與機制評析，探討 LAC 實施多年有成的 CIP 計畫作業與服務，最後並在結語中提出建議，以供相關各界參考。

第九章　加拿大國家圖書館暨檔案館新書資訊服務探討

　　本章主要探討 LAC 新書資訊服務（NBS）功能並分析其作業特點。LAC 所實施的 NBS 服務，以提供相關新書出版品線上預告服務為主，其資料庫主要收納在過去半年內，在加拿大當地出版的英語和法語的新書書目資訊，書目源自於 LAC 的 CIP 申請作業。除了出版資訊外，該出版品書目紀錄也可能包括一些增補資料，例如：封面、目次、內文樣張、作者介紹、序文說明、得獎紀錄、和書評等資料，以深化書目加值內容服務範圍。

第十章　臺灣地區出版品預行編目（CIP）計畫近十餘年來的回顧與前瞻

　　為推行發展國際統一的圖書編號制度，開創圖書出版品標準化、統一化、資訊化與國際化的新格局，1988 年 7 月行政院正式核備國立中央圖書館（即國家圖書館前身）為臺灣地區國際標準書號給號權責單位。1990 年 2 月正式成立書號中心，同時實施 CIP 計畫。CIP 計畫藉由圖書館編目技術規範所建置的預編書目內容，為讀者傳播書目最前線，建構新書即時主題所需服務，串連起個人化閱讀、出版產業、與圖書館採編模式一氣呵成。在 CIP 計畫正式在臺灣地區實施屆滿 20 週年之際，本章謹擇要回顧書號中心 CIP 計畫近十餘年來的演變並前瞻未來發展。

第十一章　知識管理時代 ISBN/CIP 服務資源整合之研究

　　現代組織經營者逐漸重新評估運用組織管理，進行組織體系的變革、組織學習能力的培養、組織文化的形塑、與組織共同願景的領導，發揮整合管理理論與模式，從體系整合、學習整合、文化整合與領導整合的組織策略，建構一個有機式、互利共生的全球化知識型組織優勢。中華民國國際標準書號中心 ISBN/CIP 服務作業，多年來在出版界體系與圖書館作業系統間，擔負著新書書目知識服務管理價值鏈角色，深耕在地新書出版服務，與提供華文圖書書目資料庫之加值利用。本文試從資源整合精實理念與多元角度，探討整合管理對解決現行 ISBN/CIP 服務分立問題之助益。

四、 結語

根據 OCLC 於 2005、2010 年相繼發表針對資訊行為與檢索習慣所做的調查指出，自從出現網際網路後，大多數使用者並未常善加利用圖書館網站，圖書館對於資訊需求者不再是首要的、或者唯一的選擇，搜尋引擎（search engine）比圖書館或數位圖書館服務更符合大眾的生活模式。（OCLC, 2005；2010）所以，如何幫助使用者更容易獲取其所需資源、解決資訊超載的困擾、與提升資訊利用素養，並促成身處資訊社會中圖書館的服務力、資訊力、創新力與競爭力，已是各知識機構規劃數位服務藍圖時所不可忽略的服務指標。

在本書十一章內容中，研究陳述處於數位時代的現代圖書館所建構提供有關：主題資訊服務、圖像資訊服務、國家書目資訊服務與 CIP 新書資訊服務等，並著重於分析國家圖書館、學術圖書館、與公共圖書館等三種主流類型圖書館資訊服務機制內容與特色，以瞭解國內外圖書館所建置無論文本或圖像、出版前或出版後的資訊服務模式與功能。本書參考文獻類型包括：圖書、期刊論文、會議論文、博碩士學位論文、報紙專文、網路資源等中西文參考文獻。

本書研究對象的圖書館涵蓋國家或地區包括：美國、加拿大、紐西蘭、澳洲、中國大陸與臺灣地區。囿於時間、空間等限制因素，未能親臨現場作更進一步的實地考察或調查訪談，以便提供更完整詳盡的服務實施情況。當然處於數位時代，圖書館所能提供的資訊服務層面可相當多元多樣，因限於人力、物力、時間，本書也未能列舉世界上其他同樣架構數位或資訊服務完善的例子，或更多種類的資訊服務，以作為本研究內容主體的比較對象，或為改善相關作業之參考。

在此僅拋磚引玉，希冀有關各界進一步研討或引介更多相關集成智慧與貫徹實踐的圖書館數位或資訊服務，促成讓圖書館資源更符合一般網民大眾的資訊生活需求方向，以成為使用者資訊行為與檢索習慣的首選，同時也是大數據時代資訊需求者眼中的資訊黑金汩汩不絕來源提供者。

參考文獻

行政院經建會綜合企劃處（2010）。「時代週刊」：對未來 10 年的 10 個看法（10 ideas for the next 10 years）。上網日期：2015 年 2 月 21 日，檢自 http://cdnet.stpi.org.tw/techroom/market/macro/2010/macro_10_005.htm

羅倩宜（民 102，5 月 13 日）。Big Data IT 產業新黑金。自由時報。上網日期：2015 年 2 月 21 日，檢自 http://news.ltn.com.tw/news/business/paper/678811

IBM. (2015). What is big data?. Retrieved February 23, 2015, from http://www.ibm.com/big-data/us/en/

National Library Board Singapore. (2010). Retrieved June 20, 2011, from http://www.nlb.gov.sg/page/Corporate_portal_page_home

OCLC. (2005). Perceptions of libraries and information resources: a report to the OCLC membership. Retrieved January 3, 2015, from http://www.oclc.org/content/dam/oclc/reports/pdfs/Percept_all.pdf

OCLC. (2010). Perceptions of libraries, 2010: context and community. Retrieved January 10, 2015, from http://www.oclc.org/content/dam/oclc/reports/2010perceptions/2010perceptions_all.pdf

Time Inc. (2006). Person of the year: you. TIME, 168(26). Retrieved February 21, 2015, from http://content.time.com/time/covers/asia/0,16641,20061225,00.html

第一章　主題資源指引在圖書館網站數位創新服務之研究

一、 緒論

(一) 研究背景與動機

　　本研究主要基於當今圖書館面臨資訊成長過量與網路檢索工具的挑戰，如何提昇圖書館網站使用效益，在使用者資訊取用原則心理下，論述圖書館網站建置主題資源指引，以數位創新（digital innovation）服務優化使用者資訊需求導向為研究論題背景與動機。

1. 圖書館（員）面臨資訊成長過量與搜尋引擎（search engines）崛起的挑戰

　　對資訊需求者而言，面臨網際網路資訊爆炸性（information explosion）成長過量，帶來網路無序（internet disorder）（陳亞寧、陳淑君，2001，頁 37）、資訊超載（information overload）、資訊垃圾、資訊污染（information pollution）等現象，儘管有搜尋引擎的輔助與導航，提供了資訊查詢與瀏覽的便利性，但往往因查詢結果過於龐雜，而易衍生資訊缺乏恐慌症（panic disorder）、資訊焦慮（information anxiety）、與網路上癮症（internet addiction disorder）等問題。（Kimak, 2009）因為網際網路將全球數以萬計的電腦網路和資料庫相連在一起，對使用者而言，整個網際網路環境已如迷宮（labyrinth）般令人無所適從。資訊科技的高度成長製造資訊煙霾衝擊整個資訊社會，產生新一波倍受關注的社會文化現象的迷思效

應。（申克，1998/林宜敬、陳美岑譯，1998）

根據 OCLC 於 2005、2010 年相繼發表針對資訊行為與檢索習慣所做的調查指出，自從網路出現後，大多數使用者未常善加利用圖書館網站（library website），圖書館對於資訊需求者不再是首要的、或者唯一的選擇，搜尋引擎比圖書館或數位圖書館服務更符合大眾的生活模式。（OCLC, 2005; 2010）資訊資源市場中，又以 Google 具有簡單介面、自然語言全文查詢、可同時檢索多種型態資源，與多元附加服務等特色，轉變成大眾開始搜尋時最常使用的工具入口與來源。再者，使用者紛紛轉向網際網路去尋找資訊，館員容易產生一種被網際網路邊緣化的焦慮與恐懼感（Kupersmith, 1992），且對部分公共圖書館館員而言，科技發展更代表對未來的不確定、恐懼、以及高度的焦慮感，有些館員甚至常覺得自己的知識、技術均不足以應付工作上的需求，因而易形成個人能力不足的觀念。（陳書梅，2010，頁 61）

2. 取用資訊的最小努力原則（Principle of Least Effort，簡稱 PLE）的實踐

根據資訊心理學的研究，人們在產出知識時，其過程是艱難而且痛苦的，所以心中自然希望進行資訊搜尋行為時，可以付出最少的努力以換取到成果，因此在過程中得到的痛苦也會越小，這種傾向使他們避開複雜、費事的程序，或不熟悉的資訊獲得途徑，逃避那些相對而言需要更費力才能獲得資訊的資訊源，此即最主要被用在解釋資訊搜尋行為上所謂的「最小努力原則」[註]。

PLE 對於書目學被應用在索引製作上，因為索引能幫助讀者省力省時地選讀文獻，並且集中同一主題的文獻，在同個主題下，能把全書分散的事項聚集起來。美國著名的資訊科學家 C.N. Mooers 依據 PLE 的觀念提出一定理：一個資訊檢索

[註] 「最小努力原則」又稱作最小省力原則（The law of least effort），或是齊夫定律（Zipf's law）。在日常生活中，人們的行為受到最小努力原則的制約，希望能付出最小代價獲得最大效益。目前學界一般認為語言學家——齊夫(George K. Zipf, 1902-1950)是首先提出最小努力原則概念的人。（參見：Wiki in Library and Information Science,「最小努力原則」條。資料來源：
http://morris.lis.ntu.edu.tw/wikimedia/index.php/Principle_of_Least_Effort_%E6%9C%80%E5%B0%8F%E5%8A%AA%E5%8A%9B%E5%8E%9F%E5%89%87）

系統，如果使用者獲得資訊比不獲得資訊更費事更麻煩，這個資訊系統就不會被充分利用。可取得性（accessibility）是使用者利用資訊的一個決定性因素。使用者對資訊來源的選擇幾乎都建立在可取得性的前提之下，可便於接觸到的資訊來源，將被優先利用，對資訊的質量乃至可靠性、可信度反而成了次要的問題。（臺大圖資系，2008）

3. 提昇圖書館網站使用效益與資訊利用品質

為防止資訊過於浮濫，並有效協助使用者能及時獲取所需資訊及資源，對資訊品質的控制、篩選或過濾網路資源，的確是有其必要性。（宋瓊玲，1999）網路技術評論家 David Shenk 與以研究網站使用效益稱著的 Jakob Nielsen，兩位作者在研究網路的著作中都不約而同地站在以下類似的立論基礎：網路是製造過量資料的工具，以前所未有的速度，帶給無助的消費者數以百萬計的資訊頻道，卻遠遠超過平常人所能消化。網上製作資訊的人，必須因應有所節制。Nielsen 給網站經營者的建議是：製作簡單、把焦點放在提高網頁品質；系統化的組合，即使有 200 個選項也能容易讓使用者找到所需要的資訊；沒有經過組織，雖僅有 20 個選項，也是難找。（Outing, 1999）

如何幫助使用者更容易獲取其所需資源、解決資訊超載的困擾、與提昇資訊利用素養，並促成身處資訊社會中圖書館的服務力、競爭力與資訊力，已是各知識機構規劃數位服務藍圖時所不可忽略的服務指標。尤其圖書館網站的設計建置，已成為圖書館延伸其數位服務、擴大服務範圍日趨重要之一環，圖書館網站功能的實質發揮，關係圖書館整體服務品質之良窳。但面對龐雜多元的實體館藏、虛擬物件、電子資源（electronic resources）或線上服務，使用者同樣面臨利用圖書館網站資訊超載的問題。

4. 網站主題服務導向以優化與活化使用者資訊之需求

來自蘇格蘭政府的 Lesley Thomson 認為，有效的圖書館網站應滿足使用者的需求，對新技術和使用者需求負責，並且保持靈活，對持續改進網站提出：目的性、整合性、以使用者為中心、內容關聯、容納性、可被查找、重新設計再設計等七項原則，以保持圖書館網站的高效能。其中對「可被查找」（findable）原則，

強調要善加利用主題關鍵詞（keywords）以及搜索引擎優化（search engine optimization，簡稱 SEO）。（Travis, 2011）

關於強調建置網站要善加利用主題詞，網際網路服務業者（Internet Service Providers，簡稱 ISP）也一向積極建構關鍵字主題化的經營模式，如 Yahoo!奇摩知識+之「主題知識」、「最新主題」、「主題知識列表」等單元；Google Books 則在首頁建立「瀏覽主題」功能，使用者透過點選主題，可顯示所有語言以供閱覽的圖書結果；而在網路上促進知識交流傳播的重要媒體平台的維基百科（Wikipedia），所建構出的維基百科主題網路介面（topic-based WikiMap），可有效協助使用者不易迷失方向快速瀏覽資訊，且能協助完成較複雜任務的搜尋，可延伸應用在教育中之專業學科的學習輔助系統，或者助益於研發單位中有目標主題的研究工作者。（吳怡瑾、張鈞甯，2011）以主題作為使用者介面，提供了使用者所需主題資訊，主題資源服務導向是有其市場趨勢。

當使用者在查詢利用圖書館資源時，若已有一個特定主題，便能透過主題的線索做為獲取知識資源的門徑。圖書館在特有的專門性技術服務規範下，對資源組織建構已良好的主題知識呈現方式，實有助於使用者有效率而精確地掌握知識內容。但當新工具時代來臨，創新能力才是競爭優勢的根源。「數位創新」意謂將數位科技透過創新的運用，改變生活習慣與方式以創造新價值的機會。數位因為較容易變異，比實體更易加速創新。如何讓冷冰冰的科技應用在生活上就是創新，將不同的東西整合一起，也能產製不同的創新。（政治大學商學院經營管理碩士學程，2009）

處於知識經濟時代，對於圖書館資源組織與儲存、知識呈現與表達是杜拉克（Peter F. Drucker, 1909-2005）所謂 21 世紀知識社會（knowledge society）知識工作者（knowledge worker）（杜拉克，2005/劉毓玲譯，頁 180、210-211）的館員天職，而對於知識查詢、應用、與創新，則是所有知識需求者應努力的方向。總之，活用數位創新服務技術理念，促進兩者更理想快速的媒合途徑，跨越知識提供者（knowledge supplier）與知識需求者（knowledge demander）之間存在的鴻溝，可重塑圖書館所有知識工作從業人員形象和素質，並提高資訊時代圖書館網站數位

服務的能量與效益。

(二) 研究目的

　　電腦網路科技的發展與資訊社會的崛起，帶動圖書館普設數位網站，實踐知識管理的數位創新，以各項數位服務設施與電子資源內容提供使用者探索與擷取多元化資源門徑，但使用者在搜尋與取用圖書館網站內含百科眾多資源時，也不免容易耗費過多時間在找尋真正所需資訊，部分使用者甚至迷失在過多資源中，或不熟悉圖書館網站檢索環境而易致查無所獲，或難分辨哪些才是真正所要的資訊，造成使用者在找尋所需資訊時徒費許多精力與時間，甚或喪失對利用圖書館網站的信心。

　　國內外各類型圖書館網站紛紛建置主題服務的功能，基於資源導航、資訊傳播與研究入門，主要是為方便對圖書館資源組織或檢索機制不熟悉的使用者，便捷式獲取或瀏覽資源，建立其對圖書館易用性（user-friendly）的認同感。基於研究動機，具體而言，本研究目的主要探討近幾年來國內外圖書館網站曾開發的主題資源指引數位服務機制，並著重於分析國家圖書館、大學圖書館、與公共圖書館等三種主流類型圖書館網站主題服務內容與特色，以瞭解國內外圖書館網站所建置主題資源服務模式與功能。

(三) 研究方法

　　本研究方法主要是採用文獻內容分析法（content analysis），透過中英文獻、調查報告，與實際上網搜尋相關資源等，進行研讀與彙整相關研究素材，以呈現該項文獻、資源內容意義。從資料文獻資源進行整理、組織歸納、與論述探討，回顧與前瞻本研究論題圖書館網站主題資源指引服務居於數位環境變遷背景下的意涵與挑戰；在研究結果中，則列舉國內外國家型、大學型與公共型圖書館網站數例，以及藉由顯示部分各類型圖書館網頁主畫面功能，針對主題資源指引在圖書館網站數位創新服務功能做全面性、客觀性、系統性的特色與內容分析；最後依據本研究目的與問題，在研究成果的脈絡下作出多項結論，並提出政策面及實

務層與後續研究建議和心得，希冀提供各類型圖書館與相關各界在建置圖書館網站主題資源指引數位服務時架構與內涵之借鏡與參酌。

(四) 研究範圍與限制

本研究之範圍與限制說明如下：

(1)本研究以設有主題資源指引服務之國家圖書館、大學圖書館及公共圖書館網站為主要研究對象，將僅針對各類型圖書館網站中二至四個具代表性網站進行分析。

(2)本研究文獻探討方向，範圍著重於分析資訊時代使用者對於圖書館與資訊資源的認知背景，和圖書館線上目錄與資源組織面臨網路環境的挑戰，暨回顧與前瞻網站主題資源指引技術居於數位環境變遷背景下的內涵與挑戰。

(3)鑑於網站內容有隨時被更新的可能性，因此本研究對象之國內外各類型圖書館網站內容分析，主要以研究期間上網日期作為獲取資源時間，並於參考文獻標明檢索日期。

二、 文獻探討

本研究目的主要研討各類型圖書館網站所提供的主題服務內容模式，基於此，本文獻探討首先從現今使用者對於圖書館與資訊資源的實際認知背景談起；次及分析圖書館線上資訊檢索與資源組織服務所面臨的問題；並及多媒體數位時代圖書館已實踐的主題服務類型；最後提出展望網路資源擷取技術於主題資源服務的創新與運用。

(一) 資訊時代使用者對於圖書館與資訊資源的認知報告

OCLC 於 2005 年發表《圖書館與資訊資源的認知：給 OCLC 成員的報告》，

是一項針對資訊尋求（information-seeking）行為模式與習慣偏好所做的包括六個國家、3,300 人次的全球性調查。這份報告目的在於為 OCLC 成員館和資訊機構，提供大量關於使用者對圖書館的理解、資訊查詢行為的調查，以及使用資訊工具時，圖書館在使用者心中所處地位的相關資料。報告中提出，檢索資訊時最多是使用搜尋引擎（89%），圖書館網站與線上資料庫為其次，但只佔 2%，而最常用的搜尋引擎是 Google（62%），對於資訊價值的認同度，93%同意 Google 的資訊（55%非常同意），多於 78%同意圖書館網站所提供的資訊。報告中針對使用者的資訊認知與習慣（on information consumers' perceptions and habits）的觀察總結內容說明如下（OCLC, 2005）：

(1)開始檢索資訊時，84%的使用者使用搜尋引擎，卻只有 1%的使用者從圖書館網站開始檢索。

(2)資訊的質量與數量是決定資訊搜尋滿意度的首要因素，搜尋引擎評比高於館員。

(3)大多數使用者評價電子資源的標準是資訊的價值，其次是免費，速度的影響較小。

(4)使用者對付費的資訊並不比免費的資訊更加信任，但使用者對免費的資訊還是有很高的期望。

(5)使用者喜歡自助服務，大多數在使用圖書館資源時並不尋求協助。

(6)有借書證的使用者比沒有的使用者更常利用資訊資源，而有借書證的使用者比沒有的使用者更傾向於利用圖書館。

(7)年齡有時候與使用者的行為有關，有時則不然。在美國不同年齡族群裡，有的行為上使用者表現是一致的，顯示出行為與年齡是無關的，電子郵件就是一個例子。在其他方面，使用者的行為隨著年齡的改變則有相當大的變化，例如美國的年輕人很少像超過 65 歲以上的人那樣認為圖書館對於資訊搜尋過程有著更大的價值。

(8)不同國家不同區域的調查結果大體上是一致的，而來自英國的使用者與其它地區的使用者表現出比較多的差異性。

　　報告中也提出：絕大多數使用者沒有意識到圖書館擁有大量的電子資源，也沒有去使用這些資源；使用者喜歡自助服務，他們使用個人知識和公眾常識來評價電子資訊是否可信；一般認為使用搜尋引擎搜尋到的資料與圖書館提供的資料同樣可信；搜尋引擎比圖書館或線上圖書館服務更符合大眾的生活模式，大多數美國使用者（從 14 至 64 歲）認為搜尋引擎最適合他們的生活習慣。

　　以上 2005 年報告中所提及開始檢索資訊時 84% 和 1% 比例的懸殊，可說敲響了圖書館面臨資訊時代挑戰的警鐘。調查證實大多數使用者未常善加利用圖書館網站，圖書館對於使用者不再是首要的、或者唯一的選擇，搜尋引擎才是使用者開始搜尋最喜歡採用的工具，其中以又 Google 為大眾開始搜尋時最常使用的工具來源。資訊資源市場包括資訊搜尋工具、資訊內容與資訊獲取手段，皆不斷在日益增加，而不是萎縮。資訊資源市場為使用者提供更多的方法與選擇，資訊使用者喜歡採用新的模式並將這些方法融入到各自搜尋情境中。使用者對圖書館資源或館員對資訊搜尋所帶來的價值無可爭議，但是統計的數據清楚表明了圖書館的相關性與大眾的生活方式是存在問題的。這份報告也證實了早在 2003 年 OCLC 對成員所發表《環境透視：認清前景趨勢》中所強調的觀點：自助服務（self-service）、使用者滿意度（satisfaction）、與資訊無縫性（seamlessness）是資訊搜尋者共同的期望。（Rosa, Dempsey, & Wilson, 2004）

　　自 2005 OCLC 發表調查以來，美國與全球同樣經歷了 2008 年金融海嘯（Financial Tsunami of 2008）席捲、與資訊地景風貌的形成，如：Twitter、Facebook 與 iPhone 的流行。在數位時代，五年至少代表了一個資訊新世代，為延續對 2005 年報告的追蹤研究，在 2010 OCLC 另發表會員新報告：《圖書館認知報告 2010：語境與社區》，這份報告提供最新資訊，並針對消費者及其在線上搜尋資訊的習慣、偏好和認知，提供全新深入見解，並特別著重探討在經濟不景氣的情況下，對於資訊搜尋行為有那些影響，以及這些變化如何反映在對圖書館的使用和認知上，其中主要是揭示當今美國總體的資訊生態環境。此次金融危機對美國產生了劇烈的影響，從最消極的角度來說，它對美國的圖書館產生了預算上最直接的威脅，但在經濟危機背景下，圖書館對美國人的生活卻裨益良多。圖書館在此時刻

卻有效地填補了金融危機所帶來的經濟文化生活上的差異。

　　金融危機對美國主要產生了兩方面的影響，首先是受到經濟影響的美國人更加地投入使用網路，相較於沒有受到經濟影響的美國人，使用者尤其會更加地在網路上從事與就業相關的活動。另一方面，就如在報告中所特別強調的，經濟危機影響到了美國人的生活方式，他們開始節省在文化上的消費，轉而更投入利用圖書館，圖書館在經濟危機中正在扮演越來越重要的角色。Google 仍舊是美國人搜索引擎的首選，但更重要的可能是 Google 不斷推出的其他服務。在這五年間迅速發展的資訊技術如：社交網路服務、智慧手機與平板電腦等各種行動網路終端的流行，促成圖書館服務需要重新思考新的策略和新的方法。（OCLC, 2010）

　　總體而言，被調查者認為搜尋引擎比圖書館更方便、快捷、可靠與易用，但是，絕大多數美國人認為圖書館獲取的資訊和搜尋引擎獲取的資訊大體是一致的，而圖書館更值得信任且更準確。那麼 2010 年的報告可能反過來透露出，圖書館在經濟危機中正扮演著愈來愈重要的作用，雖然，未來並不樂觀（算是這份報告的言外之意）。2005 年調查所留下的「記錄」，也提供絕佳創新與研發機會，讓研究者可針對經濟衰退之前與經濟衰退期間，比較這兩個時期大眾的使用情形和態度，並為圖書館發現新的成長機遇。放眼前瞻資訊新技術，圖書館網站與資源有其需待突破之處，也意謂正扮演著一個愈顯重要迎向使用者需求、利用新技術的角色。

(二) 圖書館線上公用目錄與機讀編目格式面臨 WWW 環境的挑戰與機會

1. 圖書館 OPAC 的侷限

　　圖書館線上公用目錄（online public access catalog，簡稱 OPAC）是使用圖書館資源的入口，為使用者查詢圖書館書目內容與數位典藏記錄的源頭，呈現的書目記錄具有辨識與聚集資訊的功能。OPAC 檢索方法與項目視各館系統自訂，預設瀏覽或關鍵詞查詢，並提供書名、作者、出版者、主題等選項，其中，主題項係採主題表之控制詞彙。主題詞雖具有聚集資訊功用，可控制同義詞，並有呈現相關主題之層屬關係，但主題詞不易訂定，查詢者如不熟悉圖書館目錄選用的主

題詞彙架構，易導致查無所獲，為造成使用者檢索挫敗感的主因，系統更無法發揮聚集主題相關資訊之美意。（黃鴻珠、石秋霞，2006）

OPAC 提供查詢優勢在於內容係經選擇與組織，但系統執行標目等結構較複雜的控制詞彙或權威款目，有時易生回應速度緩慢；再者，書目著錄僅止於書刊層次，無法查詢單篇文獻，因而從確認到取得文獻需花費較長時間。（Fast & Campbell, 2004）反觀 Google 近年來還增加了許多特別且強大的服務，具備自然語言查詢、界面簡單、易用、快速、依相關性排序、檢索建議等特點，因此，透過 Google 查詢資料，不須指定作者、書刊名與主題等查詢項，不必熟悉布林邏輯，沒有明顯地等待時間，便可取得結果又可連結文件或網站，讓使用者使用 Google 的目的與需求越來越多元，使用者查詢資料的習慣與模式因而改變。（黃鴻珠、石秋霞，2006）

OCLC 在 2008 年作了一份《線上目錄：使用者與館員需求》調查報告，此調查以 WorldCat 之使用者為研究對象，結果顯示：使用者認為 OPAC「列出同樣擁有館藏之圖書館清單（24%）」為幫助辨別所需項目最重要之資訊，其次是「能看出什麼是可立即使用（14%）」，而「更多的內容/全文連結（36%）」則是使用者認為最重要的需加強功能。（Calhoun, Cellentani, & OCLC et al., 2009）

又根據 2006 年一項針對淡江大學圖書館讀者使用 OPAC 調查，其中查詢特定主題是大部分受訪者最感到困擾的問題。知道有此項目的使用者，卻不知如何選用主題詞；不知有主題項查詢的受訪者，其作法是先利用書刊名查詢再到書庫瀏覽架上圖書，而常發生書刊名雖符合查詢條件，內容卻非使用者所需之情況。也有受訪者認為 OPAC 的功能是用於確認該館是否有其所需的作品，已有明確的書目資料並不需利用主題查詢。（黃鴻珠、石秋霞，2006）另美國北卡州立大學圖書館（North Carolina State University Library）將檢索結果依美國國會圖書館分類法（Library of Congress Classification，簡稱 LCC）分層大類顯示，每個類號標示其名稱，使用者依類瀏覽，如同在書庫瀏覽架上圖書，常令讀者有意想不到的收獲。（Antelman, Lynema, & Pace, 2006, p.130）

另外，加州大學圖書館書目服務任務小組（University of California Libraries

Bibliographical Services Task Force）認為，目錄的功能主要是確認與取得特定已知作品，對於知識的探索、導航以及選擇資訊等方面尚有很大地發展空間，其提出幾項與使用者相關的建議，包括：1.便利使用者連結全文；2.提供推薦專欄：分析使用者的檢索歷史或個人設定檔，主動推薦資料；3.支援個人化設定；4.檢索結果不理想時，系統給予查詢建議；5.依類別或主題瀏覽檢索結果，節省其瀏覽花費的時間；6.書目傳遞服務；7.檢索結果依相關性排序；8.針對非羅馬拼音資料，應提供較好的查詢方法。（University of California Libraries Bibliographical Services Task Force, 2005, p.2 & pp.11-17）

　　因應資訊科技環境的發展、使用者需求模式與取用資訊習慣的改變，圖書資訊界應重新思考 OPAC 的角色與功能，並積極展開目錄的革新，以建置一適用的 OPAC，以提高館藏的能見度及使用率。

2. MARC 欄位（tag）與 WWW 資訊檢索間互通性問題

　　從編目技術服務讀者功能的目標而言，面臨 WWW 數位資訊新環境，書目資訊需求的元素已不僅僅是為了鑑別資訊的異同，更重要的是希望利用這些元素，能夠提昇使用者線上資訊檢索成功的獲取率，但紙本基調（paper-based）的機讀編目格式（Machine-Readable Cataloging Format，簡稱 MARC）欄位版本功能與 WWW 間缺乏互通性（interoperability），已不能滿足網路資訊搜索者求新求快的線上檢索習性。美國研究圖書館組織（Research Libraries Group，簡稱 RLG）曾研究調查有關 MARC tag 功能，發現起源於 1965－1966 年代、以 AACR2 和美國會圖書館標題表（Library of Congress Subject Headings，簡稱 LCSH）為骨幹的 MARC 格式，備受不符合時代潮流，而起應該被淘汰的質疑。該小組認為，為了滿足網路資訊世界的需要，圖書館界應該積極研究如何增加 MARC 系統與其他資訊組織系統的「互通性」。（艾文，2011a）

　　為了要求這類資訊，在不同主題和不同資料庫的框架下，便於相互交流、檢索和查閱，實現高度「可用性」（usability），一套專門設計的詮釋資料（metadata）標準格式是不可缺少的。這些目標為解決網訊搜索者搜尋資訊的困難，同時，也給予電腦專家們空前的挑戰，研發「人工智慧」（artificial intelligence）新一代電

腦，除硬體設計，還需包含如何協調控制詞彙（controlled vocabularies）、主題標目 subject headings）、自由詞彙（uncontrolled vocabularies）、分類標準和以 XML 為基礎的「可擴展標記語言」（eXtensible markup language）等有關「詮釋資料語意」（metadata semantics）的問題，驅使著網路爬蟲（web crawler）、網路蜘蛛（web spider），或是網路機器人（web robot），直接深入每個資料庫貯存的正文，讓使用者鍵入關鍵字詞以後，便能立即獲得絕對相關，而且絕對精粹減低資訊垃圾的引證（citation），與清楚註明資訊來源和檢索條件。（艾文，2011b）

受到《資源描述和檢索》（*Resource Description and Access*，簡稱 RDA）出版與測試的驅策，並著眼於書目控制（bibliographic control）未來前景，圖書館社區最終可能還是需要適應其他的資料結構。在 2011 年五月美國國會圖書館（Library of Congress，簡稱 LC）宣布將進行一項「書目框架轉換方案」（bibliographic framework transition initiative），對書目控制進行一次重要的重新評估。這項方案完全是合作性質，其目標是在當前的技術變革和預算限制的條件下，LC 圖書館服務副館長馬坎（Deanna B. Marcum）強調，決定「我們需要做什麼，才能轉換我們的數位框架」（what is needed to transform our digital framework），把圖書館資源和整個資訊資源的世界聯繫起來，而不只是關注書目資訊，通過反思 MARC 標準是否能夠實現進化轉換成和網路世界更兼容的標準，讓書目資料在最新的技術和技術配置下得到應用，比如語意網（semantic web），並使用其他的資料結構，比如 XML 或者資源描述架構（Resource Description Framework，簡稱 RDF），促進圖書館詮釋資料在更廣闊的網路搜索環境中的再利用，不然就取代它。這可能會導致 LC 逐漸放棄有 40 年歷史的 MARC 21 格式，但 MARC 使用太廣泛，有太多的服務和產品是根據 MARC 開發的，在未來 10 年仍然會存在，使用上只能會是慢慢的減少，然後改用其他的標準。（Library of Congress, 2011）（Kelley, 2011）

(三) 多媒體數位資訊時代圖書館的主題資源服務

面臨數位時代資訊多元化與多媒體呈現的挑戰，現代圖書館的資訊服務永遠是居於接受挑戰與跨界整合的角色。早在 1980 年代初期，加拿大三一西部大學

（Trinity Western University）電腦與數學系教授桑特克里夫（Rick J. Sutcliffe）在其著作：《第四文明》（*The fourth civilization: technology society and ethics*）一書中，即提出對圖書館發展整體性的思考方向。桑特克里夫首先提出「Metalibrary」一詞，直指其意涵是：整個社會資料、資訊和技術，結合其儲存、獲取與傳播方法的綜合體。（Sutcliffe, 2002-2003）

在此透視下之圖書館服務內涵，可以包含與連結各種文本資料（如：書籍、文章、論文、和各種報紙）、圖像資料（如：相片、圖片、藝術品、海報）和影音性資料（如：錄影、音樂、廣播節目）。圖書館服務也可以是整合集成的形式，如：電影、電視節目、錄製性音樂會、體育賽事，和來自世界各地每日新聞、天氣和運動，並呈現各種不同的語言、各級別主題的課程方向或通用翻譯語言內容。（Sutcliffe, 2002-2003）

又由於 Internet 資源急速膨脹，對於此類新興資源收集與整理的研究更形重要，特別是媒體資源分類目錄的建立與資源自動收集系統的研發。Internet 資源收集與整理技術會持續朝向智慧化開發，如可自動判斷資源的價值，之後自動抽取訊息建立摘要，最後加以分類。這方面科際整合研發，卜小蝶（1995）認為，無疑地其中必須借重許多圖書資訊學專家的參與。（卜小蝶，1995，頁 85-86）

而各型圖書館網站也內藏如此龐大的數位資源，與提供種類眾多的各項服務內容，兼以單一或整合式查詢介面，試從多重角度考量使用者搜尋獲取各項資源的便利性，但使用者資訊行為、資訊需求（information needs）與資訊素養的差異性，所產生資源眾多、或搜尋結果顯示過多帶來的選擇性問題。吳明德與施毓琦（2005）認為，容易產生真正所需資訊不易尋獲、或需耗費時間精力多層過濾資訊的現象，反而帶來了使用者必須面對圖書館資訊超載的困擾。（施毓琦、吳明德，2005，頁 3）

圖書館網站資訊服務秉持讀者資訊需求為一貫的圖書館服務中心理念，例如建置專題資訊選粹服務（Selective Dissemination of Information，簡稱 SDI）機制，與新知自動通知服務（auto alerts），即以人工或電腦過濾資料，進行讀者興趣與相關主題文獻之配對，當使用者自行線上註冊設定後，可隨時由 E-mail 收到感興

趣的最新文獻書目摘要，而不需要重新進入系統搜尋，針對讀者個別需求，選擇最新資訊，主動定期提供服務。（臺灣師大圖書館期刊組，2000）（臺北市立聯合醫院圖書館，2008）這方面相關的服務與發展包括隨選資訊、主題式資源指引網站、與主題資源示意圖服務等，說明如下：

1. 隨選資訊（Information On Demand，簡稱 IOD）服務

資訊時代中媒體的本質從把位元「推」（push）給人們的過程，一舉改變成為允許人們「拉」（pull）出想要的位元，這就是資訊需求隨選（on demand）型式，由被動接受轉為主動擷取，使資訊變得十分個人化，個人選擇也多樣豐富化。在現存各種網路系統中，除了 IOD 外，也有許多 on demand 系統，如：廣播電臺點播（radio on demand）可達到即時音效（real audio）、隨選新聞（news on demand）、隨選視訊（Video on Demand，簡稱 VOD）、與多媒體隨選視訊（Multimedia on Demand，簡稱 MOD）等。（賴阿福，2005，頁 17-18）On demand 系統可依個別需求，實施個人化服務，同時也可提供主動式資訊服務的模式。

關於 IOD 系統，係提供從資料基礎架構、資料整合到資訊端應用各階段完整的解決方案，可協助組織、或企業體從企業應用程式與商業資料獲取更多價值。藉由導入完整的 IOD 架構，讓各關鍵決策人，將對的訊息（right information）、在對的時間（right time）、傳遞給對的人（right person），進而做出對的決策（right decision）。（IBM, Taiwan, 2010）

圖書館提供 IOD 服務系統，則可讓使用者在同一平台、同一臺終端機上即能使用館方所提供的各項資源，讓所需資訊隨手可得，如臺大圖書館所提供多媒體視聽服務，即結合 VOD 與資源整合技術以建置 IOD 系統，使用者不必因系統界面、或媒體形式的不同而須使用不同的設備，直接經由網路與 Web 瀏覽器，即可直接點選所需的資料項目。（童敏惠，1998，頁 46-47）該校於 2010 年更增闢「影音@Online」線上多媒體服務系統，包括各系所教師指定教材專區、與各主題式精彩館藏等，提供全校師生不受時空限制之視聽服務。（臺灣大學圖書館，2010）

2. 主題式資源指引網站（Subject Gateway，簡稱 SG）

由於網路資源相當龐雜且具變動性，即使有了各種搜尋工具，使用者仍無法

快速地找到相關且具品質的資源。為了協助使用者尋找專門性資訊及過濾大量不相關網路資源，90 年代起圖書館界有兩種不同的發展方向，一是圖書館視網路資源為另一種館藏類型，依既有館藏發展政策予以選擇、徵集、資源組織與合作編目；另一種方式則為針對網路資源，由圖書館自行或與專業學術機構合作，即建置所謂的主題式資源指引網站。（Dempsey, 2000）

　　SG 即是一種以網路為本，並以收集高品質、經評鑑，且能支援特定學科主題研究資源的管道通稱。SG 服務主要是提供高品質資訊資源的描述，一般來說，這主要有兩種類型，其一是，顧名思義即集中在某特定學科領域，另一層是涵蓋多個學科領域，或主題範圍更為廣泛的領域。（Lee, Sugimoto, Nagamori, Sakaguchi, &Tabata, 2003）著名的的主題式資源指引網站實例如：美國的 LII（Librarians' Index to the Internet）、IPL（Internet Public Library），英國的 RDN（Resource Discovery Network），歐盟的 Renardus（Academic Subject Gateway Service Europe），澳洲的 ASGF（Australian Subject Gateways Forum）；國內亦有由國家圖書館建置的「知識之窗：網路資源選介」等。其中歐洲與澳洲對 SG 的發展最為積極重視，最明顯的例子是澳洲國家圖書館於 1996 年結合其他九所澳洲圖書館與文化組織發起的線上資源典藏 PANDORA 計畫，目的即在典藏 SG 中與澳洲有關的線上出版品與網站內容全文。卜小蝶（2005）認為值得注意的是，這些 SG 的幕後功臣除了一些具有學科背景專長的人員外，建置與維護工作仍以圖書館界人員為主。（卜小蝶、鍾季倫、郭佩宜，2005，頁 3-4、13）

　　誠如 Renardus 主持人之一 Van der Werf 認為，SG 最後的目標應朝入口網站型態努力。換言之，也就是讓 SG 成為學術性知識的入口網站，與走向整合各種資源與服務的主題性知識入口網站（knowledge portals）（卜小蝶、鍾季倫、郭佩宜，2005，頁 17-18），才能適應未來發展，符合使用者資訊需求的目的。圖書館 SG 服務，其收錄範疇多以專業或學術性主題資源為主，其目的也以提供轉介或指引服務為主，更重視對目錄的深度加值、資源的關聯性（relatedness）。對目錄的深度加值，動機不僅是將資源予以組織整理，作為館藏的延伸而已，在整理的過程中，更關心資源的關聯性。除了對資源分類編目外，處理程序上更接近於編製

主題書目（subject bibliography）。（Hendry, Jenkins, & McCarthy, 2006）

3. 主題資源示意圖（Pathfinders）

　　圖書館過多的資源或連結讓使用者不易篩選所需資源，易致困擾；而太少的資源或連結則不易達成查全率（recall）與精準率（precision），則無法達成有效性目標服務。Pathfinders 所提供選定主題之館藏資源的介紹與指引，多以紙本或網頁版形式，經由彙整後，公開予使用者參考利用，是圖書館主動提供知識服務給讀者的一項設施或功能。網頁版資源示意圖則是以數位化、網頁形式呈現。除了指引圖書館館藏資源外，Pathfinders 也可作為指引網際網路資源的工具。（彭于軒、柯皓仁，2008，頁 39-40、44）

　　Pathfinders 在 1969 首先登場於麻省理工學院巴克工程圖書館（The Barker Engineering Library at MIT），隨即於 1970 納入該學院所設置的模範圖書館計畫（The Model Library Program），為被廣泛運用的新技術，爾後並普及到社會科學圖書館。LC 參考部門自 1972 年也進行此項資源示意圖服務，到 1984 年初該部門共研製了 150 餘種科技資料類的圖書館資源示意圖。（顧敏，1984，頁 2-3）

　　在中國大陸的一些圖書館則將網頁版資源示意圖稱為主題導航（navigation by subject），而國內圖書館建立網頁版資源示意圖的情況並不十分普遍，在形式上也是大同小異，內容大多以資源類型的方式呈現，例如政治大學圖書館資源示意圖是以學院系所作初步分類；臺大醫學院圖書分館館藏資源示意圖是以主題作初步分類。（彭于軒、柯皓仁，2008，頁 42-43）

　　而彭于軒與柯皓仁（2008）則曾以免費的 TM4L 應用程式編輯器運用主題地圖實作中華大學圖書館的資源示意圖。由於主題地圖具有彈性易擴充等優點，使此研究創造出的主題地圖資源指引工具能隨時調整其型態與內容，以符合各種需求與進一步提供所需服務。截至研究完成時間共成立 3,838 個主題，由於館藏資源不斷的購入，研究過程也不斷地更新主題地圖資源指引的內容與持續建置主題。在建構 Pathfinders 的歷程中，往往需要圖書館員和學科專家之間的密切配合，兩者皆必須熟悉館藏與網路資源，才能精確掌握有價值資源的篩選與建置，而為進一步瞭解使用者對主題地圖資源指引的運用程度，進行使用者調查是有其必要

性。最後，兩位研究者並認為圖書館資源示意圖建置過程相當費時與富挑戰性，館方應考量其長期性工作的人力配置政策。(彭于軒、柯皓仁，2008，頁 60-61)

(四) 展望網路資源擷取技術於主題資源服務的創新與運用

　　為達成有效性的知識管理與探索，協助使用者獲取真正所需主題資源，近年來陸續興起一些方法、技術或服務，藉以改進網路資源的組織並引為圖書館運用，其中值得吾人關注探討的議題例如包括：語意網、主題地圖、影像資料庫探索、與過濾技術等，相關文獻說明如下：

1. 語意網的發展

　　當使用者以關鍵字進行網頁搜尋時，最常面臨的窘境，即出現的搜尋結果不一定是所需要的紀錄，或為當前最熱門、排行在最前面的資料。單純的文字連結，常常無法搜尋到最符合使用者需求的資訊。因同一個詞彙，在不同領域、時代會引伸出不同的用法，甚至是不同的詮釋。(江沛航、褚如君，2011)

　　有學者即提出須要有一個可以理解網上資訊的機器本體論(ontology)，因此，運用 RDF 來描述網頁的資源內容，找到因應不同的需求內涵，組織樹狀型的知識結構，似乎是可解之道，「語意網」的構想便因而興起。語意網技術是以「程式可理解的內容」為基礎，提供語意層次的服務，如概念式搜尋和瀏覽、個人化服務、程序自動化的服務等。(葉慶隆，2007)

　　語意網的概念是由 WWW 的創始人蒂姆・伯納斯-李(Tim Berners-Lee)於 1999 年提出，同時也被稱為第二代 WWW。伯納斯-李定義語意式網站為：一個可以被機器所理解(machine understanding)的網站，同時也是一個資訊的集合體。語意網是現有網路架構的延伸，它並非用來取代現有的網路架構。為了達到語意網的目的，採用的方式為使用本體論定義不同領域所用到的知識，這些知識包含字彙和關係，並以 XML-based 的方式表達，以方便網路資源存取。語意網中的「本體知識庫」運用在網路的資訊表達(Knowledge Representation，簡稱 KR)可達到兩個功用，即分類(taxonomy)和推論(reasoning)。分類是為了將不同類別的資訊作區分，並可將之視作階層化的表示，而推論知識、結合類別與階層性的關係，

則可將隱性知識（tacit knowledge）挖掘探勘出來。（SWS 語意及網路服務研究中心，2011）

語意網概念提供主題相關的資訊推送服務，除了主題的深度說明之外，更加上主題相關的廣度資料蒐集，讓使用者得到更完整的資訊服務。（陳建成，2007）語意網的目標是要把 WWW 上的資料，重新組織或轉換成電腦能自然理解的資料型態，使電腦有能力分析 WWW 上的所有資訊。為了實踐這個夢想，新的知識組織方法不斷地被提出來，而主題地圖正是其中一項新的知識管理技術與組織工具。

2. 主題地圖（Topic Maps）的興起與運用

主題地圖是 2000 年由國際標準組織（International Organization for Standardization，簡稱 ISO）和國際電機技術委員會（International Electro-technical Commission，簡稱 IEC）聯合制訂的國際標準規範（ISO/IEC 13250:2000 "Topic Maps" standard，簡稱 ISO 13250），並於 2002 年修訂發佈第二版：ISO/IEC 13250: 2002 Second edition。（林信成、歐陽慧、歐陽崇榮，2004，頁 36）

主題地圖可說是一個功能強大的 WWW 導航新機制，伴隨著主題地圖標準規範的制定，TopicMaps.Org 提出了主題地圖的可擴充標示語言（XML Topic Maps，簡稱 XTM）（TopicMaps.Org, 2000），使主題地圖得以在網際網路上適用，並且可應用於各領域學科的知識組織，方便使用者能有一致性的知識管理策略。簡言之，主題地圖主要是由一群主題（topics）所組成，以編寫成 XTM 的形式加以保存。（彭于軒、柯皓仁，2008，頁 43）

主題地圖的主要架構概念是 TAO 三要素：T 是 topics（主題），A 是 associations（關聯），而 O 則是 occurrences（資源指引）。首先，將各種不同的資源，透過資源的主題內容分析，以找出可代表各資源之主題，其次進一步定義出各主題之間的關係，加以串連即形成關聯，最後為便利使用者利用資料，將之連接到該資源的所在之處。（彭于軒、柯皓仁，2008，頁 44）

透過主題地圖可將抽象的知識內容組織成一個有座標概念的知識地圖，每一位使用者皆可依據個人對該領域的認知與瞭解程度，從所熟悉的、或感興趣的主題方向出發，經由最佳化的自主定位導航輔助得到所需知識，如此便可使知識學

習的過程變得更生動活潑。（林光龍、歐陽彥正，2002，頁 45）主題地圖也是一種類似語意網路的知識表示法，十分適用於管理資訊連結，如術語彙編、交互參照、索引典以及目錄等（林信成、歐陽慧、歐陽崇榮，2004，頁 36），也應用在圖書館各服務系統上，如：數位資源指引的建置、線上索引典的建立、知識地圖的運用、學科導航，及圖書館資源示意圖等。（彭于軒、柯皓仁，2008，頁 44）

　　由於主題地圖具有組織、描述、定位的功能，也逐漸在各領域中研究其資源組織知識管理的實用性與便利性，如：在線上索引典的建置有「以主題地圖建構索引典之語意網路模型」的研究成果（林信成、歐陽慧、歐陽崇榮，2004）；在數位資源加值應用則有「主題地圖之研究與應用：以漫畫圖鑑為例」的研究成果（古典，2005）；在知識庫建置則有「佛教知識庫的建立：以 Topic Maps 建置玄奘西域行為例」佛教知識庫的研究成果（林光龍、歐陽彥正，2002）；在專書內容解構，則有「應用主題地圖解構章回小說之研究：以紅樓夢為例」古典小說的研究成果。（張夢禪、余顯強，2008）在國外則有 HyperCIS AG 公司所發展出的整合型資訊檢索系統（Information Retrieval System，簡稱 IRS），將醫學標題表（Medical Subject Headings，簡稱 MeSH）中醫學主題分類架構轉入主題地圖，設計圖形式的使用者介面，能讓使用者更快速與聯想式地瀏覽在網路上的主題。（Beier & Tesche, 2003）

　　主題地圖是一項結合了知識工程和知識組織的新技術，更是一種分散式的知識表示法，若能有效的加以運用可以整合眾多分散於網路上的知識庫，從而建構出一個強大的知識組織系統（Knowledge Organization Systems，簡稱 KOS）。不過林信成等（2004）認為，主題地圖亦將如同其他新興的標準或技術一樣，一方面在各個領域展露潛力，另一方面則將遭遇各種問題的嚴厲挑戰，是否真能成為知識組織與管理的利器，仍是未來頗值得探討的議題之一。（林信成、歐陽慧、歐陽崇榮，2004，頁 54）

3. 影像資料庫（image database）之知識探索（knowledge exploration）

　　全球網際網路的普化與進展，實體博物館、美術館與藝術館等所珍藏的人文藝術等文物作品，經由數位化轉製之後，可提供社會大眾在網路上直接瀏覽、觀

賞與評介，在既有知識的充分利用之餘，開創知識機構家族在數位時代知識管理的另一篇章。觀照各圖書館館藏，也同樣面臨日益龐大的數位典藏與影像資料內容的多樣化，如何提供使用者直覺的影像檢索服務，以及讓使用者更深入地瞭解數位影像典藏作品之間的相關知識，以開啟新知識探索樞紐，也是圖書館界提供數位主題資源服務相當值得探討的課題。

　　一般影像資料庫的主題內容包羅萬象，可包含傳記歷史、文物考古、科學技術、藝術創作、與資訊科學等各種領域的專業知識。目前影像資料庫的資料檢索，大多採詮釋資料為基礎的查詢方式。詮釋資料的查詢方式，主要是根據特定欄位或跨欄位的方式進行關鍵字的比對來檢索結果。對一般使用者而言較為專業且不易檢索。倘若能透過概念性的文字描述方式來查詢，使用者就不需要具備相關的領域知識才能進行檢索。（林佳宏、洪聖豪，2011）

　　在知識探索通常具備兩種層面的涵意：第一種是從資料庫之中推論找出有用的資訊，第二種則是辨識物件之間的關聯性關係。整體而言，數位典藏文物作品彼此之間，存在知識的語意連結關係，在錯綜複雜的時空背景互相交錯，甚至在不同領域間，也存在了語意相依的關聯性。林佳宏與洪聖豪（2011）認為如果能夠建構一個不同領域、不同文化、不同時空的知識物件相互通連的知識網路，自動化地產生使用者有興趣的隱性知識，則將能加速知識的分享與應用，這也是目前語意網與 CIDOC（Comité International pour la DOCumentation，簡稱 CIDOC）概念參考模型（Conceptual Reference Model，簡稱 CRM）正在努力的方向之一。（林佳宏、洪聖豪，2011）

　　IDOC CRM 主要是針對文化遺產資料的型態與分類，定義人類能夠理解而達到知識分享的概念架構，CIDOC CRM 知識本體已經在 2006 年在文化遺產領域成為國際標準（CIDOC CRM, ISO21127）。CIDOC CRM 目前的版本為 5.0.2 版，定義了 90 項概念類別（class）以及 148 個關係屬性（property），而且還在陸續增加中。（CIDOC CRM, 2010）

4. 網路資訊過濾（networked information filtering）技術

　　網路資訊過濾技術是一種能從網路即時產生的大量資訊中，針對特定主題過

濾出重要訊息的資訊檢索科技，與現行資源搜尋系統所憑藉的傳統被動式的資訊檢索技術不同，資訊過濾技術強調的是主動式、長期性與個人化的資訊服務。（卜小蝶，2005，頁 78-79）資訊過濾技術不僅可以在大型網路資源搜尋系統上使用，亦可與 web browser 結合運用，如就個人感興趣的資源加以收集或過濾，使用者可針對特定的 URL 或 web page 來進行資訊過濾，或者針對某些主題加以過濾。（Shapira, Shoval, Raveh, &Hanani, 1996, pp. 3-9）

　　如何將每個人的使用者興趣（user interests）或是喜好（preferences）自動學習起來是發展過濾技術很關鍵的議題。關鍵技術如從文件擷取特徵（pattern extraction）以發掘個人感興趣文件主題，配合從豐富的網頁資源（web resource）中抽出相關的資訊，進一步瞭解個人所需以建立的興趣模型，或利用文件分類技術過濾無關資訊等。簡立峰（2006）認為個人興趣偏好的評估非常主觀，必須透過相當的使用者分析（user study）才能斷定其優劣，有其進一步研究探討的空間，而以網路龐大資源來克服個人端資訊不足的情況是開拓個人化資訊過濾新的研究方向，對產業發展也有所助益。（簡立峰，2006，頁 88-89、91）

　　Lancaster 在多年前，就曾提出線上過濾系統（online filtering system）的觀點，更進一步則提出在數位化圖書館環境之下的「過濾層級」新構想。（Lancaster, 1996）為防止資訊過於負載，除了期待智慧性自動化過濾系統外，圖書館員也將扮演「資訊過濾者」的重要角色，以協助使用者更能有效、及時擷取有用的資訊。資訊過濾技術使用範圍涵蓋層面廣泛，可應用到資料庫、多媒體等不同的資料類型。（宋瓊玲，1999）

　　總之，圖書館界面臨多媒體資源的挑戰以來，即運用如資訊過濾、主題地圖等資訊技術，提供從 SDI、IOD、VOD、MOD、Pathfinders、與 SG 等主題性服務機制，甚或影像資源主題知識探索。面臨當今資訊資源市場的嚴峻考驗、MARC 資料互通性問題、與 OPAC 功能的侷限，更期待語意網、RDA 全面性的發展，能為圖書館網站帶來更多的服務空間與更具價值性的搜尋結果。如何將圖書館的服務傳送到不常使用、甚或不曾使用圖書館服務的對象，才是圖書館服務在 Lib 2.0 世代的重要課題。誠如所言，資訊技術不再是建構圖書館服務最關鍵的因素，服

務的型態與內涵才是圖書館應思考的實質重點。（陳光華、何浩洋、陳怡蓁，年代未詳）當今圖書館網站建置主題服務的功能，方便對圖書館資源組織管理與檢索機制不熟悉的使用者，便捷式指引其「即類就書」、「按圖索驥」，導航資源獲取機制，建立其對圖書館網站親和好用的認同感與實用性。各類型圖書館網站在資訊技術支援下，實已建置不少具有特色的主題資源指引數位服務可供瞭解與借鏡。

三、 研究問題與執行方法

本研究主要探討的問題包括如下：

(1)圖書館網站開發主題資源指引服務，在政策擬訂上是否皆有其設置的必要性？

(2)依圖書館類型（如：國家型、大學型與公共型圖書館），其網站所建置主題服務內容與功能有何不同特色與風格？

(3)以主題詞目作為圖書館網站主題服務點選入口，其意涵內容與層級結構機制為何？

(4)透過圖書館網站主題服務傳播數位典藏資源與影像物件，是否能提昇圖書館數位創新與使用效益？

(5)圖書館網站主題服務提供內容資源外，是否進一步建立相關連結機制與 Web 2.0 服務功能？

實體環境資訊如何完整適當地轉換至虛擬空間，讓使用者能快速找到所需功能與資訊，此與圖書館網頁的呈現型式、資訊架構設計息息相關。（陳瑩珊，2009，頁 1）本研究擬利用 Google 搜尋引擎，儘可能針對不同主題服務介面呈現模式之國家型、大學型與公共型國內外圖書館，進行廣泛搜尋與判斷。依該館網站是否建置主題服務資訊架構、該館所具有的服務公信力、主題服務內容多寡與所具有主題服務特色等要素，採立意抽樣方式（purposive sampling），挑選出國家圖書館

（2 所）、大學圖書館（4 所）、與公共圖書館（2 所）等三種國內外不同類型圖書
館網站主題服務，以作為本研究探討樣本，如表 1-1：「各類型圖書館主題資源指
引數位服務分析樣本一覽表」所示：

表 1-1　各類型圖書館主題資源指引數位服務分析樣本一覽表

圖書館類型	館名（中英名稱）	簡稱	主題資源數位服務名稱	網址	檢索日期
國家圖書館	美國國會圖書館 Library of Congress	LC	主題瀏覽 (Browse by topic)	http://www.loc.gov/topics/index.php	20130406
	澳洲國家圖書館 National Library of Australia	NLA	研究指引 (Rresearch guides)	http://www.nla.gov.au/guides/	20130406
大學圖書館	中華大學圖書館 Chung Hua University Library	中華圖書館	館藏資源示意圖	http://www.lib.chu.edu.tw/files/11-1087-3603.php	20130406
	中原大學張靜愚紀念圖書館 Chung Yuan Christian University Chang Ching Yu Memorial Library	中原圖書館	主題書目 RSS	http://cylis.lib.cycu.edu.tw/feeds*cht	20130504
	清華大學圖書館 National Tsing Hua University Library	清大圖書館	主題館藏選介 & 奈米館藏資源示意圖	http://www.lib.nthu.edu.tw/guide/resource/holding_recommend/index.htm	20130504
	北京大學圖書館 Peking University Library	北大圖書館	學科導航	http://162.105.138.88/portal/index.jsp	20130504

圖書館類型	館名（中英名稱）	簡稱	主題資源數位服務名稱	網址	檢索日期
公共圖書館	高雄市立圖書館 Kaohsiung Public Library	高市圖	知識地圖 (K. map)	http://163.32.124.29:8088/KPL/KSP/search.jsp	20110901
	舊金山公共圖書館 San Francisco Public Library	SFPL	舊金山歷史圖像主題指引 (San Francisco historical photograph collection subject guides)	http://sfpl.org/index.php?pg=2000028501	20130504

備註：作者編製。

　　本研究擬就所擇定的各類型圖書館樣本作為比較分析對象，從網頁路徑就其所建置之主題服務網頁進行瀏覽、研讀、與觀察其服務項目與功能，以瞭解其主題服務名稱、服務目標、網頁路徑、網頁層級、主題屬性或關係、數位館藏指引、印刷資源指引、檢索欄目、館內相關連結、館外網站指引、網路社群連結等相關項目功能，最後針對三種類型圖書館之主題資源指引數位服務作一統整比較。

　　歸納以上研究步驟主要具體執行方法為：以研究圖書館網站主題資源指引服務為論題出發點，將設定的研究對象利用質性研究資料收集方法，透過關鍵主題詞彙查詢線上公用目錄、期刊與學位論文資料庫、以及搜尋引擎，針對所蒐集的中英圖書期刊文獻、學位論文、調查報告、網頁資源等進行研讀、彙整、與解析成文獻探討章節，作為研究者進行論題文本解析時的參考資源。除從文獻探討中可得知主題服務的意涵與模式，並可透過實際連線搜尋本研究範圍所設定的各類

型圖書館網站之研究對象，分析圖書館網站主題服務內容與功能，深入瞭解被研究對象作業實務內容，進行實體與虛擬資源整理重組排列、說明分析、歸納特點等，後而將所得的結果做一整體性描述（exhaustive description），以呼應達成本研究之目的與問題。總而言之，本研究即對圖書館網站主題服務的意義與特色加以描述與詮釋，最後論述分析呈現實務模式現象之涵意，與幾點實務面和研究上的建議供參。

四、　圖書館網站主題資源指引數位服務內容分析

在愈來愈多的讀者以搜尋圖書館網站取代親臨實體圖書館查找資料，甚或直接以搜尋引擎作為資訊入口通路時，如何將館員經過專業徵集、編目、組織整理的豐富館藏與各項資源，透過不同主題指引機制，導航使用者即類就書，這其中關連到資訊的整理與分析、資源組織的呈現、資訊元的建立標準、與整合資訊查詢系統（integrated information retrieval system）的建置，內容、標準、方法和技術、與智財權考量一次到位整體性建構，可謂是現代圖書館知識管理整合資訊服務的新利基點。本章研究結果，提出現有國內外各型圖書館網站建置主題資源指引數位創新服務機制案例，依研究對象茲分為國家圖書館、大學圖書館與公共圖書館網站主題服務內容與特色分析說明如下：

(一) 國家圖書館主題資源指引數位服務內容分析

1. 美國國會圖書館──「主題瀏覽」服務

LC「主題瀏覽」服務在 2010 年還屬於首頁「熱門主題收藏」（popular topics & collections）服務單元下第 6 子項功能面，位於網頁第二層（Library of Congress, 2009），至 2011 年起 LC 已將此項服務移置到網頁首頁並成獨立單元。「主題瀏覽」服務首先區分為九大類主題詞，讓使用者很容易發現，即可直接點選所需「主題」，進入瀏覽或閱讀該項相關資源。（Library of Congress, 2012）

　　無論是圖書、錄音錄影資料、照片或地圖等類型館藏，LC 稱得上是世界上最大的圖書館。網際網路發展初期，LC 在館藏數位化方面即躍居領先地位。但隨著數位館藏的成長，LC 同樣面臨提供全部數位化資源服務傳播的挑戰，適時所推出的「主題瀏覽」服務，強調所提供的內容連結到經過篩選的 LC 數位館藏（online collections）網頁，內容大致是按大類來編排，方便一般大眾瀏覽查閱，但這些數位內容只佔 LC 所有實際館藏的一小部分。

　　LC「主題瀏覽」服務網頁對於無論是經過數位化轉製或原生性數位化資源，採較為廣泛性的分類體系來呈現這些大部分 LC 公開性的數位化館藏。「主題瀏覽」單元提供可點選的第一層級主題詞目內容共分為九大類，如：美國史、藝術與文化、政府/法律與政治、地圖與地理、新聞與廣告、宗教與哲學、科學/技術與商業、運動/娛樂與休閒、世界史與文化等，第二層級詞目依主題內容屬性而有不同編排方式，如：位於第一層詞目的「美國史」主題下，分為依時段（by time period）與依專題史（by subject）兩種點選查閱方式（參見圖 1-1）。

　　由觀察圖 1-1 主題詞目可知，其內容涵蓋 LC 數位化館藏，以多元面向且具活潑性的主題導向服務內容，提供一般社會大眾使用者鳥瞰式瀏覽 LC 數位化館藏，與隨即從圖書館網站查看和下載資源的主題式數位指引服務。LC「主題瀏覽」服務另一項特色為圖像式（images）主題資源的呈現，以珍藏的視覺人文影像資料提供直接瀏覽、觀賞與推介服務，並可透過索書號（call number）做單幅圖像鄰近相關度資源連結瀏覽，當然 LC 強調將持續不斷地增加額外資源，以強化主題圖像方面的相關資訊服務。

　　另外，「主題瀏覽」網頁也建置相關連結，以利使用者透過檢索欄目（search boxes）的功能做進一步搜尋所需資訊。相關連結其中包括：

(1)「線上目錄」（online catalogs）

(2)「研究搜尋工具」（search finding aids）

(3)「書目、研究指引與搜尋工具」（bibliographies, research guides and finding aids）

(4)「研究和參考諮詢服務」（research and reference services）

(5)「數位參考諮詢」（digital reference section）。（Library of Congress, 2012）

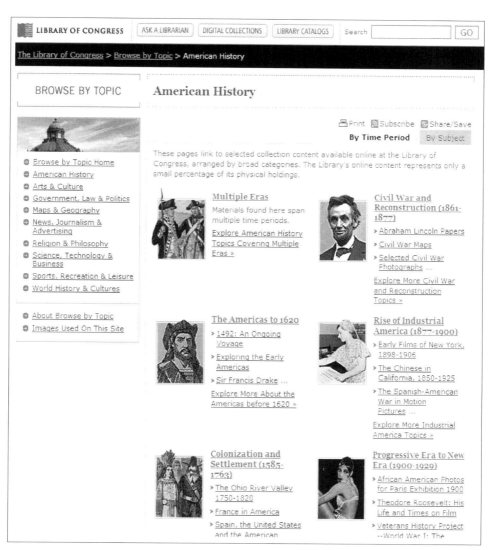

圖 1-1 美國國會圖書館網站之「主題瀏覽」（browse by topic）服務平台

資料來源：Library of Congress. *Browse by topic*. Retrieved April 6,2013, from

　　　　 http://www.loc.gov/topics/americanhistory.php

2. 澳洲國家圖書館——「研究指引」服務

　　NLA「研究指引」服務屬於網頁首頁「圖書館利用」（using the library）服務單元下第 4 子項功能。此項強調所包含的關鍵資源（key resources）是就選定的主題幫助使用者作為個人研究的開端，主要涵蓋兩種類型資源的指引（National Library of Australia, 2011）：

(1)印刷型式資源指引（print resources guides）：包含目錄檢索技巧（catalogue search tips）與一些經過篩選的印刷型式作品的資源指引。

(2)選擇性的網站資源指引（selected websites guides）：主要是按主題提供免費性相關網站資源名錄。

　　對於所提供的指南和主要書目清單為 NLA 專門館藏，或包含對於館藏重要性的參考資源。而為方便使用者作進一步主題檢索，包括所有電子資源，如全文資料庫、索引、電子期刊、與網站等，則指引使用者直接進入 NLA 電子資源「eResources」專區檢索利用。

　　NLA「研究指引」服務所建置研究指引主題詞目包含：澳洲傳記、澳洲出生婚姻和死亡記錄、澳洲人口調查和名冊、澳洲公司機構、澳洲選舉名冊、澳洲法律、澳洲政治和政府、書評與文學批評、英國議會出版品和資訊、公墓記錄、政府公報、法律報告和法庭記錄、國際聯盟、報紙索引、太平洋資源、船舶和客運記錄、統計、論文、聯合國、美國國會的出版品和資訊等共 20 類（參見圖 1-2）。

　　由圖 1-2 主題詞目不難觀察出 NLA「研究指引」服務，相當側重於一般較為少被利用的國家政府官書資源、人口檔案與國家本土歷史性資源引介，這方面主題資源的指引，除了有助於相關實證研究的利用，並以國家圖書館地位推廣國家政策和全民生命記憶的創新資訊服務方式。

　　NLA 主題服務詞目依主題意涵性的不同，各主題列出詞目指引資源類型不盡相同，例如「澳洲傳記」（Australian biography）條目，開宗明義表明 NLA 擁有大量關於澳洲的傳記性資料，但此單元只側重於印刷型式資源的引介，包括關鍵字、目錄檢索技巧、一般性與地域性的參考館藏簡介、與 eResources 專區資源連結，

以提供這一相關研究領域人員的方便參考利用。

圖 1-2　澳洲國家圖書館網站之「研究指引」（research guides）服務平台
資料來源：National Library of Australia. *Research guides*. Retrieved April , 2013, from
　　　　　http://www.nla.gov.au/our-services/research-guides

(二) 大學圖書館主題資源指引數位服務內容分析

1. 中華大學圖書館——「館藏資源示意圖」服務

　　中華圖書館「館藏資源示意圖」服務屬於網頁首頁「館藏查詢系統」服務單元下最後一項功能，以提供協助該校師生教學、學習與研究為目的，類似政治大學各學院相關主題資源指引（政治大學圖書館，2011）與逢甲大學各學科資源指引（逢甲大學圖書館，2011）等功能的設計。中華圖書館建置的資源示意功能，上層首先列出人文社會學院、工學院、資訊學院、管理學院、觀光學院與建築規劃學院等，下層主要以點選各學院下所列出的學系或學程作為進入館藏門徑。指引的館藏資源包括：相關圖書、相關參考書、相關碩博士論文、相關期刊、相關資料庫與相關網路資源等的資源指引。各學系資源示意圖頁面並與館藏查詢系統、博碩士論文系統、與電子資源查詢系統建立連結功能。（中華大學圖書館，2007）

　　其中與系所相關圖書館藏資源，以《中國圖書分類法》與《美國國會圖書分類法》之相關分類號作為主題，所列出分類號並提供分類名稱對照，以利使用者辨識分類號主題內涵。使用者直接點選各分類法分類號，可連結到館藏查詢結果畫面，陳列出更細部分類號館藏結果筆數與進一步顯示書目內容。直接點選「顯示」可瀏覽全部資料，所納入館藏查詢資料類型包括：圖書、期刊/連續性資料、音樂性資料、動態放映性資料、縮影性資料、電腦檔資料、錄音性資料等。（中華大學圖書館，2007）

　　中華圖書館「館藏資源示意圖」的建構，即是將學院系所、資源主題、資源類型等 3 部分皆視為主題地圖的主題，並建立其關聯，完成建構主題資源指引服務，希望使用者只要透過點選動作即能找到所需資源。（彭于軒、柯皓仁，2008，頁41）查詢結果畫面也提供限定條件檢索，以利使用者另依出版年、館別、與特藏，以輸入查詢值的方式作檢索（參見圖 1-3）。

圖 1-3　中華大學圖書館網站之「館藏資源示意圖」服務平台
資料來源：中華大學圖書館。*館藏資源示意圖*。上網日期：2011 年 6 月 6 日，
　　　　　檢自 http://www.lib.chu.edu.tw/files/11-1087-3603.php

2. 中原大學張靜愚紀念圖書館——「主題書目 RSS」服務

　　中原圖書館「主題書目 RSS」服務屬於網頁首頁「館藏查詢」服務單元下第 4 子項功能，提供每週新進館藏 RSS（Really Simple Syndication，簡稱 RSS）訂閱服務，使用者可依主題類別或資料類型，選擇訂閱新進館藏書目最新資訊服務，主要分為語言類、音樂類、電影類。（中原大學張靜愚紀念圖書館，2009）

　　RSS 簡易發佈技術是 UserLand 公司於 1997 年所發展，是一種可供網路使用者「訂閱」的 XML 資訊格式，透過各種 RSS 閱讀軟體或工具，隨時可將所訂閱的不同 RSS 資訊自動傳送到一個單獨介面，目前已普遍成為許多網站訊息傳播的

工具。（O'Reilly, 2006/盧澤宇譯）中原圖書館「主題書目 RSS」主動寄發新書通報服務機制，不必透過連線到圖書館網站查閱更新內容，使用者即可隨時檢閱其所訂閱的最新主題館藏資訊，並可連結至 My Yahoo!（http://tw.my.yahoo.com/p/1.html）與 iGoogle（http://www.google.com/ig）頁面，新增此「主題書目 RSS」服務新書通報小工具項目到個人化頁面中，或通過讀者身份認證後，將書目增列到「我的圖書館」（add to my lists），以建置新書書目個人化主題按需服務（參見圖 1-4）。

圖 1-4　中原大學張靜愚紀念圖書館網站之「主題書目 RSS」服務平台
資料來源：中原大學張靜愚紀念圖書館。*主題書目 RSS*。上網日期：2013 年 5 月 4 日，
　　　　　檢自 http://cylis.lib.cycu.edu.tw/feeds*cht

　　「主題書目 RSS」所提供詳細書目資料頁面並可連結「翻書客」頁面（Findbook.tw），進而透過選擇機制即時性直接連結網路書店，讓使用者可以更快的找到、看到、買到自己想要的書籍，不需要再耗費大量的時間搜尋、比價。除提供書籍搜尋、比價及收藏功能外，並提供各館館藏資訊與內容簡介。（Findbook, Ecowork Inc., 2005-2008）

　　「主題書目 RSS」網頁另提供連結以輸入書刊名、關鍵字、作者、主題、分類號、與指定參考書等字詞，查詢該館全部的實體館藏，如：紙本圖書或期刊、博碩士論文、教職員著作、視聽資料、實體電子書，及所購大部分的線上全文電子期刊及電子書。相關連結還包括：教師課程指定參考書、借還書服務、熱門預約書、線上書展等。

3. 清華大學圖書館——「主題館藏選介」與「奈米館藏資源示意圖」服務

　　清大圖書館網頁於「利用指引與推廣」服務，自 2006 年起建置「主題館藏選介」單元，每兩個月即挑選出不同主題館藏，希望能讓使用者更有效的掌握想擷取的知識，或提供研究之外不同領域的閱讀視野。此項主題館藏推介服務旨在為使用者帶來更多樣化的閱讀樂趣與範圍，所以曾經選介的主題相當具有廣泛性與實用性，例如包括：生命教育、臺灣旅遊、電影之美、張愛玲、科普閱讀、大學新鮮人、Noam Chomsky 經典著作、各年度開卷好書獎得獎作品、與配合季節需求的畢業書展等。每一主題單元皆包括前導語、好書介紹、內容簡介、館藏連結、相關網站連結等資源呈現（參見圖 1-5）。（清華大學圖書館，2011）

　　清大圖書館在 2010 年 11-12 月另所推出「奈米科技閱讀推薦」主題，在相關網站連結部分則可開啟「奈米館藏資源示意圖」。奈米科技（nanotechnology）是一新興之研究領域，隨著奈米科技學術領域的研究日趨增長，奈米科技研究資源之主題與文獻數量日益繁複，為推廣奈米科技之學習並提供奈米研究的參考資源，「奈米科技 K-12 教育發展中心」於 2003 年 8 月起規劃並執行人才培育計畫，以達到奈米科技人才的培育目標。此計劃並期以建構一套能涵蓋整個奈米知識體系的完善規範工具為目標，以有效整理、輔助檢索奈米文獻。（中北區奈米科技 K-12 教育發展計畫，2006a）

圖 1-5 清華大學圖書館網站之「主題館藏選介」服務平台
資料來源：清華大學圖書館。*主題館藏選介*。上網日期：2013 年 4 月 6 日，檢自
http://www.lib.nthu.edu.tw/guide/resource/holding_recommend/index.htm

　　該計畫特色在整體瞭解國際間奈米領域研究主題，提出一個兼具周延性與實用性之主題架構，並整理各主題在國際間主要分類的對照。計畫建置之「奈米科技學術資源分類架構」，可做為未來製作奈米知識庫系統時整理組織奈米研究資料的工具，以提供使用者檢索與瀏覽的參考依據。所建置奈米主題之 OA（open access）資源網，其實際內容包括：

(1)首先以奈米學術主題詞表（terms list）為基礎，與學科專家合作，依需求訂
　　定關聯類別，進行主題關聯資訊組織架構，可讓使用者直接透過網頁使用主

題地圖，發展成一具延展性之奈米資源檢索輔助工具。

(2)建置奈米線上辭典之系統，提供使用者可查到奈米字詞之中英日與大陸用語、中文釋義以及來源資料，開發 Wiki 系統，發展線上討論與分享的空間，有效提昇奈米詞彙意義之質量。

(3)奈米資源示意圖則分別依清大圖書館中文圖書、西文圖書、參考書、期刊、視聽媒體、電子資源、網路資源、課程等資源類型組織整理奈米館藏，提供使用者透過該示意圖的指引，更方便有效地利用圖書館奈米館藏資源（參見圖 1-6）。（中北區奈米科技 K-12 教育發展計畫，2006b）

圖 1-6　清華大學圖書館網站之「奈米館藏資源示意圖」服務平台

資料來源：清華大學圖書館。奈米館藏資源示意圖。上網日期：2013 年 5 月 4 日，

檢自 http://pesto.lib.nthu.edu.tw/k12/path_finder.asp

　　此網站所建構的奈米主題地圖，利用建置線上索引典，整理出奈米科技領域的詞彙，提供查詢各奈米詞彙的同義詞、關聯詞、廣義詞與狹義詞等，奈米主題範圍相關標題，可依重要性與依字母順序兩種排序方式，目前共收錄 4,062 個奈米主題，新主題陸續增加中（參見圖 1-7）。（中北區奈米科技 K-12 教育發展計畫，2006b）

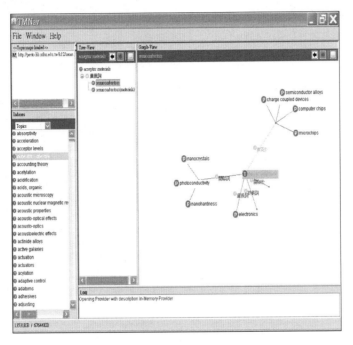

圖 1-7　清華大學圖書館網站「奈米主題地圖」(以"Semiconductors"一詞為例)示意圖
資料來源：清華大學圖書館。*奈米主題地圖*。上網日期：2013 年 4 月 6 日，檢自
　　　　　http://pesto.lib.nthu.edu.tw/k12/nano.xml

4. 北京大學圖書館──「學科導航」服務

　　北大圖書館「學科導航」服務位於網頁（2007-2012 年）首頁左面，屬於獨立服務單元，提供上、下兩層學門點選查閱方式。學科主題按：所有學科、社會科學、哲學、管理學、政治學、法學、經濟學、教育/文化、圖書檔案學等共 27 個學門為上層分類，下層主題學門則多寡不均，如「圖書檔案學」下分為：圖書館

學、情報學、檔案學、信息管理等 4 個子類。納入「學科導航」服務資料來源類型分為：資料庫導航、電子期刊導航、學位論文導航、電子圖書導航、多媒體資源（教學參考）導航，另提供對所有資源類型可進行 title 檢索。相關連結包括：常用資源、書刊目錄、諮詢臺、館際互借等。北大圖書館「學科導航」服務其目的在於方便各學科使用者查詢相關學科領域的各種網際網路學術資源（參見圖 1-8）。（北京大學圖書館，2007-2012）

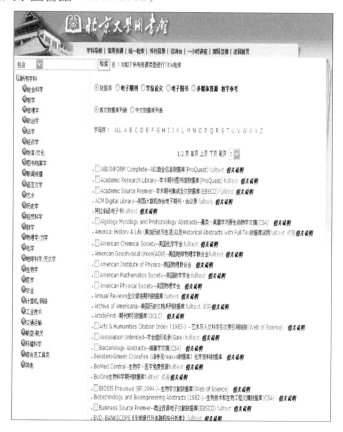

圖 1-8　北京大學圖書館網站之「學科導航」服務平台

資料來源：北京大學圖書館。*學科導航*。上網日期：2013 年 5 月 4 日，檢自
　　　　　http://lib.pku.edu.cn/portal/portal/media-type/html/group/pkguest/page/new_sub_nvgt
　　　　　_db.psml

北大圖書館「學科導航」服務已納入「中國高等教育文獻保障系統」（China Academic Library & Information System，簡稱 CALIS）。CALIS 將網路中相關重點學科優質資源提供給使用者，幫助大學科研人員快速準確地獲取所需資訊。共有 48 個圖書館已加入 CALIS 系統，完成了 217 個重點學科的導航庫建置，並涵蓋了中國大陸大學主要重點學科範圍。（陳朋，年代未詳）CALIS 系統聯合建置的宗旨是將國家級的投資、現代圖書館理念、先進的技術方法、整合大學豐富的文獻資源和人力資源，建設以中國高等教育數位圖書館為核心的教育文獻聯合保障體系，實現資訊資源共建、共知、共享，以發揮最大的社會效益和經濟效益，為中國大陸的高等教育服務。（中國高等教育文獻保障系統，2005）

(三) 公共圖書館主題資源指引數位服務內容分析

1. 高雄市立圖書館——「知識地圖」服務

高市圖「知識地圖」服務居於網頁（2010 年）首頁左中位置，以「關聯提示詞圖示」知識樹架構概念表達主題詞目，層級式知識地圖呈現主題數位資訊服務體系。點選樹狀知識管理工具圖示進階功能可顯示更多主題細目，並提供顯示關聯詞目評等排名。知識地圖熱門主題所建立標籤雲（tag cloud）類目關聯包括：文學、圖書館、李家同、心智、王永慶、Google、蝴蝶、哈利波特、分館、TOEIC 等十類。各類下再建置第二層主題詞目，並建立動態提示詞、與時間序列的選擇，查詢模式包括：精確、主題與模糊方式。其資料來源頁面包括（高雄市立圖書館，2010）：

(1)城市閱讀運動（Kaohsiung City Reading Movement）
(2)文學典藏系統
(3)MOD 隨選視訊
(4)整合性圖書館自動化系統

以上四種資料庫可提供使用者作個人化需求的勾選（參見圖 1-9）。

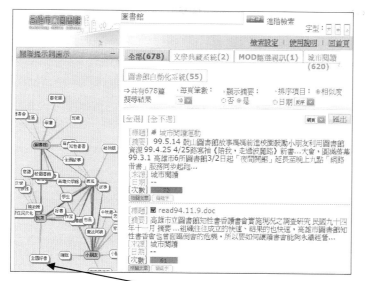

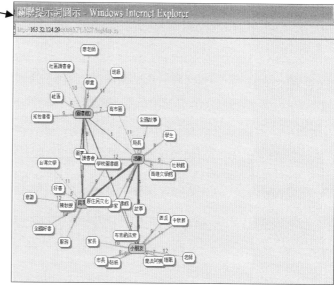

圖 1-9　高雄市立圖書館網站之「知識地圖」服務平台與「關聯提示詞圖示」（以「圖
書館」一詞為例）架構示意圖

資料來源：高雄市立圖書館。*知識地圖、關聯提示詞圖示*。上網日期：2011 年 9 月 1 日，檢自
http://163.32.124.29:8088/KPL/KSP/search.jsp

高市圖在這幾年來的變革與創新中，推展多元閱讀活動與服務，使用人次已大幅成長，帶動城市閱讀風氣，並深化閱讀成為提昇地方人文素養的重要管道。（施純福，2006，頁1）「關聯提示詞知識地圖」可謂高市圖所提供的 Web 2.0 主題資源指引數位創新服務，由詞目內容如：高雄文學館、社區讀書會、廖鴻基、海洋、陳永興、葉石濤等主題標籤的建置，可看出公共圖書館與使用者閱讀建立綿密在地本土化社會性的連結關係，而由主題詞目內容的設立方向，不難解讀出與圖書館推廣服務政策面息息相關。

2. 舊金山公共圖書館──「舊金山歷史圖像主題指引」服務

成立於 1964 年、位於 SFPL 總圖書館（main library）六樓的舊金山歷史中心（The San Francisco History Center）是以提供參考研究用途的書籍、報紙、雜誌、照片、地圖、海報、檔案和手稿的收藏為主。這些典藏記錄了舊金山當地歷史特色與人文生活，該中心也提供舊金山縣市的公務檔案，其中舊金山歷史圖像收藏，包括照片和其它從 1850 年到現在舊金山及加州的作品，除了照片外，也包括有關舊金山和加州主題的相簿、明信片、藏櫃卡、立體照片和幻燈片的典藏。這些主題系列內容包括舊金山街頭的場景、建築物和街區，以及舊金山當地著名人物照片。SFPL 所典藏的這些歷史照片大部分主要得自於《舊金山新聞呼聲報》（*San Francisco News-Call Bulletin*）的捐獻。（San Francisco Public Library, 2002-2013）

使用者想賞閱這些超過四萬多筆歷史圖像資料，除了利用開館辦公時間親臨總館歷史中心外，也可利用 SFPL 網站線上資料庫瀏覽館藏數位圖像。舊金山歷史中心整個收藏是包括數位化圖像和照片的典藏，皆提供主題式的資源指引與主題瀏覽服務，或可利用關鍵字、日期、系統號與主題詞進行查詢所有主題收藏。該資源指引的主題先分為舊金山主題（Francisco subjects）、肖像（portraits）和加州地方（California places）等三大類，下再按主題詞的字母順序排列，使用者尋獲所需主題圖像便可直接點開立即進行線上觀賞（參見圖 1-10）。（San Francisco Public Library, 2002-2013）

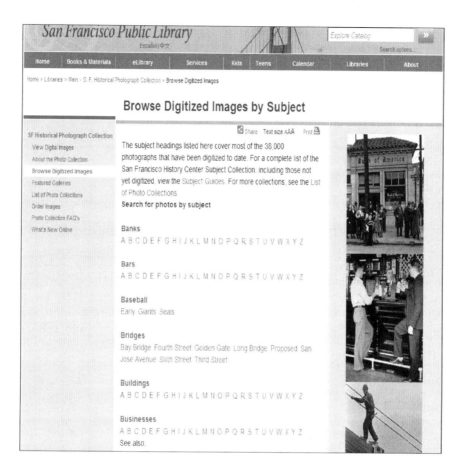

圖 1-10　舊金山公共圖書館圖書館網站之「舊金山歷史圖像主題指南」服務平台
資料來源：舊金山公共圖書館。*舊金山歷史圖像主題指南*。上網日期：2013 年 5 月 4 日，檢自
　　　http://sfpl.org/index.php?pg=2000028501&sl=1

　　最後，本研究針對以上三種類型圖書館之主題資源指引數位服務就其主題服
務名稱、服務目標、網頁路徑、網頁層級、主題屬性或關係、數位館藏指引、印
刷資源指引、檢索欄目、館內連結、館外網站指引、網路社群連結等相關項目功
能作一統整比較，以瞭解其服務內容與特色差異，詳見表 1-2：「各類型圖書館主
題資源指引數位服務項目比較表」如下：

表 1-2　各類型圖書館主題資源指引數位服務項目比較表（作者編製）

比較項目	國家圖書館		公共圖書館		
	LC	NLA	高市圖	SFPL	
主題服務名稱	主題瀏覽	研究指引	知識地圖	舊金山歷史圖像主題指引	
服務目標	提供使用者瀏覽查閱數位館藏	輔助使用者個人研究的開端	提供 Web 2.0 主題資源指引數位創新服務	提供使用者點選主題詞線上瀏覽或觀賞歷史圖像	
網頁路徑	首頁，點選「Topics」	首頁，點選「圖書館利用」，再點選「研究指引」	首頁，點選「知識地圖」	首頁，點選「Libraries」，再點選「Main」下之圖像收藏之主題瀏覽	
網頁層級	首頁第一層	首頁第二層	首頁第一層(2010 年網頁)	首頁第五層	
主題屬性或關係	√(九大類主題詞下第二層詞目依上層內容屬性而不同)	√(主題詞目共20 類依主題意涵指引不同資源類型)	√(熱門主題標籤雲共十類，各類下再建置第二層主題詞目)	√(主題資源指引分三大類，再按主題詞的字母順序排列)	
數位館藏指引	√	√（連結查詢）	√（連結查詢）	√	
印刷資源指引	√	√	√（連結查詢）	√（連結查詢）	
檢索欄目	√	√	√（連結查詢）	√	
館內連結	√	√	√	√（連結查詢）	
館外網站指引		√	X	X	
網路社群連結	√	√	X	√	

	大學圖書館			
	中華圖書館	中原圖書館	清大圖書館	北大圖書館
	館藏資源示意圖	主題書目 RSS	1.主題館藏選介 2.奈米館藏資源示意圖	學科導航
	提供協助師生教學學習與研究之需	提供每週新進館藏 RSS 訂閱服務	1.為使用者帶來更多樣化的閱讀樂趣與範圍 2.推廣奈米科技之學習與參考資源	方便使用者查詢各種學科網路學術資源
	首頁，點選「館藏查詢系統」，再點選「館藏資源示意圖」	首頁，點選「館藏查詢」，再點選「主題書目 RSS」	1.首頁，點選「利用指引與推廣」，再點選「主題館藏選介」 2.「主題館藏選介」下再點選「奈米科技閱讀推薦」之連結	首頁，點選「學科導航」
	首頁第二層	首頁第二層	1.首頁第二層 2.首頁第四層	首頁第一層 （2007-2012 年網頁）
	√ （以系所、分類號、資源類型建立關聯）	X	1.√（主題相當具有廣泛性與實用性） 2.√(建立奈米學術主題詞表)	√ （上層分類共 27 個學門，下層主題學科則多寡不均）
	√（連結查詢）	√（連結查詢）	1.√ 2.√	√
	√（連結查詢）	√（連結查詢）	1.√ 2.√	√（連結查詢）
	√（連結查詢）	√（連結查詢）	X	√
	√	√	1.√ 2.√	√
	√	√	2.√	√
	X	√（連結個人化頁面）	X	X

五、 結論與建議

　　本研究目的在於探討圖書館網站所建置主題資源指引數位服務，以瞭解國內外圖書館網站主題資源服務的內容與機制。本章就研究結果，歸納彙整出下列結論，最後並依據研究結論，提出實務層面與進一步研究建議，以供圖書館網站發展主題資源指引服務與未來從事相關研究之參考。

(一) 結論

1. 圖書館網站主題資源服務建置目標與型式，多依館方施政理念所研訂不同政策而開發構築

　　圖書館政策以圖書館設立目的為基礎，因此圖書館網站功能發展軌跡大致也依據圖書館設立目的而建置，以整合圖書館各種資源與服務於網站中，提供清楚、簡單、具親和性的使用者介面及便利、快捷的電子化服務，以支援圖書館的任務與目標。各類型圖書館依其所設立任務的不同，也會發展出符合其圖書館目標的網站開發政策，作為建立網站內容和風格的指導原則，以呼應符合圖書館政策之訂定。

　　其中在網站中建置主題資源服務雖有其服務功能價值性，可稍稍彌補 OPAC 無法發揮聚集主題相關資訊的缺憾與 MARC tag 面臨 www 資訊檢索間互通性問題，但基於人力物力考量，主題服務是否納入在圖書館網站建構服務項目、或其設定使用對象、收納資源類型（如：所有館藏、部分館藏、珍稀館藏、地方特色館藏、書目、全文、影像、網路資源等）、主題建構層次與詞目內容、資訊技術應用層次、資源呈現模式（如：IOD、Pathfinders、Topic Maps 等）和維護更新機制等，皆酌情配合於館方政策方針。

2. 圖書館網站主題資源服務，依該圖書館類型而有不同服務對象、內容與設置功能

　　依圖書館所設置機構與服務對象之不同，圖書館事業涵蓋各類型圖書館，各

司其任務，以發揮整體社會的資訊服務。依附於實體圖書館而存在的網站主題服務，亦奠基於母體機構類型與經營策略而有不同服務內容面向及功能設置，陳述各主要發展內容特色如下：

(1)國家圖書館通常由一國政府所設立，兼負著國家文獻法定蒐藏、保存、維護與文化國際傳播、交流的傳統角色。所以國家圖書網站所推出主題服務各彰顯特色，如 LC 隨著數位典藏進展於網站機制特別著重於「主題瀏覽」服務開發，以廣泛性的主題體系來呈現公開性國家檔案文獻的數位化影像珍藏，促進豐富使用者資訊經驗，立即重現美國數位記憶（digital memory），全民共享國家生命影像故事；而 NLA「研究指引」服務則截然不同於 LC，著重於以紙本式或數位化資源指引個人研究開端，並側重以公共文書（public documents）推介於學術研究之史料參考，透過主題導航公開傳播政府重要施政與法令資訊，讓使用者瞭解利用澳大利亞國家發展脈絡的檔案資料，無形中成為國家政府官書資源數位學習與研究的重要媒介入口網。NLA 引介較為少被利用的國家政府官書資源、人口檔案與國家本土歷史性資源，除了有助於相關實證研究的利用，並具以國家圖書館地位，推廣見證時代變遷下國家歷史軌跡，鋪陳本土化全民記憶，引證政府施政脈絡，主動提供民眾親近檔案的管道，以促進活絡國家檔案訊息，也是輔助推廣國家政策創新的方式。

(2)大學圖書館通常由該大學所成立，以該校系所師生為主要服務對象，支援其學術研究、教學、學習為目的，並積極辦理圖書資訊利用及推廣服務，以協助提昇該校教學研究品質。所以大學圖書館網站所推出主題服務，不乏先以各學院再列學系為主從架構指引主題資源，例如中華圖書館「館藏資源示意圖」服務模式；也有大學圖書館主題館藏服務，旨在提供研究之外不同領域普及實用性的閱讀推介，如中原圖書館「主題書目 RSS」服務與清大圖書館「主題館藏選介」單元；而跨校整合型學科主題導航是有其校際教學與研究資源之共建共享效益，端賴高等教育政策擬訂與人力經費奧援，以長期性維護更新主題資源，大陸 CALIS 系統是一可借鏡實例；另清大圖書館「奈米館藏資源示意圖」服務則建構了一套能涵蓋整個專科主題 KOS，組織奈米主題

地圖，以利輔助檢索奈米相關文獻資源，建構主題知識組織架構，除了指引圖書館館藏資源外，也可作為指引網際網路資源的工具，以促進輔助重點學科與新興科技學術研究與知識探索。

(3)公共圖書館指由各級政府主管機關、個人、法人或團體設立，以一般大眾為主要服務對象，是蒐集、保存與推廣社區多樣地方文化資源的重要機構，並適應地方特色以傳承發揚鄉土文化，使成為地方民眾的學習中心。所以公共圖書館網站所推出主題服務，不乏深具地方性色彩。高雄市是南臺灣的文化中心與近代臺灣與外國聯繫的重要窗口，高市圖近年來以「營造快樂閱讀、熱愛學習的健康城市」為服務願景，積極推動城市閱讀，提供市民學習新知的環境，建構高雄市成為書香與健康的城市，其所建構層級式主題「知識地圖」與「關聯圖示」，即透過主題服務實現了圖書館社會關係網絡的建置，與資訊服務在地性本土化的知識領航，推廣在地文化城市閱讀活動，以閱讀來深化民眾人文素養；而舊金山在 19 世紀是加州淘金潮（1848-1855）的中心地區，淘金熱使得舊金山成為當時美國密西西比河以西最大的城市，居民在 1847 到 1870 年之間從 500 人口增加到 15 萬人口，早期華工到美國淘金後也多居住於此市區，這一段歷史也促成當地相關產業與文化報業的興盛。SFPL 之「舊金山歷史圖像主題指南」服務，以點選主題詞目立即瀏覽圖像方式，提供地方影像文獻資源，是區域研究的珍貴史料，也能喚起世人對舊金山共同的記憶與歷史關注。

3. 主題資源指引服務所建置之主題詞目內涵與結構，隨各圖書館網站主題服務目標、內容與圖書館類型的不同而呈現多元化與多樣性

主題關鍵詞目是圖書館網站主題服務點選入口處，也是最能彰顯該服務特色的內容關鍵。網站主題服務所建構主題分類架構之癥結點，在於銜接整合館內不同資料庫甚或網路資源之主題分類系統，以呈現該資源特性容入單一主題服務，並配合資訊科技發展及引導各類資料庫的開放應用。

一向主題系統是隨著時代的需求而改進，而隨著各圖書館網站主題服務內容與目標的不同，主題詞目內涵與結構的編排，多出於配合納入主題服務的資源內

涵而自訂方針，尤其是國家型與公共型圖書館網站，呈現多元化與多樣性的活潑特色，如高市圖「知識地圖」主題標籤，而 SFPL 舊金山歷史中心整個收藏的每張照片記錄皆建立日期與主題詞目，可提高主題資訊獲取率。大學圖書館網站多配合教學與學習方針，依系所名稱建構主題，或研究型專科詞彙知識術語，如以奈米主題詞表為基礎，發展出奈米主題地圖，提供使用者查詢參酌奈米主題詞的關聯，建構出專業知識組織架構。

4. 圖書館已具公開性的數位典藏，不論是數位化轉製、或原生性數位化資源和影像資源，透過網站主題指引服務，以傳播相關數位資源服務與優化滿足使用者資訊需求

OCLC 於 2005 年調查結果證實，大多數資訊搜尋者不常利用或定期使用圖書館提供的大量的電子資源，例如線上雜誌、資料庫、參考協尋等。由於大多數使用者不熟悉、不經常、甚或未使用圖書館網站，因而不能夠獲得大量的免費數位資源，雖瞭解圖書館提供了免費的實物資源，但大多數使用者沒有意識到通過圖書館還可以獲得免費的電子資源。而實際上通過圖書館網站是可以獲得大量的電子資源，大學生使用電子資源的比例倒非常高，對圖書館所提供的電子資源也較為熟悉。

隨著越來越多的典藏內容數位化且可以通過網路獲取，所得資訊的數量與有效性不斷增加，適用於網路使用者的資訊資源和資訊挖掘新工具和新技術不斷拓展，而愈來愈多的使用者也期望在將來能夠無憂無慮地使用免費資源與閱讀具有價值性的資訊，圖書館將具公開性的數位典藏資源，以主題資源組織架構提供線上指引、瀏覽與利用，例如 LC「主題瀏覽」與 SFPL「舊金山歷史圖像主題指南」所提供數位典藏服務案例，除可進一步增加使用者對圖書館資源的自信心和自我服務，也以全文、與圖像無縫式服務，優化使用者資訊需求的滿意度，建立兼容了眾多電子資源和基於網路的數位圖書館服務口碑。

5. 主題服務網頁建置相關內外部資源連結查詢功能與相關虛擬社群服務，可進一步充實使用者資訊需求與建立圖書館 Web 2.0 服務

圖書館網站主題服務除了立即性指引主題性書目、全文、或影像資源服務，

也建置引導相關連結，以利使用者對所需主題資訊，可透過檢索功能做進一步搜尋所需更完整性資訊。此種相關連結的類型大略可歸納分為：內部資源與外部資源。內部資源視圖書館本身原所具有的資源系統類型而有所不同，例如可包括：館藏線上目錄系統、數位參考諮詢系統、研究參考工具系統、電子資源查詢系統、與博碩士論文系統等；而外部資源主要是指相關學科領域的各種網際網路學術資源、主題性資料庫、或連結相關書業網站。

　　另可建立一特定的資訊組織架構，提供使用者對特定主題可透過層層關聯的串連迅速有效地進行相關資料的檢索，作為一協助專科資源蒐集的有效檢索工具，發展為具延展性之檢索輔助工具與資源的搜集及研發，例如已建置的奈米資源體系的連結關係。而中原圖書館主題書目 RSS 新書通報服務機制，並可連結至 My Yahoo! 與 iGoogle，建置主題新書通報小工具元件項目到個人化頁面中。相關連結的類型啟動 web 2.0 線上介面，讓使用者能夠透過豐富的互動式網路環境，創造與獲取所選擇的主題資訊。

(二) 建議

1. 圖書館網站主題資源服務，館方應依服務願景與斟酌人力物力資源，研擬政策落實建置方向，實現圖書館資訊可取得性的數位創新環境

　　圖書館網站主題資源服務推廣各項館藏資源直接獲取率與可取得性，提供更簡捷的資訊閱覽流通為服務目標，讓使用者擷取資訊更加方便，形塑讀者的知識成長與資訊素養為目的，以滿足使用者的資訊需求，協助解決資訊超載、減低資訊垃圾問題和達成數位學習，維持圖書館網站高效能。

　　同時主題服務也是圖書館發展服務願景的經營策略門徑、提昇館員面臨資訊社會所形成專業挑戰所應具備的知能、建立與社群溝通對話的數位創新傳播途徑。期望藉由將主題資源服務納入圖書館網站政策，落實發展具層次、有創意的主題資源指引方式，以資訊社會與資訊傳播的創新為理念，讓豐富的館藏資源與數位服務能被更多廣大的讀者線上便利使用，進而推升圖書館的多元多樣服務發展的新機。

2. 各類型圖書館依其原設立機關、服務對象及設立宗旨，普設網站主題資源服務，以延伸加值整體圖書館專業形象與服務價值

依「圖書館法」設法精神，相當鼓吹有關各界視實際需要普設各類型圖書館，提供其服務公眾或特定對象，以獲取公平、自由、適時及便利之圖書資訊權益。當今獲取自由公平與便利適時資訊權益的管道，拜資訊科技進展，許多的應用層面也紛紛應運而生，社會對資訊科技所產生的便利與無限可能賦予高度期待與殷望，尤其是希望透過資訊科技的特性，促成社會學習，實現社會公平。

各類型圖書館設立願景也在促成知識社會角色上扮演重要的環節，而提供網站主題資源服務，除可延伸圖書館願景服務，更可提昇圖書館對於社會服務的整體價值。例如，國家型圖書館主題資源服務可扮演政府資訊與人民溝通的最佳媒介，主動提供讓使用者瞭解國家發展的重要檔案資料，也是政府資訊公開重要的一環，推動增進國際文化與國家政策創新的行銷，或推廣本國稀有性、珍貴的、或具有重大意義的著作資源；而大學型圖書館主題資源服務以輔助教學、學習與研究為目的，可針對特定主題，延請相關系所的教師提供主題定義和解說，並蒐集中西文的館藏圖書及期刊論文，選介中西文網站，以為輔助教學、研究進修之利器；而公共型圖書館主題資源服務可兼顧綜合多元的需求，以地方文獻和各地域文化資源為後盾，或善用在地的整體資源的建構，以推廣社會教育及文化活動的服務，透過多元文化教育，擴充主題文化學習的經驗，讓使用者認識區域特色，發揮社區總體營造的精神，奠定區域文化與推廣閱讀的教育基礎。

3. 落實配合主題服務的目標與策略，建構出合宜通用、層次分明的主題架構與網頁風格，以彰顯主題資源服務特色並達成服務最高效益

圖書館主題分類體系與使用者依研究興趣和資訊需求查尋資訊之分類觀念難免存在差異，前者著重於圖書資訊學專業技術服務價值，後者多為個人所瞭解知識地圖的探索運用。誠如所言，主題詞不易訂立，又查詢者對特定主題詞最感困擾，如何建構出合宜通用的主題分類架構，也是關乎主題服務效益的關鍵因素。另可配合圖書館類型而建構出不同風格的主題服務，例如：國家政策型主題、歷史記憶型主題、熱門學科型主題、高科技性主題、通識課程性主題、社群社會性

主題、與在地本土化主題等，或以人工過濾選介具有廣泛性與實用性的主題。

因為每個圖書館的不同任務與提供主題性資源之差異而有其獨特的主題內涵，為精確地建構最有用的核心資源與服務，主題分類體系應視館方所提供資源內容與服務社群，讓使用者能依主題或類別直接瀏覽結果，建構層次分明主題體系，需要編目館員、參考館員、資訊人員，甚或各領域學科專家和參酌使用者意見，各方人力共識協調，通力合作建置合宜適切之主題模式，甚或訂定主題關聯類別，與持續維護更新主題。而主題分類架構轉入主題地圖，設計圖形式的使用者介面，能讓使用者更快速與聯想式地瀏覽在網路上的主題，與考量設計具有整體感網頁視覺格局，系統化的組合以提高網頁品質，都是可以輔助發揮主題資源服務的最大效益。

4. **數位典藏尤其影像資源建置主題隨選瀏覽機制，可提高數位典藏物件被使用能見度，既而推升圖書館資訊使用滿意度**

過去十年來全球各國大力推動數位典藏，因而產生可觀的數位資源及物件，如何永續經營、取得、保存、並再利用數位資源已成為重要課題。寶貴的數位典藏資產蘊含相當廣度與深度的知識，值得挖掘、分析，將這些數位資源放置於資料庫，只能透過檢索取得，其使用性價值是處於被動狀態，大大降低了取用機率，但典藏的物件對象可能太多，圖書館服務如能將這些原生或後生數位資源作進一步處理與規劃，例如採用主題式的平台服務模式，適當地納入數位保存政策，提供使用者依自身資訊需求進行自助式主題資訊利用，同時可提昇各類數位物件曝光率的價值。

基於便於接觸到的資訊來源較能被優先利用的最小努力原則，提供使用者直覺清晰的主題影像隨選瀏覽服務，不需要具備相關的領域知識，即能看出什麼是可立即使用，讓使用者更深入地瞭解數位影像典藏作品之間的相關知識，建構出一個不同領域、不同文化、不同時空的知識物件相互通連的知識網路，自動化地產生使用者有興趣的隱性知識，活化與優化知識的分享與應用，產製出新的數位資源媒介價值，也能建立圖書館主題資源服務與利用圖書館價值的新模式。

5. **透過網頁超連結功能與建置 Web 2.0 服務，可擴大與強化主題服務，進一步提**

供融入大眾生活模式的無縫式資訊需求服務

　　主題資源服務所提供大都主要為指引性、導航性、或精要型內容資源，以主題做為圖書館數位服務入口網，使用者藉此門徑開啟利用圖書館資源大門，由延伸查詢則是以超連結方式直接連結到相關資訊網，協助使用者擴大查詢館內外資源範圍，與進一步搜尋較為完整性、整體性與無縫式的資訊內容。

　　當新加坡國家圖書館（National Library Board Singapore）在 2010 網站首頁顯示著標語："Libraries for life. Knowledge for success."（National Library Board Singapore, 2010），似乎意謂著：善用圖書館服務，掌握知識，以創造成功的你，圖書館服務應走入每個人的生命當中。Lib 2.0 圖書館服務也正導向於創造屬於「你（you）」的時代，當使用者需要圖書館的服務時，服務就應該讓「你（you）」隨選即用、唾手可得。Library 2.0 或是 Lib 2.0 核心精神，相應於 Web 2.0 的概念，強調在於以使用者為中心的分享與參與、雙向的互動，以及累積豐富的使用者經驗。讓使用者可將個人所偏好的主題資訊，連結到個人所熟悉的書籤共享網站、推文服務網頁、標籤服務、轉寄與收藏服務，或 RSS 頻道訂閱服務，以個人化和共享互動機制傳播主題資源訊息，與建立凝聚主題資源虛擬興趣社群功能。

6. 進一步相關研究建議與心得

　　對於非本研究對象的中小學圖書館和專門圖書館網站的相關主題服務，與限於本研究篇幅不及盡舉的三種類型圖書館網站的其他案例，甚或已納入本研究範圍的研究對象，其圖書館網站主題資源服務內容，隨著資通技術進展與圖書館政策遞變，都值得持續挖掘研究更多具有創意性的圖書館網站主題資源指引服務。

　　另當今圖書館服務中 OPAC 的檢索侷限、資源組織詮釋資料互通性問題、讀者資訊使用習慣、圖書館網站使用效益與資訊利用品質等等議題，面臨資訊時代網路環境及資訊成長過量挑戰的轉捩點，在思考圖書館服務內涵的實質之餘，隨著圖書資訊服務與網路世代資訊技術之間的革新、遞變、與融合，期待圖書館詮釋資料蛻變紙本位思考，而在未來語意層次網路環境中重生再利用。主題資源指引服務的數位創新與加值功能的探討，或許仍有不少值得繼續研究的深化價值與轉折空間。

參考文獻

Findbook, Ecowork Inc.（2005-2008）。*翻書客（Findbook）*。上網日期：2013 年 5 月 19 日，檢自 http://findbook.tw/

IBM, Taiwan（2010）。*資訊隨選（Information On Demand）*。上網日期：2011 年 5 月 1 日，檢自 http://www-01.ibm.com/software/tw/data/information-on-demand/product/

O'Reilly, T. (2006)。*什麼是 Web 2.0*（盧澤宇譯）。上網日期：2011 年 6 月 12 日，檢自 http://www.cs.pu.edu.tw/~tcyang/george/course9702/emarket/master/web20.doc

SWS 語意及網路服務研究中心（2011）。*Semantic：語意相關工具 語意實作*。上網日期：2011 年 9 月 19 日，檢自 http://www.ws.org.tw/sws/index.php?option=com_content&task=view&id=13&Itemid

卜小蝶（1995）。Internet 資源收集與整理的方法探討。*資訊傳播與圖書館*，2（1），78-88。

卜小蝶、鍾季倫、郭佩宜（2005）。主題式資源指引網站之發展初探。*國家圖書館館刊*，94，1-25。

中北區奈米科技 K-12 教育發展計畫（2006a）。*計劃簡介與計劃內容*。上網日期：2011 年 6 月 11 日，檢自 http://pesto.lib.nthu.edu.tw/

中北區奈米科技 K-12 教育發展計畫（2006b）。*Nano 主題地圖*。上網日期：2011 年 6 月 12 日，檢自 http://pesto.lib.nthu.edu.tw/k12/topicmap.asp

中原大學張靜愚紀念圖書館（2009）。*主題書目 RSS*。上網日期：2013 年 5 月 4 日，檢自 http://cylis.lib.cycu.edu.tw/feeds*cht

中國高等教育文獻保障系統（2005）。*CALIS 介紹*。上網日期：2011 年 9 月 5 日，檢自 http://project.calis.edu.cn/calisnew/calis_index.asp?fid=1&class=1

中華大學圖書館（2007）。*館藏資源示意圖*。上網日期：2013 年 4 月 6 日，檢自 http://www.lib.chu.edu.tw/files/11-1087-3603.php

古典（2005）。*主題地圖之研究與應用：以漫畫圖鑑為例*。未出版之碩士論文，國立交通大學資訊科學研究所碩士論文，新竹市。

北京大學圖書館（2007-2012）。*學科導航*。上網日期：2013 年 5 月 4 日，檢自 http://162.105.138.88/portal/index.jsp

申克（Shenk, D.）（1998）。*資訊超載：數位世界的綠色主張（Data smog）*（林宜敬、陳美岑譯）。臺北市：商業周刊。（原作 1998 年出版）

江沛航、褚如君（2011）。語意網的崛起與數位典藏的無限可能。*數位島嶼電子報*，76。上網日期：2011 年 7 月 3 日，檢自 http://content.ndap.org.tw/index/blog/?p=2530

艾文（2011a，6 月 1 日）。資訊的特徵。*中華民國圖書館學會電子報*，*104*。上網日期：
　　2011 年 8 月 14 日，檢自 http://blog.lac.org.tw/lac/vj-attachment/2011/05/attach134.pdf

艾文（2011b）。詮釋資料：過去，現在，將來。*中華民國圖書館學會電子報*，*105*。上網
　　日期：2011 年 8 月 21 日，檢自
　　http://blog.lac.org.tw/lac/vj-attachment/2011/06/attach136.pdf

宋瓊玲（1999）。網路資源過濾技術在圖書館資訊服務的應用。*國立臺灣師範大學圖書館
　　通訊*，*35*，2-4。上網日期：2011 年 6 月 20 日，檢自
　　http://www.lib.ntnu.edu.tw/jory/j35/j1/j101.htm

杜拉克（Drucker, P. F.）（2005）。*典範移轉：杜拉克看未來管理*（第二版）（*Management
　　challenges for the 21st century*）（劉毓玲譯）。臺北市：天下遠見。（原作 1999 年出
　　版）

林光龍、歐陽彥正（2002）。佛教知識庫的建立：以 Topic Map 建置玄奘西域行為例。*佛
　　教圖書館館訊*，*32*，41-54。上網日期：2011 年 7 月 3 日，檢自
　　http://www.gaya.org.tw/journal/m32/32-main4.pdf

林佳宏、洪聖豪（2011）。以 CIDOC CRM 為基礎的影像資料庫知識探索之研究。*大學圖
　　書館*，*15*（1），87-108。

林信成、歐陽慧、歐陽崇榮（2004）。以主題地圖建構索引典之語意網路模型。*圖書與資
　　訊學刊*，*48*，35-56。上網日期：2011 年 8 月 21 日，檢自
　　http://mail.tku.edu.tw/sclin/research/pub/200402TMSemanticNet.pdf

吳怡瑾、張鈞甯（2011）。維基百科瀏覽輔助介面──整合連結探勘與語意關聯分析。*圖
　　書資訊學研究*，*5*（2），101-142。上網日期：2011 年 8 月 28 日，檢自
　　http://jlisr.lac.org.tw/vj-attachment/2011/07/attach72.pdf

施純福（2006）。創新‧活力‧大躍進中的高雄市立圖書館之內部顧客經營。*臺北市立圖
　　書館館訊*，*24*（2），1-18。上網日期：2011 年 8 月 28 日，檢自
　　http://www.tpml.edu.tw/public/Attachment/03301125643.pdf

施毓琦、吳明德（2005）。大學圖書館網站個人化服務之使用者需求研究。*大學圖書館*，
　　9（2），2-25。

政治大學商學院經營管理碩士學程（2009）。變化多端的數位科技創新與運用。*國立政治
　　大學商學院經營管理碩士學程電子報*。上網日期：2011 年 9 月 23 日，檢自
　　http://epaper.emba.nccu.edu.tw/archives/267

政治大學圖書館（2011）。*資源指南*。上網日期：2011 年 9 月 4 日，檢自
　　http://www.lib.nccu.edu.tw/static/resourceweb/resourcehome.htm

高雄市立圖書館（2010）。*知識地圖*（*K. Map*）。上網日期：2011 年 9 月 1 日，檢自
　　http://163.32.124.29:8088/KPL/KSP/search.jsp

清華大學圖書館（2006）。*清華大學圖書館奈米館藏資源示意圖*。上網日期：2013 年 5 月 4 日，檢自 http://www.lib.nthu.edu.tw/guide/resource/holding_recommend/index.htm

清華大學圖書館（2011）。*主題館藏選介*。上網日期：2013 年 4 月 6 日，檢自 http://www.lib.nthu.edu.tw/guide/resource/holding_recommend/index.htm

黃鴻珠、石秋霞（2006）。線上目錄的新面貌。在淡江大學圖書館編，*Web2.0 與圖書館學術研討會論文集*。臺北縣：淡江大學。上網日期：2011 年 7 月 17 日，檢自 http://www.lib.tku.edu.tw/libintro/pub/web20&lib_semina/onlinecat_ft.pdf

陳光華、何浩洋、陳怡蓁（年代未詳）。*圖書館自動化系統與 Web 2.0 的資訊服務*。上網日期：2010 年 6 月 20 日，檢自 http://www.lib.nchu.edu.tw/96leaders/pdf/web20open.pdf

陳朋（年代未詳）。*學科信息資源的查找與利用：電子資源檢索入門*。上網日期：2010 年 6 月 13 日，檢自 http://www.lib.scuec.edu.cn/resource/xkzy.ppt

陳亞寧、陳淑君（2001）。以知識探索為本之知識組織方法論及研究分析。*圖書與資訊學刊*，*39*，36-51。上網日期：2011 年 4 月 24 日，檢自 http://metadata.teldap.tw/bibliography/journal/jp011101.pdf

陳建成（2007）。*RFID 行動導覽系統與資訊推送服務模式之設計與製作*。未出版之碩士論文，大同大學資訊工程研究所碩士論文，臺北市。

陳書梅（2010）。讀者服務館員負面工作情緒之實證研究：以公共圖書館為例。*圖書資訊學刊*，*8*（1），59-96。上網日期：2011 年 9 月 5 日，檢自 http://jlis.lis.ntu.edu.tw/article/v8-1-4.pdf

陳瑩珊（2009）。*圖書館網站使用者介面之主題資訊呈現與欄位型式之設計研究*。未出版之碩士論文，國立臺灣科技大學設計研究所碩士論文，臺北市。

張夢禪、余顯強（2008）。應用主題地圖解構章回小說之研究：以紅樓夢為例。*臺灣圖書館管理季刊*，*4*（4），82-98。上網日期：2011 年 7 月 30 日，檢自 http://www.ntl.edu.tw/public/Attachment/992614374941.pdf

逢甲大學圖書館（2011）。*主題資源*。上網日期：民 2011 年 8 月 20 日，檢自 http://web.lib.fcu.edu.tw/library/subjectguides/index.html

童敏惠（1998）。隨選資訊系統（IOD）簡介：VOD 與資源整合技術在圖書館之應用。*教學科技與媒體*，*38*，46-49。

彭于軒、柯皓仁（2008）。運用主題地圖於資源示意圖之研究。*圖書館學與資訊科學*，*34*（1），39-61。上網日期：2011 年 7 月 3 日，檢自 http://jlis.glis.ntnu.edu.tw/ojs/index.php/jlis/article/viewFile/505/505

葉慶隆（2007）。*語意網與知識管理*。上網日期：2011 年 7 月 10 日，檢自 http://www.cse.ttu.edu.tw/chingyeh/courses/swkm/index2005Spring.htm

臺大圖資系（2008）。Principle of Least Effort 最小努力原則。在 *Wiki in Library and Information Science*。上網日期：2011 年 6 月 15 日，檢自

http://morris.lis.ntu.edu.tw/wikimedia/index.php/Principle_of_Least_Effort_%E6%9C%80
%E5%B0%8F%E5%8A%AA%E5%8A%9B%E5%8E%9F%E5%89%87

臺北市立聯合醫院圖書館（2008）。*新知服務 Auto alert*。上網日期：2011 年 5 月 14 日，
    檢自 http://service.tpech.gov.tw/library/auto%20alert.htm

臺灣大學圖書館（2010）。*多媒體服務中心 影音@Online*。上網日期：2013 年 5 月 4 日，
    檢自 http://multimedia.lib.ntu.edu.tw/cvweb.aspx

臺灣師大圖書館期刊組（2000）。資料庫 SDI 免費服務。*線上資料庫消息報導，3*。上網
    日期：2011 年 6 月 20 日，檢自 http://www.lib.ntnu.edu.tw/Database/OEDNR/news_3.htm

賴阿福（2005）。數位化學習之探討。*教師天地，136*，16-23。

簡立峰（2006）。以網路探勘為基礎的個人化的資訊過濾技術。*工程科技通訊，87*，88-91。

顧敏（1984）。圖書館資源示意圖：很值得推廣的知識推廣工作。*臺北市立圖書館館訊，
    2（1），*2-6。

Antelman, K., Lynema, E. & Pace, A. K. (2006). Toward a twenty-first century library catalog.
    Information Technology and Libraries, 25(3), 128-139.

Beier, J., Tesche, T. (2003). *Navigation and interaction in medical knowledge spaces using
    topic maps*. Retrieved June 4, 2011, from
    http://www.sciencedirect.com/science/article/pii/S0531513101000875

Calhoun, K., Cellentani, D., OCLC et al. (2009). *Online catalogs: what users and librarians
    want: an OCLC report*. Retrieved August 28, 2011, from
    http://www.oclc.org/us/en/reports/onlinecatalogs/default.htm

CIDOC CRM. (2010). Retrieved August 28, 2011, from http://cidoc.ics.forth.gr/

Dempsey, L. (2000). The subject gateway: experiences and issues based on the emergence of the
    resource discovery network. *Online Information Review, 24*(1), 8-23.

Fast, K. V. & Campbell, D. G. (2004). I still like Google: university student perceptions of
    searching OPACs and the Web. In *Proceedings of the 67th ASIS&T Annual Meeting* (Vol.
    41, pp. 138-146). Melford, NJ : Information Today.

Hendry, D.G., Jenkins, J.R., & McCarthy, J.F. (2006). Collaborative bibliography. *Information
    Processing & Management, 42*(3), 805-825. Retrieved May 21, 2011, from
    http://citeseerx.ist.psu.edu/viewdoc/download?doi=10.1.1.103

Kelley, M. (2011). *Library of Congress may begin transitioning away from MARC*. Retrieved
    September 18, 2011, from
    http://www.libraryjournal.com/lj/home/890784-264/library_of_congress_may_begin.html.
    csp

Kimak , J. (2009). *6 new personality disorders caused by the Internet*. Retrieved April 24, 2011,
    from

http://www.cracked.com/article_17522_6-new-personality-disorders-caused-by-internet_p2.html

Kupersmith, J. (1992). Technostress and the reference librarian. *Reference Services Review, 20*(2), 7-14. Retrieved September 6, 2011, from http://www.jkup.net/tstr_ref.html

Lancaster , F. W. (1996). Artificial intelligence, expert systems and the digital library. 在 *21 世紀資訊科學與技術的展望國際學術研討會論文集*（頁 1-22）。臺北市：世界新聞傳播學院圖書資訊學系。

Lee, W., Sugimoto, S., Nagamori, M., Sakaguchi, T., &Tabata, K. (2003). *A subject gateway in multiple languages: a prototype development and lessons learned.* Retrieved September 6, 2011, from http://dcpapers.dublincore.org/ojs/pubs/article/viewFile/734/730

Library of Congress. (2009). *Browse by topic.* Retrieved May 22, 2010, from http://www.loc.gov/topics/

Library of Congress. (2011). *Transforming our bibliographic framework: a statement from the Library of Congress.* Retrieved August 28, 2011, from http://www.loc.gov/marc/transition/news/framework-051311.html

Library of Congress. (2012). *About browse by topic.* Retrieved April 6, 2013, from http://www.loc.gov/topics/about.php

National Library of Australia. (2011). *Research guides.* Retrieved April 6, 2013, from http://www.nla.gov.au/guides/

National Library Board Singapore. (2010). Retrieved June 20, 2010, from http://www.nlb.gov.sg/page/Corporate_portal_page_home

OCLC. (2005). *Perceptions of libraries and information resources: a report to the OCLC membership.* Retrieved July 10, 2011, from http://www.oclc.org/reports/pdfs/Percept_all.pdf

OCLC. (2010). *Perceptions of libraries, 2010: context and community.* Retrieved July 17, 2011, from http://www.oclc.org/asiapacific/zhtw/news/releases/2011/20115.htm

Outing, S. (1999). *Keep it simple in the age of overload.* Retrieved September 6, 2011, from http://www.brainnew.com.tw/Article/outing1999/F_122099.htm

Rosa, C. De, Dempsey, L., Wilson, A. (2004). *The 2003 environmental scan : pattern recognition : a report to the OCLC membership.* Retrieved August 27, 2011, from http://www.oclc.org/membership/escan/toc.htm

San Francisco Public Library. (2002-2013). *Browse digitized images by subject.* Retrieved May 4, 2013, from http://sfpl.org/index.php?pg=2000028501

Shapira, B., Shoval, P., Raveh, A., &Hanani, U. (1996). Hypertext browsing: a new model for information filtering based on user profiles and data clustering. *Online & CD-ROM Review, 20* (1), 3-10.

Sutcliffe, R. J. (2002-2003). Toward the metalibrary. In *The fourth civilization: technology society and ethics* (4th ed.). Retrieved June 3, 2010, from
http://www.arjay.bc.ca/EthTech/Text/index.html

TopicMaps.Org. (2000). *XTM*. Retrieved September 6, 2011, from http://www.topicmaps.org/

Travis, M. (2011). *Seven habits of highly effective library websites*. Retrieved July 24, 2011, from
http://blogs.talis.com/panlibus/archives/2011/06/seven-habits-of-highly-effective-library-websites.php

University of California Libraries Bibliographical Services Task Force. (2005). *Rethinking how we provide bibliographic services for the University of California*. Retrieved, September 6, 2011, from
http://libraries.universityofcalifornia.edu/sopag/BSTF/Final.pdf

第二章　百科主題編製之探討：主題資源個人化數位服務知識地圖

一、　前言：知識經濟與圖書館主題資源服務

　　被喻為 20 世紀末最具影響力的經濟學家萊斯特・梭羅（Lester Thurow）曾經表示，我們目前正經歷第三次工業革命，其範圍涵蓋了微電子、電腦、通訊、特製材料、機器人與生物科技等六大主要科技領域。在以往財富集中於擁有土地資源者，而百年之前石油等天然資源的發現又成了致富管道，時至 90 年代科技日新月異，人類史上首度出現因擁有知識而致富的科技新貴，例如 1997 年比爾蓋茲（Bill Gates）榮登全球首富之列。（陳奭璁，2010）進入 21 世紀網路商機創造了全球多少原本沒沒無名的商業大亨，他們沒有土地或石油等資源，只因為擁有知識即創造出驚人的財富。

　　現代圖書館面對知識經濟（knowledge-based economy）社會的形成、數位時代資訊多元化的挑戰，圖書館的資訊服務永遠是居於接受挑戰與跨界整合的角色。在愈來愈多的讀者以搜尋圖書館網站取代了親臨實體圖書館查找資料，甚或直接以搜尋引擎作為資訊入口通路時，如何將館員經過專業徵集、編目、組織整理的豐富實體館藏或各種數位資源，透過不同主題知識地圖指引機制，導航使用者在網頁上即能便捷式地「即類就書」，甚或主動且持續性地傳遞使用者興趣主題相關知識資源個人化服務，這其中關連到內容、標準、方法、技術與考量智財權

等一次到位整體性建置，可謂圖書館知識管理整合資訊服務的新利基點。

二、 主題書目資源導航個人化數位知識服務

國家圖書館（簡稱國圖）自「2009 國圖服務年」元月起，即推出「每日預告書訊服務」（Taiwan Publication Services，簡稱 TPS），服務系統會依讀者所挑選的閱讀主題，由前一天「國際標準書號中心」（簡稱書號中心）建檔完成的臺灣新書 CIP 主題分類書目訊息，以電子郵件傳送方式，為讀者定期、定時預告新書出版訊息。（國家圖書館，2008）TPS 服務系統建置基礎點，在於專案讀者對象結合閱讀主題隨選（Subject on Demand，簡稱 SOD）需求，即時自動傳遞讀者最新、及所需書目資源，系統搜尋媒合閱讀主題，以為業界掌握出版先機，並提供海內外圖書館界與一般民眾閱讀選購新書的參考依據。（顧敏，2009）

為因應數位出版品趨勢的崛起，國圖將 2010 年定位為「數位拓展年」，規劃建置目標策略中，包括期望建置數位知識服務介面，以提供整合性與個人化服務。值此 TPS 新書預告先導按需服務功能推展之際，希望以此為基礎，拓展延伸書目資源服務收錄範圍層面，發展成更具完整性的個人化數位資訊服務，以促進知識傳播，故於國圖「2010 至 2013 中程發展策略計畫」方案中，研擬推出建置「主題隨選（SOD）百科書目服務」（簡稱 SOD 服務）機制（參見圖 2-1）。（國家圖書館研究組編輯，2010）

SOD 服務初期規劃 100 個學科主題，延伸搜錄國圖五個應用系統，包括：館藏目錄查詢系統、臺灣碩士論文知識加值系統、全國新書資訊網、臺灣期刊論文索引系統、電子書刊送存閱覽服務系統等內容。提供包括圖書（申辦 ISBN/CIP、上市中、新到館）、學位論文、期刊篇目、電子書等類型。（國家圖書館，2010）

在 SOD 服務前端使用者服務面上，除提供百科主題訂閱、最新百科書目瀏覽、個人收藏、查詢歷史等服務機制外，同時採使用者分群與資訊需求分級化概念，先行規劃研究人士/大專校院學生、團體/圖書館、政府機關、出版界/書業、

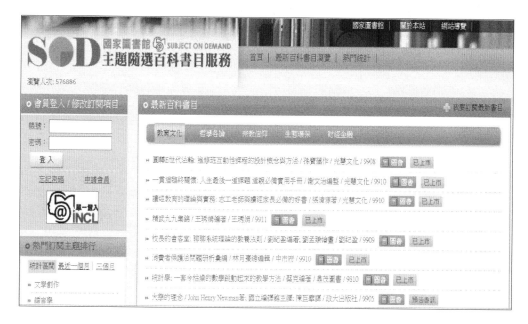

圖 2-1　主題隨選（SOD）百科書目服務示意圖

資料來源：國家圖書館。*主題隨選（SOD）百科書目服務*。上網日期：2013 年 9 月 28 日，檢自
　　　　　http://sod.ncl.edu.tw/SODFront/about.jspx?&gainticket=yes

法人/政府機關（構）、民間組織和經常利用館藏資源一般民眾（讀者）；其次，建
立各群組使用者之興趣檔，深化個人化加值服務。SOD 服務不僅協助臺灣新書出
版資訊之傳播，亦建立與海內外圖書館界、出版業界、學術界、讀者間之互動關
係，進一步可作為國家型圖書館知識服務先導基礎。（國家圖書館，2010）

三、　SOD 服務百科主題編製作業

　　圖書館主題編目的最終目標是提供檢索者一個便捷的工具，以使用者需求為
考慮重點，以期在浩瀚資源大海中，協助使用者在最短時間內探索擷取到所需資

訊。國圖所研擬 SOD 服務前製作業項目之一包括「百科主題」的編製，其中實際編製執行方針與產生步驟說明如下：

(1)成立國圖「SOD 百科主題工作小組」（簡稱 SOD 小組），由閱覽組（博碩士論文系統、臺灣期刊系統、政府公報資訊網）、書目中心、編目組、參考組、書號中心等組室指派實際參與成員組成，採密集討論方式進行。

(2)召集 SOD 小組會議，研議 SOD 服務層級詞目的建立。

(3)於國圖擴大館務會議專題報告：「建置百科新書資料庫」案，並於國圖「知識共享小組」會議討論：「規劃建置百科主題編製：主題資訊服務前製作業」經驗分享。

(4)SOD 小組酌參「編製 SOD 服務百科主題參考資源」（參見表 2-1），共同篩選所建議詞彙條目稿。

表 2-1　編製 SOD 服務百科主題參考資源舉隅一覽表

參考資源名稱	網址（或檔案）
每日預告書訊服務：「一般民眾版」七大類目	http://tps.ncl.edu.tw
中文主題詞表. 2005 年版	http://catweb.ncl.edu.tw
中文圖書分類法. 2007 年版	http://catweb.ncl.edu.tw/
國家圖書館中文主題編目規範系統	http://catbase.ncl.edu.tw/
國圖參考組網路資源選介之 13 類，以及讀者經常提問之參考問題類別	http://refir.ncl.edu.tw/
Google Directory 的熱門查詢詞	http://dir.google.com/
臺灣全文資料庫之「主題導讀」	http://www.hyread.com.tw/hypage.cgi?HYPAGE=./search.ncl3/index.hpg
國圖博碩士論文資訊網國內各大學系所名稱	http://etds.ncl.edu.tw/theabs/help/help.jsp?id=help02_2-5.htm
WebOPAC 系統熱門查詢詞	Excel 檔
期刊資訊系統熱門查詢詞	Excel 檔
政府公報資訊系統熱門查詢詞	Excel 檔

資料來源：國圖 SOD 小組提供。

(5)初選過程注意主題類目完整性與周延性，亦需考慮到主題查詢熱門度與通俗性，並兼顧彙整綜合性質。

(6)所提出篩選主題詞彙經人工整理，刪除無意義字詞，並進行組群交叉討論命名。

(7)從 204 條建議詞目，經 SOD 小組交叉討論研議，初步篩選出第一層級詞目，共計 20 條詞目。

(8)從 215 條建議詞目，經交叉討論研議，初步篩選出第二層級詞目，共計 100 條詞目，最後編製產生「SOD 服務百科主題詞目表」（參見表 2-2）。

表 2-2　SOD 服務百科主題詞目一覽表

SOD 服務百科主題詞目表	
第一層級詞目（共 20 目）	第二層級詞目（共 100 目）
參考綜合	研究方法　資料庫　鄉土資源　數位資源　漢學研究 參考資源（含字典、百科、名錄、手冊、年鑑、統計、目錄等） 臺灣研究
圖資出版	編輯出版與書業　兒童讀物　閱讀　圖書資訊學 數位典藏　博物館
哲學各論	哲學　美學　倫理學
心理各論	心理學　應用心理學　成功法　人際關係　諮商輔導與臨床 勵志修身
宗教信仰	宗教　民間信仰　命理風水
自然科學	數理化學　天文宇宙　地球科學
電腦通訊	網路通訊（含網際網路）　虛擬社群（含部落格）　電腦軟硬體（含程式設計）資訊安全　數位生活（含線上遊戲）
生命科學	生物學　生物工程　微生物學　免疫學　植物學　動物學
工程技術	農林漁牧　工業工程（含工業設計、工業技術、作業研究）　人體工學（人因工學）　材料科學　土木建築工程　水利工程　機械工程（含汽車、航空）　電機與電子工程（含 3C 產品）
醫療保健	營養與食物　公共衛生　中醫　西醫　藥學（含藥粧）　護理（含長期照顧）
生態環保	環境工程（含環境污染防治）　環境保護

SOD 服務百科主題詞目表	
商管產業	文創產業 服務業 商業 電子商務 企業管理（含商業談判、企業文化、企業併購、企業聯盟） 行銷/市場（含廣告）
教育文化	教育心理學（含學習成效、學習動機） 教學法（含數位學習、蒙特梭利） 各級教育（含課程） 教育行政 各類教育
社會	族群 禮俗 大眾傳播與新聞 社會問題（含少子化、高齡化、自殺） 婚姻與家庭 社會組織（含社區營造、非營利組織、社工） 社會福利
財經金融	會計/審計 經濟/貿易 運輸交通 銀行金融保險 投資理財 財政賦稅
法政軍警	政治 行政 警察 國關與兩岸 法律 軍事
史地傳記	中國歷史 中國地理 世界歷史 世界地理 人物傳記 文物考古
語言文學	語言學 文學評論 文學創作
藝術	綜合藝術 造形藝術 表演藝術
運動休旅	體育運動 休閒娛樂 旅遊觀光

資料來源：國圖 SOD 小組提供。

(9)依「中文圖書分類表. 2007 年版」編製百科主題第二層級詞目相關參照類號，完成「百科主題詞目類號對照表（初稿）」，以供後續規劃建置 SOD 服務系統之參考依據。

(10)建立持續維護「SOD 服務百科主題詞目表」與「百科主題詞目類號對照表（初稿）」機制，例如：開放使用後增加參考使用者熱門查詢書目計量與主題需求建議互動建置機制。

　　以上所編製產出的「SOD 服務百科主題詞目表」，可視為另一種型態的分類主題體系，相較於現有的編目技術規範工具書，可說是一綱要型建構，方便運用於 WebOPAC 普遍性使用者查詢利用。又考慮到各種書目資訊系統所採用工具書的差異性，與各種規範工具書對照關係建置之複雜度，納入 SOD 服務的各種書目資訊系統建議增加標引「百科主題」欄目，雖需增加人力，或可解決系統擷取資料不全的漏洞；而增加標引「百科主題」欄目時，可以複選主題項目，如此可提

升跨學科主題資訊查詢的精準度與獲取率。

四、 建置 SOD 服務基本架構

　　SOD 服務係以「主題服務」與「讀者需求」相互搭配的概念進行規劃，先期規劃以 100 個學科性的主題為主，這些主題可以說是一個「檢索點」，可作為資料庫尾端的服務，並以自動傳遞方式，主動發送給有資訊需要的讀者。而 SOD 服務機制為朝向整合型跨資料庫擷取型態發展，收錄提供呈現主題資訊所涵蓋的各類型資訊系統，除已收錄國圖五個應用系統，可朝向包括：臺灣網站典藏系統、政府公報資訊網、全國圖書書目資訊網等其他系統，簡略圖示基本架構如下：（參見圖 2-2）（國家圖書館年報編輯小組，2010，頁 46）

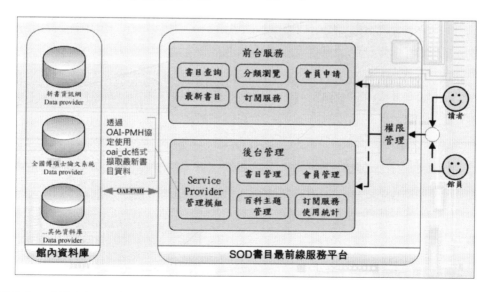

圖 2-2　建置 SOD 服務基本架構示意圖

資料來源：國家圖書館年報編輯小組編著（2010）。*2009 國家圖書館年報：國家圖書館服務年*，頁 46。

五、 SOD 服務機制預期效應分析

透過 SOD 小組共同討論編製所產出的 SOD 服務百科主題,可朝向組件
(grouping)「主題詞彙編」(thesaurus)與主題知識地圖發展,使之成為小型的主
題資料庫,假以時日資訊數量充實後,即可建構成主題指引型資料庫,提供廣泛
性主題數位知識服務。100 個 SOD 主題即是知識的另一型態分類體系,也是國圖
參考服務的第一層基礎。SOD 服務系統規劃是一種共同索引的介面,期待成為線
上主題書目(subject bibliography online)產品,其服務機制預期效應分析如下:

(1)主動傳播最新主題書目,支援知識資源通告服務。
(2)提供全民個人化訂製主題書目需求服務,引領全民閱讀風潮與深化學術研究
之主題性書目資源服務。
(3)建立我國新穎完整與具多元化加值型資訊服務,帶動出版商機與媒介主題性
資源。
(4)藉由新書書目出版的資訊揭露,提升我國徵集送存國家典藏比例。
(5)促進圖書館界館藏資源採編效率與提供閱覽時效。
(6)協助民間與政府各出版資訊之傳播,建立與海內外圖書館界、出版業界、學
術界與讀者間之互動關係。
(7)透過組件主題詞彙,朝向建立線上主題書目資料庫。
(8)建置華文主題性書目之知識基礎。

六、 結語:主題資源個人化數位服務導航時代

知識是後資本主義社會中最具價值的資源,但知識一旦被創造出來,隨即產

生「過時」的事實是其一大特點，面對當今瞬息萬變、競爭激烈的環境，組織即產生需要不斷創造新知識的螺旋架構。圖書館服務體系自也屬於知識管理之一環，知識管理在圖書館服務 Web 2.0 時代的實踐，不外是在適當的時間，將正確的資訊傳遞給有需要的使用者，並協助其進一步分享與營造創新價值，以達到提升組織競爭或個人優勢的策略。對使用者而言，圖書館主題資源個人化數位服務，提供了一個最佳化的自主定位導航指引，讓使用者可從所需主題或不同主題的角度，來學習與認識一個知識領域範圍的出版資源，進而自我決策延伸閱讀、掌握資訊、汲取知識，甚或進而創造知識經濟。

參考文獻

陳奭璁（2010）。*梭羅：創意是知識經濟的成功秘訣*。上網日期：2010 年 5 月 15 日，檢自 http://www.zdnet.com.tw/print/?id=11010201

國家圖書館（2008）。*每日預告書訊服務*。上網日期：2009 年 7 月 15 日，檢自 http://tps.ncl.edu.tw

國家圖書館（2010）。*主題隨選（SOD）百科書目服務*。上網日期：2013 年 9 月 28 日，檢自 http://sod.ncl.edu.tw/SODFront/about.jspx?&gainticket=yes

國家圖書館年報編輯小組編著（2010）。*2009 國家圖書館年報：國家圖書館服務年*。臺北市：國家圖書館。

國家圖書館研究組編輯（2010）。*國家圖書館 2010 至 2013 中程發展策略計畫*。臺北市：國家圖書館。

顧敏（2009）。2009 國家圖書館服務年的理念與新猷。*漢學研究通訊*，*110*，1-4。

第三章　歷史圖像主題數位創新服務之研究：以舊金山公共圖書館為例

一、 緒論

(一) 研究背景與動機

　　面臨數位時代資訊多元化與多媒體呈現的挑戰，現代圖書館的資訊服務永遠是居於接受挑戰與跨界整合的角色。早在 1980 年代初期，加拿大三一西部大學（Trinity Western University）電腦與數學系瑞克（Rick J. Sutcliffe）在其著作:《第四文明》一書中，即提出對圖書館發展整體性的思考方向。瑞克首先提出"Metalibrary"一詞，直指其意涵是：整個社會資料、資訊和技術，結合其儲存、獲取與傳播方法的綜合體。在此透視下之圖書館服務內涵，可以包含與連結各種文本資料（textual material）（如：書籍、文章、論文、和各種報紙）、影音性資料（如：錄影、音樂、廣播節目）和圖像資料（如：圖片、藝術品、海報）。（Sutcliffe, 2002-2003）

　　圖像（image）是一種視覺呈現的作品，其形式可以透過照相製版（photomechanical）、攝影（photographic）、或數位（digital）等方式來表達[註]。圖

[註] 根據哈佛大學視覺資源學會（Visual Resource Association, VRA）對「圖像」定義為："An image is a visual representation of a work. It can exist in photomechanical, hotographic and

像所包含的範圍相當廣泛，而網路圖像（web images）則指放置在網路上的圖像資源（image resources），包括如歷史照片、人物風景照片、新聞圖片、繪畫作品、美工圖片、產品型錄、漫畫作品、海報廣告等公開的數位化圖像檔案，不僅主題包羅萬象，同時檔案格式也相當多元。（陳慧珍、卜小蝶，2008，頁154）圖像資訊內容形式的多樣性，不僅造就其獨具的性質，也形成其與文本資料間截然不同的差異，例如圖像資訊多半具有多重學科的特性，而圖像資訊往往內涵的詮釋空間也較為寬廣。（Besser, 1990, pp.787-798）

全球網際網路的普化與進展，實體博物館、美術館與藝術館等所珍藏的人文藝術等文物作品與圖像，經由數位化轉製之後，可提供社會大眾在網路上直接瀏覽、觀賞與評介，在既有知識的充分利用之餘，開創知識機構家族在數位時代知識管理的另一篇章。觀照各圖書館館藏，也同樣面臨日益龐大的數位典藏與圖像資料內容的多樣化，如何提供使用者直覺的圖像檢索服務，以及讓使用者更深入地瞭解數位圖像典藏作品內涵與相關知識，以開啟新知識探索樞紐，也是圖書館界提供數位資源服務相當值得探討的課題。

一張老照片是一個故事，是一個回憶，是時間與空間剎那的定格。老照片不僅擁有動人的視覺語言，城市攝影印象更能讓人閱讀出一座城市人事地物背後的歷史脈絡。已逾百餘年歷史的舊金山公共圖書館（San Francisco Public Library，簡稱 SFPL）對舊金山地區歷史圖像收藏，提供全方位地方性歷史照片典閱，透過詳細的詮釋資料，與後端數位化作業處理，以最新資訊技術提供隨選隨看、多層次數位服務效能，使用者可省去親臨歷史中心調閱實體照片檔案等諸多時空限制。

SFPL 勇於突破舊有的脈絡追尋數位創新（digital innovation）格局，繼續打響公共圖書館百年老店服務名號，將各界所遺留的珍貴歷史照片成了最佳佐證與對先民追憶的第一手來源，堪稱舊金山敘事的集體記憶。新工具時代來臨，創新

....

digital formats," from http://www.gsd.harvard.edu/~staffaw3/vra/vracore3.htm.轉引自：卜小蝶（2003），頁142。

能力才是競爭優勢的根源。「數位創新」意謂將數位科技透過創新的運用，改變生活習慣與方式以創造新價值的機會。數位因為較容易變異，比實體更易加速創新。如何讓冷冰冰的科技應用在生活上就是創新，將不同的東西整合一起，也能產製不同的創新。（政治大學商學院經營管理碩士學程，2009）

　　總之，SFPL 所提供的城市老照片資源，以歷史圖像深化大眾人文素養，以在地性的主題知識領航閱讀歷史，實現了公共圖書館社教網絡的建置與達成促進民眾便利獲取資訊、知識的使命宗旨。舊金山歷史圖像數位典藏資源是區域研究的珍貴史料，SFPL 所建置的多元化、高便捷數位技術服務能喚起與拓展世人對舊金山共同的視覺記憶與歷史關注，也能整體提昇圖書館數位創新與使用效益，甚值得吾人深入瞭解與探討。

(二) 研究目的

　　本研究除了首先瞭解 SFPL 設立歷程與舊金山歷史中心資源與服務外，基於研究動機，本文主要研究 SFPL 歷史圖像數位創新服務內涵與機制。具體而言，本研究目的有以下四點：

(1)探討 SFPL 歷史圖像資源組織、下載加值服務與檢索介面。
(2)探討 SFPL 歷史圖像主題數位服務建構內容。
(3)探討 SFPL 地理編碼圖像探索服務介面功能。
(4)探討 SFPL 歷史圖像平台 Web 2.0 之應用建置。

(三) 研究方法

　　本研究方法主要以文獻內容分析法（content analysis）為主，針對所蒐集的中英文獻、網頁資源等進行整理、組織歸納、與論述分析，以及藉由顯示部分網頁畫面功能，陳述本研究論題內涵，對 SFPL 歷史中心資源與服務、與歷史圖像數位創新服務內涵做全面性、客觀性、系統性的特色與內容分析。最後，依據本研究目的與問題，在研究成果的脈絡下作出多項結論，並提出政策面及實務層與後

續研究建議，希冀提供各類型圖書館與相關各界在建置圖書館網站圖像數位服務時架構與內涵之借鏡與參酌。

(四) 研究範圍與限制

本研究圖像數位服務範圍，只限於題目所擬訂以「舊金山公共圖書館」一館所典藏的舊金山歷史圖像所提供的數位服務為例，囿於時間、空間等限制因素，未能親臨舊金山歷史中心現場作更進一步的實地考察或調查訪談，以便提供更完整詳盡的數位服務實施情況。又限於篇幅、人力、時間也未能列舉世界上其他同樣建置圖像數位服務完善的各種類型圖書館網站，以作為本研究內容主體的比較對象或相關之參考。又於本文中 SFPL 主題瀏覽數位圖像功能，同樣限於人力物力，也僅以「金門大橋」作為主題詞目舉例內涵說明，未能完整盡舉所有詞例。

鑑於網站內容有隨時被更新的可能性，因此本研究對象之 SFPL 網站內容說明解析，主要以研究期間上網日期作為獲取資源時間，並於參考文獻標明檢索日期。

二、 文獻探討

(一) 圖像資料涵蓋類型與資源組織

圖像資料的內容範圍甚廣、種類多樣，且每一種類型的圖像都具有不同的特質，這些特質不僅會對其描述的層面產生影響，資訊整理與檢索的方式也有所差異。圖像不僅涵蓋動態圖像（moving images）與靜態圖像（still images），後者的表現形式更可分為二維平面（two-dimensional）與三維立體（tridimensional）。茲列圖像資料涵蓋類型系統表如下（參見表 3-1）：（張瀚文，1999，頁 106）

表 3-1　圖像資料類型系統表

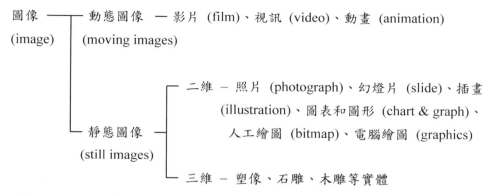

資料來源：張瀚文（1999）。圖像資訊之描述與分析。*大學圖書館*，3（1），頁 106。

　　由表 3-1 內容可觀察出，圖像資訊具有跨學科多樣化的性質，加上其表達的效果與文本資料大不相同，所以在組織整理與檢索利用上格外顯得複雜，在敘述項目上也較一般圖書較為多元，除了著作者姓名、作品題名外，還有如時間、地點等其他相關層面，以及二維/三維或其他媒體形式的描述。（張瀚文，1999，頁107）

　　雖然圖像資訊與文本資料之間存在著許多差異，但在圖書館組織資訊的觀點來看，圖像資訊的分類編目原則及方式仍與文本資料十分雷同；和其他書本資料一樣，幾乎世界上所有圖像蒐藏單位都會對圖像資訊進行最基本的描述與分析，包括：主題、大小尺寸、可得性等。（Enser, 1995, p.133）

　　圖書館在圖像的組織與檢索也向來相當重視，而且已累積不少經驗。一般而言，其作法與處理文字資訊類似，也就是先建立一套組織圖像資訊的分類架構，及相關的主題控制詞彙，再以人工方式對圖像的種種特徵加以分析，以便建立索引。透過這種書目控制的作法來組織整理圖像之後，使用者即可以分類瀏覽或輸入關鍵詞來查詢圖像，雖然這種方式對於檢索品質的提昇有很大幫助，但考量人工分析的成本相當高，同時，在面對成千上萬、異動頻繁的網路圖像資源，這種作法也是緩不濟急。（卜小蝶，2003，頁 142-143）

但圖像資訊的組織整理不應只限於書目資料的敘述（bibliographic），更應重視圖解的分析（graphic）及其隱含的語意（semantic）。（Dyson, 1992, p.65）基本上圖像目錄是至少應包含下列四項：

(1)書目：即該筆圖像資訊記錄的產生、流通方式、典藏狀況等。

(2)主題：圖像資訊中所表達的時間、空間、活動或事件、物體。

(4)實體：即圖像的實體形式描述。

(4)關聯性：該筆記錄與其他圖像或文本之間的關係。（Enser, 1995, p.135）

圖像經過理解、詮釋後所傳達的意義往往才是使用者最關切的部分。張瀚文（1999）即認為，在資訊時代，面對圖像資訊的大量產生，實有必要對其作進一步的描述分析。除了基本的書目資料外，對於圖像內容中的詳細圖解、抽象語意等，更應視為資訊組織整理的重點，才能增進目錄檢索的效益。（張瀚文，1999，頁112）

(二) 網路圖像檢索

隨著數位化技術發展，網路圖像資源成長相當龐大。例如「Google 圖片」（Google Images）網頁功能，自從在 2001 年問世只有 2.5 億的圖像儲存量，但到了 2005 年圖像量已經超過 10 億，而到目前圖像儲存量更超過 100 億的數量。（Google, 2012b）

而使用者則多利用網路圖像搜尋引擎（web image search engine）進行尋找相關圖像資源。這類系統多藉助所謂的以關鍵詞為本的圖像檢索（keyword-based image retrieval）技巧，協助使用者以關鍵詞搜尋方式，查出特定圖像搜尋對象的位置。但若是圖像沒有適宜的文字描述，或文字未能正確表達圖意，即可能容易產生查無所獲（zero hits）或錯誤組合（false drops）的查詢結果。（陳慧珍、卜小蝶，2008，頁154；卜小蝶，2003，頁142）

也有嘗試以圖像內容本身的資訊，如以顏色、形狀、紋理等條件來建立索引，以便進行圖像間的相似性（similiarity）比對，即所謂的以內容為本的圖像檢索

（content-based image retreval）技術。其缺點是由於缺乏語意（semantic）層次上的分析，使用者不僅難以表達其資訊需求，同時也不易滿足多元化的圖像檢索需求。（陳慧珍、卜小蝶，2008，頁 154；卜小蝶，2003，頁 142）

　　另外，Google 除了擴展圖像儲存數量外，更在圖像搜尋技術上作出多項更新及優化，如增加搜尋速度，亦加入多種不同的圖像搜尋結果，包括線性圖片、藝術圖片、人臉及顏色類型。Google 圖像搜尋也支援「依主題」（sort by subject）分類圖檔功能，除了可以使用相關性搜尋之外，還可自動依照不同主題與屬性（property），將相關的圖像搜尋結果一併呈現，讓使用者可以更直覺、更快速地找到想要的各式各樣的圖像。（Google, 2012b）

　　網路圖像與網頁檢索行為皆有 20／80 原則的現象，即少數熱門詞彙佔有相當高的檢索比例，而且圖像檢索需求則更集中於少數的熱門主題類別，影視娛樂及動漫電玩等資訊是圖像與網頁共同的熱門檢索主題類別。又網路檢索詞彙普遍簡短；網路檢索詞彙中的專有名詞比例很高，而在圖像的檢索比例則又更高、且以人名居多。瞭解圖像檢索行為是有效組織與檢索圖像的基礎。然而目前有關圖像檢索行為的研究仍相當有限，而針對網路圖像檢索行為的分析則更為缺乏。（卜小蝶，2003，頁 141、143）

　　所以陳慧珍、卜小蝶（2008）認為，除了以技術角度出發，實有必要由使用者角度，思考圖像檢索系統的可能改進方式。在其研究結果中也指出：圖像檢索需求多為人物之專指性主題，且檢索目的以個人休閒需求為主；圖像相關檢索判斷中最重要的準則為：「主題性」、「正確性」、及「美感性」，且檢索前後的變化不大，而其它準則如「聯想性」及「技術性」則呈現上升，「可及性」則下降；使用者背景、檢索需求類型、及資料類型對相關判斷行為具有影響。（陳慧珍、卜小蝶，2008，頁 154、159-166）

(三) 網路圖像標記

　　Web 2.0 線上介面的興起，讓使用者能夠透過豐富的互動式網路環境分享資訊。在此資訊社會發展下，社群功能豐富的網路相簿 Flickr 便應運而生。Flickr 包

含了來自世界各地的 50 多億張照片，擁有 1,500 多萬個活躍群組與 7,000 多萬名攝影師加入其中交流與學習，透過別人的眼睛看世界，並以照片分享故事。（Yahoo!, 2012）

　　圖像資訊所表達的意涵不單僅是物件本身，絕大部分是來自物件本身的屬性。Flickr 網頁具有標籤（tags）功能，能讓使用者可自行定義該圖像屬性的關鍵字（keyword），並透過叢集（clusters）分類技術，讓搜尋結果圖像能夠更符合使用者的需求，也實現了資源共享機制。（林宸均，年代未詳）

　　所謂的「標籤」，也就是關鍵字或索引詞彙（index term）（卜小蝶，2007，頁2），其本質是指由使用者共同為各種資源進行標記（user tagging）（卜小蝶，2006）。換言之，即由使用者個人來進行編製索引（user indexing），進而集結成共同索引的機制。而一般使用者為了使個人化的相簿或網站曝光率提高，標記的數量也就越多，當然標記的關鍵詞也要越精準越能正中其他使用者的需求，網站的瀏覽率相對也就提高，間接實現了資訊分享。（林宸均，年代未詳）

(四) 圖像資料庫之知識探索

　　圖像資料庫（image database）的主題內容包羅萬象，可包含傳記歷史、文物考古、科學技術、藝術創作、與資訊科學等各種領域的專業知識。目前圖像資料庫的資料檢索，大多採詮釋資料為基礎的查詢方式。詮釋資料的查詢方式，主要是根據特定欄位或跨欄位的方式進行關鍵字的比對來檢索結果。對一般使用者而言較為專業且不易檢索。倘若能透過概念性的文字描述方式來查詢，使用者就不需要具備相關的領域知識才能進行檢索。（林佳宏、洪聖豪，2011，頁 88）

　　在知識探索（knowledge exploration）通常具備兩種層面的涵意：第一種是從資料庫之中推論找出有用的資訊，第二種則是辨識物件之間的關聯性關係。整體而言，數位典藏文物作品彼此之間，存在知識的語意連結關係，在錯綜複雜的時空背景互相交錯，甚至在不同領域間，也存在了語意相依的關聯性。林佳宏與洪聖豪（2011）認為，如果能夠建構一個不同領域、不同文化、不同時空的知識物件相互通連的知識網路，自動化地產生使用者有興趣的隱性知識，則將能加速知

識的分享與應用，這也是目前語意網與 CIDOC（Comité International pour la DOCumentation，簡稱 CIDOC）概念參考模型（Conceptual Reference Model，簡稱 CRM）正在努力的方向之一。（林佳宏、洪聖豪，2011，頁 90-91）

　　IDOC CRM 主要是針對文化遺產資料的型態與分類，定義人類能夠理解而達到知識分享的概念架構，CIDOC CRM 知識本體已經在 2006 年在文化遺產領域成為國際標準（CIDOC CRM, ISO21127）。CIDOC CRM 目前的版本為 5.0.2 版，定義了 90 項概念類別（class）以及 148 個關係屬性，而且還在陸續增加中。（CIDOC CRM, 2010）

　　綜合上述，處於資訊社會的年代，加上網路等大眾媒體的活絡，具有視覺吸引效果的圖像資源，無形中也成為無數使用者資訊生活的一部分。而 Web 2.0 的興起，讓使用者能夠透過標籤進行網路圖像標記，實現豐富的互動式網路資訊分享環境。在數位科技進展的帶動下，無論是網路圖像資源或資料庫成長皆相當驚人，也衍生圖像資訊組織、搜尋、探索與加值等議題。迎向語意網概念的時代來臨，知識本體建構將是整理、檢索與運用圖像資源的另一項契機。

三、 研究問題與執行方法

　　本研究主要探討的問題包括如下：

(1)SFPL 所提供歷史圖像數位服務前置作業之資源組織為何？

(2)SFPL 所提供歷史圖像數位服務網頁檢索介面功能為何？

(3)SFPL 歷史圖像數位服務所提供下載加值服務的方式？

(4)SFPL 所建構歷史圖像主題服務平台內容為何？

(5)SFPL 所提供地理編碼圖像服務平台，其數位服務的獨特性為何？

(6)SFPL 歷史圖像數位服務與社群媒體（social media）鏈結機制為何？

　　本研究執行方法主要為：研究背景動機的說明、研究目的架構的建立、並擇

定研究對象、研究工具方法與實施流程、繼而進行文獻檢索搜集、資料研讀彙整解析、發現與形成研究問題、對研究結果完成陳述、針對研究問題討論分析，並且根據研究結果的真實性與發現，對研究目的及問題完成研究結論，最後依據理論基礎與實務經驗，冀望提出具體性特色解析與建設性建議，以供相關論題實施參考。

　　歸納以上研究步驟主要具體執行方法為：設定以研究 SFPL 網站圖像數位服務為主，兼以圖像資料涵蓋類型與資源組織、網路圖像檢索、標記、和圖像資料庫之知識探索等論題為文獻探討。將設定的研究對象利用質性研究資料收集方法，透過關鍵主題詞彙查詢線上公用目錄、期刊與學位論文資料庫、以及搜尋引擎，針對所蒐集的中英圖書期刊文獻、學位論文、網頁資源等進行研讀、彙整、與解析成文獻探討章節，作為研究者進行論題文本解析時的參考資源。

　　除從文獻探討中可得知圖像資源數位服務的意涵與模式，並可透過實際連線搜尋本研究範圍所設定的 SFPL 與其歷史中心網站之研究對象，分析 SFPL 網站圖像服務內容與功能，深入瞭解被研究對象作業實務內容，進行實體與虛擬資源整理重組排列、說明分析、歸納特點等，後而將所得的結果做一整體性描述（exhaustive description），以呼應達成本研究之目的與問題。總而言之，本研究即對 SFPL 網站圖像數位服務的意義與特色加以描述與詮釋，最後論述分析呈現實務模式現象之涵意，與幾點政策實務面和研究上的建議供參。

四、 SFPL 設立歷程與舊金山歷史中心服務綜述

(一) SFPL 設置歷程與服務內涵簡述

　　SFPL 主要是屬於服務舊金山市民為主的公共圖書館系統，一個總館（main library）外另有 27 個社區分館，館史已逾 130 餘年。現今總館位於舊金山市政中心拉爾金街（Larkin Street）和樹林街（Grove Street）交界處。舊金山第一個公共

圖書館於 1879 年正式開幕，正好是在加州淘金潮（Gold Rush，又稱淘金熱）30 年後，自此 SFPL 曾經數次搬遷。SFPL 前三個分館在 1888 年到 1889 年之間陸續開幕，分別位於米慎區（Mission District）、北灘（North Beach）和波特雷羅山（Potrero Hill）。1889 年經參議員喬治・赫斯特(George Hearst,1820-1891)提議，SFPL 正式成為聯邦政府檔案文件保存單位之一。（San Francisco Public Library[SFPL], 2011f）

　　SFPL 舊館不幸於 1989 年 10 月 17 日洛馬普利塔地震（Loma Prieta earthquake，亦稱地震'89）震央中損壞，舊館整修後改為舊金山亞洲藝術博物館（The Asian Art Museum of San Francisco）。現今的總館於 1993 年 3 月 15 日年開始興建，完工於 1995 年，1996 年 4 月 18 日開放啟用。以邁向 21 世紀為目標的 SFPL 新館，設置了許多部門單位與特殊服務區，如環境保護中心、專利及商標中心、華人中心、同性戀中心、兒童中心、青少年中心（Teen Center）、聽視障服務中心、非洲裔中心等，以連結特殊的讀者需求與提供特色資訊，為舊金山多元化的市民及友善的世界公民提供多樣化的讀者服務。其中青少年中心是 SFPL 第一次為青少年設置的專區，而位於總館 3 樓的 James C. Hormel 同性戀者中心（James C. Hormel Gay & Lesbian Center）則致力於收藏國家級與國際範圍內有關女同性戀、男同性戀、雙性戀者和變性人的歷史及文化記錄（gay, lesbian, bisexual and transgender archival collections），特別是以舊金山灣區（San Francisco Bay Area）為重點，除了書籍、期刊和檔案收藏，該中心亦經常與其他圖書館部門、社區組織以及個人合作主辦展覽與公共節目。（SFPL, 2011g）

　　新館總面積超過 376,000 平方英尺，為地上六層、地下一層的建築物，比原來的舊館大上兩倍多。新館中現有 300 臺電腦終端機，可容納 1,100 部筆記型電腦。（SFPL, 2011i）然而新總館成立時的一些措施不免也受到外界批評，以大作《雙向摺角：圖書館與對紙張的攻擊》（Double fold: libraries and the assault on paper）曾獲美國國家書評獎（The National Book Critics Circle Award）的當代作家尼克森・貝克（Nicholson Baker），於 1996 年在美國知識、文藝類的綜合性雜誌《紐約客》（The New Yorker，亦譯為《紐約人》）中曾撰文嚴厲評論 SFPL 從舊館搬到新館時清除一部分圖書之舉，貝克同時也批評用電腦化線上館藏目錄取代圖書目錄卡

片。（Baker, 1996）地方新聞也有批評意見，認為通風和寬敞的圖書館中庭大大減少了每層樓置放書架的空間。儘管有這些負面評論，開放後第一年新總館的參訪人數倍增，從一百一十萬增加到兩百一十萬，擁有圖書證的人數則增加將近兩倍。（SFPL, 2012c）

　　為建立更美好更強大的社區圖書館（building better libraries for stronger communities）功能與服務，SFPL 全面展開大規模的建築更新活動。在 2000 年 11 月舊金山市民通過了 105.9 百萬美元債券修繕計畫，進行 SFPL 歷史上最大的建築改善工程，現在已見成果。此一分館重建計劃（The Branch Library Improvement Program, BLIP）由圖書館和公共工程處（Department of Public Works, DPW）攜手打造，修繕包括 16 座圖書分館，由市政府擁有的建築物取代四座租用的圖書分館，以全新的建築取代三座圖書分館，以及近 40 年來增添的第一座圖書館：嶄新的「米慎灣分館」（Mission Bay Branch）。（SFPL, 2012c）公共圖書館執行建築空間改善計畫，使得圖書館事業向前邁進一大步，可獲得讀者及社會各界高度肯定，除提昇圖書館形象之餘，更能營造最佳化閱讀氛圍，以吸引更多民眾愛上圖書館，成為民眾汲取知識與終身學習的生活中心，也讓發展益趨完善的公共圖書館成為城市進步的重要推手。（曾淑賢，2010，頁 29）

　　舊金山在 20 世紀至 21 世紀初，一直是美國嘻皮文化和近代自由主義、進步主義的中心之一。SFPL 圖書館系統致力於服務當地多元化社會與文化的發展，提供免費和平等的機會，讓所有市民有一個終身學習的教育機會和閱讀支援服務環節。SFPL 總館更是整個舊金山公共圖書館體系和北加州圖書館的資源中心，其龐大的館藏與廣泛的活動和展覽，在於促使實現 SFPL 居於公共圖書館角色服務大眾以「獲取資訊、知識、自主學習和愉快的閱讀過程」（access to information, knowledge, independent learning and the joy of reading）。（SFPL, 2011a）

(二) SFPL 舊金山歷史中心資源與服務

　　位於 SFPL 總圖書館六樓、成立於 1964 年的 Daniel E. Koshland 舊金山歷史中心（The Daniel E. Koshland San Francisco History Center，簡稱歷史中心）以提

供參考研究用途的書籍、報紙、雜誌、照片、地圖、海報、檔案和手稿的收藏為主，該中心也收集有關記錄該市歷史的所有格式的文獻與舊金山縣市的公務檔案。這些典藏記錄了舊金山當地歷史特色與人文生活，而所有重要典藏項目許多主要是來自於市民的慨然捐贈。（SFPL, 2011k）

　　歷史中心在紙本典藏（print collections）資源方面包括：建築繪圖、傳記文件、地圖和視圖（views）、菜單、新聞剪報、明信片、海報和單面印刷大紙張（broadsides）、樂譜、交易卡片（trade cards）、立式文件（vertical files）等。（SFPL, 2011j）其中舊金山歷史照片收藏（photograph collection），包括了照片和其他從1850年到現在有關舊金山及加州的作品，除了照片外，也包括有關舊金山和加州主題的相簿、明信片、藏櫃卡（cabinet cards）、立體照片和幻燈片的典藏。這些系列內容主題包括：舊金山街頭的場景、建築物和街區，以及舊金山當地著名人物照片等。SFPL 所典藏的這些歷史照片大部分主要是得自於 1920 年代到 1965年《舊金山新聞呼聲報》（San Francisco News-Call Bulletin）的捐獻。（SFPL, 2011b）

　　使用者想觀看這些包含四萬多筆歷史圖像資料，除了利用開館辦公時間親臨歷史中心外，也可利用 SFPL 網站線上資料庫（online database）查詢瀏覽數位圖像（digitized images）。當親臨觀看實體典藏時，館方會提供使用者手套穿戴，以防碰觸時保護照片之需，但同一時間只能觀看一定數量的圖像。而下列物品是不被允許用於接觸照片，包括：感壓膠帶、所有類型的膠水、迴紋針、鬆緊帶、訂書釘、大頭針、鋼筆或鉛筆等。複印照片是會損害圖像，也在禁止之列。（SFPL, 2011b）

　　歷史中心所有照片僅用於個人使用目的（for personal use only），凡未經事先書面許可，禁止任何重製、再分配、出版、展覽，或其他用途。使用者欲複製或使用這些照片，需先填寫相關表格，並提交給歷史中心許可。一般可以從網站資料庫中直接下載和免費複製 jpegs 檔數位歷史圖像，對於高解析度圖像具商業品質的 TIFF 檔或照片，則可參閱印製、掃描、拍攝、與商業用途等不同形式的價目表。（SFPL, 2011h）使用者只要透過填寫「圖像重製申請表」（Reproduction of Images Form）即可訂購這些圖像的副本；另外填寫提交「出版許可申請表」（Permission to Publish Form），則大部分的圖像也提供用於文章、學位論文、圖書、電子書、影片/錄影、展示、網站、或曆書、卡片、封面等商業用途服務。（SFPL, 2011b）

五、 SFPL 歷史圖像數位創新服務內涵

(一) SFPL 歷史圖像主題數位服務建構

　　SFPL 所收藏大約四萬多張歷史照片都已經過數位化，並在圖書館網站上提供觀賞與下載服務，但對於以舊金山以外地區為主要內容的加州照片，則尚未展開數位化作業。歷史中心大致根據流行的主題（popular subjects）經過編目與掃描等作業程序，每月會進行圖像資料庫的新增或更新紀錄。使用者只要透過其網站搜尋頁面，以關鍵字、主題詞、日期、照片系統號、或攝影者，即可進行一般或進階性查詢所有主題收藏。 SFPL 對於這些數位圖像在網站上另外建置二項主題數位服務功能，即：「舊金山歷史圖像主題指引」（San Francisco historical photograph collection subject guides）、與「主題瀏覽數位圖像」（browse digitized images by subject）。前項「主題指引」服務所建置的主題先分為：舊金山主題（Francisco subjects）、肖像（portraits）和加州地方（California places）等三大類，下再按主題詞的字母順序排列。使用者查獲所需數位圖像的主題，以直接點選主題詞目方式，便可在線上進行瀏覽或觀賞歷史圖像。（SFPL, 2011m）

　　而「主題瀏覽數位圖像」服務所陳列的第一層主題詞目則按首字字母順序排列，例如由「Banks、Bars、Baseball…」排列至「…Transportation、Unions、Views」為止，共有 49 項大主題可供選擇，最後一項主題則依年代排列，由 1850s 至 1990s 十年為一時段序列提供點選。第二層主題詞則依上層資料多寡，依字母或子題呈現，如點選「Bridges」之下子題分為「Bay Bridge、Fourth Street、Golden Gate、Long Bridge　Proposed、San Jose Avenue、Sixth Street、Third Street」等八項子目主題。如再點選「Golden Gate」子題，則顯示出第三層依字母排列共 92 種的子題

資訊，可供直接瀏覽有關「金門大橋」的每筆紀錄內容與圖像寫真（參見圖 3-1）。
（SFPL, 2011d）

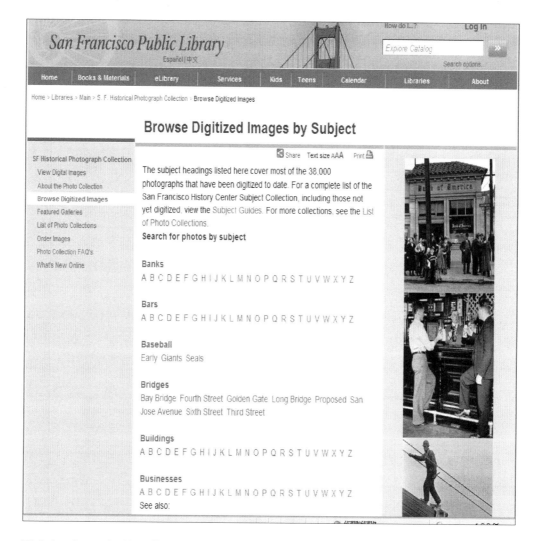

圖 3-1 SFPL 網站之「主題瀏覽數位圖像」服務平台

資料來源：San Francisco Public Library. (2011, November 30). *Browse digitized images by subject*.
Retrieved October 10, 2012, from http:// sfpl.org/index.php?pg=2000028501

　　金門大橋（Golden Gate Bridge）是大家耳熟能詳的舊金山地標，橋身的顏色為國際橘（international orange color），顏色既與周邊景緻協調，又可使大橋在金門海峽常見的大霧中顯得更加醒目。由於這座大橋新穎的結構和超凡脫俗的外觀，曾被國際橋樑工程界廣泛認為是建築美學的典範，更被美國建築工程師協會（The American Association of Building Engineers）評為現代世界七大工程奇蹟之一，也是居於世界最上鏡頭的大橋之列。大橋於 1933 年 1 月 5 日開始施工，1937 年 4 月完工，全橋總長度為 2737.4 米，跨越連接舊金山灣和太平洋的金門海峽，南端連接舊金山的北端，北端接通加州的馬林縣。金門大橋的橋墩跨距長 1280.2 米，是世界上第一座跨距超過 1,000 米的懸索橋，另金門大橋橋塔高達 227.4 米是世界第四高。該橋施工時的一項獨特設計是橋下有一個安全網，施工中曾有 11 人摔亡，而 19 人則因安全網而獲救，這 19 人成了一個「去地獄的半路俱樂部」（Halfway to Hell Club）的榮譽會員，可見對工程風險性形容之一般。（Golden Gate Bridge, Highway and Transportation District, 2008）

　　關於金門大橋 92 種子目主題資訊之一："Bridges Golden Gate Construction Cable Work"，共臚列 49 筆照片物件，例如點選其中第 37 筆題為：「在金門大橋上的兩名建築工人」的黑白照片，攝於 1935 年 9 月 18 日，可觀察出以凌空方式背山面海地進行大橋電纜工程的兩位無名英雄與工程施作之風險艱鉅。此張是目前唯一被掛置於 SFPL 首頁的歷史照片，試以吸引更多使用者點閱其他更多舊金山歷史圖像。而由這些老照片透露出的點滴敘事，正好喚醒世人對無數幕後英雄承擔該項歷時四年多跨海工程之艱辛與付出的歷史回顧（參見圖 3-2）。

　　歷史中心所有照片物件除提供觀賞圖像（view image）、查閱完整記錄（view full record）與選擇儲存（save）的功能外，並提供完整資訊（full display）、簡易資訊（brief display）、與 MARC 等三種下載內容，並可選擇傳送到 E-mail 信箱。而在 SFPL 網頁上一般性陳列（regular display）的照片資訊內容包含：照片圖檔、照片系統號、題名、日期、描述、地點、重製權、底片、主題、系列名等項目（參見圖 3-3）。

圖 3-2　題為「在金門大橋上的兩名建築工人」（Two construction workers on the
　　　　Golden Gate Bridge）（1935 年 9 月 18 日）之黑白照片（SFPL 網站典藏）

資料來源：San Francisco Public Library. (2011, November 30). *Two construction workers on the*
　　　　Golden Gate Bridge (graphic). Retrieved October 13, 2012, from
　　　　http://webbie1.sfpl.org/multimedia/sfphotos/AAD-0884.jpg

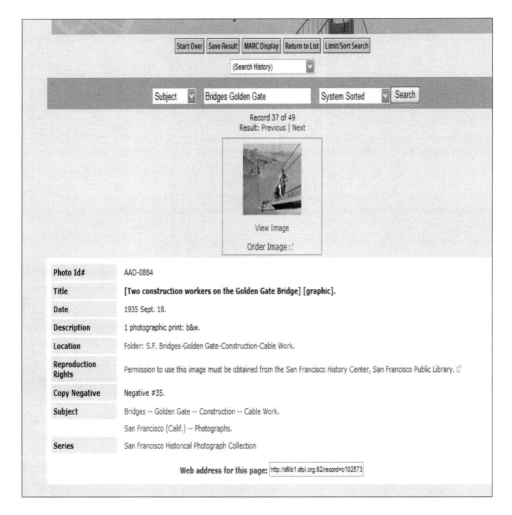

圖 3-3　SFPL 歷史圖像一般性陳列資訊內容示意圖

資料來源：San Francisco Public Library. (2011, November 30). *San Francisco historical photograph collection*. Retrieved October 20, 2012, from
http://sflib1.sfpl.org:82/search~S0?/dBridges+Golden+Gate/dbridges+golden+gate/1%2
C92%2C924%2CE/frameset&FF=dbridges+golden+gate+construction+cable+work&37
%2C%2C49

　　而每筆歷史照片機讀編目格式特殊欄位內容包括：欄位 260 顯示拍攝日期；欄位 540 使用及複製權的管理註；欄位 555 彙編索引及檢索工具註；欄位 856 電子資源位址及取得方法，而欄位 691 則為地區性主題檢索點（參見圖 3-4）。

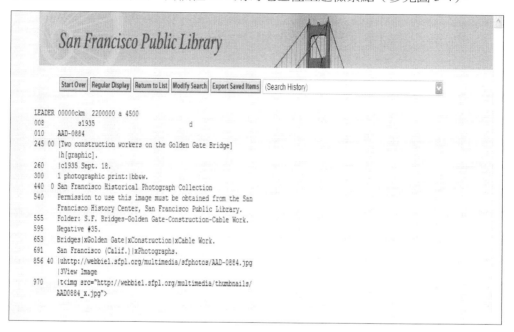

圖 3-4　SFPL 歷史圖像機讀編目格式資訊內容示意圖

資料來源：San Francisco Public Library. (2011, November 30). *San Francisco historical photograph collection*. Retrieved October 27, 2012, from
http://sflib1.sfpl.org:82/search~S0?/dBridges+Golden+Gate/dbridges+golden+gate/1%2C92%2C924%2CE/marc&FF=dbridges+golden+gate+construction+cable+work&37%2C%2C49

　　在歷史中心網頁也建置連結社交媒體（social media）功能，如：Blogger 微網誌、Facebook 和 twitter 推文服務網頁等，以建立資訊使用者撰寫、分享、評價、討論、與互動溝通平台，並提供 RSS 閱讀軟體訂閱機制，以主動傳播相關新訊息予訂閱者。（SFPL, 2011k）

(二) 地理編碼圖像探索老舊金山（Old S.F.）服務介面功能

歷史中心另在網站上也建置精選畫廊（Featured Galleries）單元，包括「1906年大地震和消防照片」、「巴拿馬太平洋國際博覽會」、「Ernest Clayton 收藏畫廊」等以專題方式介紹歷史照片。（SFPL, 2011e）而在 2012 年初 SFPL 更結合 Google 公司的網路電子地圖（Google Maps）功能，全新推出「以圖書館的地理編碼圖像探索老舊金山」（Explore the Library's Geocoded Images On Old S.F.）服務介面。（SFPL, 2012b）

所謂地理編碼（geocoding）是基於空間定位技術的一種編碼方法，它提供了一種把描述成地址的地理位置資訊，轉換成可被用於地理資訊系統（Geographic Information System, GIS）的地理座標的方式，如將地址（例：1600 Amphitheatre Parkway, Mountain View, CA）轉換成地理經緯度座標（例：緯度 37.423021 和經度 122.083739）的程序，透過使用這些座標來放置標記或設定地圖位置。地理編碼理論是一個圖像系統的座標系之間的座標變換；「地理編碼圖像」則是通過內置或外置相機拍攝的照片，自動地指定到正確地理位置的功能。（Google, 2012a）

歷史中心所進行地理編碼圖像主要是基於兩個來源：

1. 照片主題（photo subjects）：

例如冠上「City Hall (old)」主題系列的所有照片大概屬於在同一個地方。據估計，歷史中心館員以人工方式處理地理編碼圖像已約達數百個主題。

2. 地址和交叉街道（addresses and cross-streets）：

歷史中心對照片描述內容通常會說明地址、街區編號或一組交叉街道，利用這些資訊皆可透過 Google Geocoding API 轉換成經緯度坐標。（SFPL, 2012a）

瀏覽老舊金山編碼地圖時，可點擊任一數字標記氣球，例如隨選 88 號標記氣球，於網頁右欄立即顯示出屬於「金門大橋」的數位照片檔案數幅，再點擊照片縮圖，可以進一步查看放大照片的註釋說明。編碼地圖網頁上端則顯示出以 1850 至 2000 年作為選看條件的時間軸，而在老舊金山 Google Map 頁面，則提供使用者以「地圖」或「衛星檢視」的兩種觀賞方式（參見圖 3-5）。

圖 3-5　地理編碼圖像探索老舊金山示意圖（以金門大橋歷史照片為例）
資料來源：San Francisco Public Library. (2012). *Explore the library's geocoded images on old S.F.*.
　　　　　Retrieved October 28, 2012, from http://www.oldsf.org/#

　　歷史中心館藏包含大約 40,000 張舊金山歷史圖像，其中許多照片並未含有太多地理性質的內容，例如肖像作品，所以大概只有 20,000 圖像是可以被放置在編碼地圖上。歷史中心目前整個作業大致進行了 65% 的可能定位圖像，即完成 13,000 張。（SFPL, 2012a）

六、 結論：SFPL 歷史圖像數位技術服務特色分析

　　SFPL 歷史圖像數位服務作業與功能項目包括：歷史照片掃描與編目建檔作業；提供免費下載照片紀錄內容與複製 jpegs 檔服務；圖像重製與出版許可的商業加值服務；簡易與進階多重檢索介面設計；網站指引與瀏覽的主題性服務；建置地理編碼圖像探索服務；與 Web 2.0 個人化服務。進一步綜述 SFPL 所提供歷史圖像數位技術服務特色分析如下：

(一) 經掃描與編目程序，以建置圖像繁簡主題書目，並提供使用者書目轉載服務

　　經過掃描與編目作業，建置完整資訊、簡易資訊、與 MARC 等三種不同書目紀錄內容，每張歷史照片皆編訂地區性主題檢索點或流行性的主題，進而完全公開歷史照片目錄描述，並提供儲存與下載書目服務。

(二) 設計多重檢索介面，方便使用者進行圖像查詢或書目探勘 （bibliomining）

　　簡易與進階兩種查詢畫面設計，可適應不同階層使用者資訊搜尋行為需求，以協助查尋及探索歷史照片。搜尋所得書目結果清單依日期排序，使用者可直接點選進入書目內容查閱，或直接點開圖像觀賞，而勾選所需照片書目清單，即可進行儲存功能。

(三) 免費提供一般性圖像下載與付費型高解析圖像商業加值服務

　　提供使用者從網站資料庫中直接下載和免費複製歷史照片的 jpegs 檔；而對於具高解析圖像與商業價質的 TIFF 檔或照片，只要透過申請與付費程序，則可進行重製、展覽、甚至出版等不同用途的商業加值利用。

(四) 採用主題式服務平台模式，提供直覺清晰的主題圖像服務，可提昇各類數位圖像曝光率的價值

使用者透過主題式資源指引或主題瀏覽數位服務，依自身資訊需求點擊所需主題詞目，以隨選方式可立即瀏覽歷史圖像，而階層式主題詳表皆揭露於網頁供參。主題圖像服務讓使用者能更深入地瞭解數位圖像典藏作品之間的相關知識，進而可建構出不同領域、不同文化、不同時空的知識物件相互通連的知識網路，自動化地產生使用者有興趣的隱性知識，活化與優化知識的分享與應用，產製出新的數位資源媒介價值，也建立圖書館主題資源服務與利用圖書館價值的新模式，既而推升圖書館資訊利用率與使用滿意度。

(五) 地理編碼圖像平台具有好用性的操作介面，並類聚在地空間訊息，引領使用者便利探索歷史圖像

透過地理編碼圖像作業，將老舊金山歷史照片有效地整合與定位在地圖上某一位置，利用數位編碼地圖模擬真實世界，提供數位地圖尺度的空間坐標參照外，亦能快速而彈性地縮放到各個小區域尺度。地理編碼圖像具有良好且友善的操作介面，類聚整合許多在地的空間知識或資訊，讓使用者對於空間資訊搜尋的門檻大為降低，十分便利於使用者以新方式探索舊金山歷史圖像，且可藉由這個平台與全球展開交流與分享機制。

(六) 建置 Web 2.0 個人化資訊分享機制，提供融入主題式虛擬社群的資訊需求服務

透過網頁超連結功能建置 Web 2.0 個人化服務，進一步提供融入大眾生活模式的資訊需求服務。以使用者為中心的分享、參與、與互動，以及累積豐富的使用者經驗，營造虛擬環境中具創造性、互動性和創新性的社會媒介學習場所與服務，建立凝聚主題資源虛擬興趣社群功能。

七、 建議

　　本研究目的在於探討 SFPL 歷史圖像數位創新服務內涵與機制。依本研究結果，歸納彙整出上列結論，最後茲依研究結論，提出下列政策面及實務層與後續研究建議，以供圖書館等相關網站發展圖像數位服務與未來從事相關研究之參考：

(一) 各類型圖書館網站圖像資源服務，可依館方服務願景與斟酌人力物力資源，研擬政策落實建置方向，實現圖書館圖像資訊可取得性的數位創新環境

　　依圖書館所設置機構與服務對象之不同，圖書館事業涵蓋各類型圖書館，各司其任務，以發揮整體社會的資訊服務。依附於實體圖書館而存在的圖像服務網站，亦奠基於母體機構類型與經營策略而有不同服務內容面向及功能設置，如國家型圖書館網站所推出圖像服務開發，可以廣泛性的主題體系來呈現公開性國家數位化圖像珍藏，重現國家數位記憶（digital memory），促進豐富使用者資訊經驗，全民共享國家生命圖像故事，讓國家記憶源遠流長地傳承。又如公共圖書館指由各級政府主管機關、個人、法人或團體設立，以一般大眾為主要服務對象，是蒐集、保存與推廣社區多樣地方文化資源的重要機構，並適應地方特色以傳承發揚鄉土文化，使成為地方民眾的學習中心，所以公共圖書館網站所推出圖像服務，不乏深具地方性色彩，SFPL 舊金山歷史圖像數位服務即為此例。

(二) 面對多樣性內涵的圖像資源組織的前端建置，更應重視圖像的主題分析及其隱含語意的發揮，以利增進資訊搜尋的滿意度

　　圖像資料的內容涵蓋靜態、動態、平面，甚或立體等具有跨學科多樣化的性質，所以在資源組織與檢索設計上要能彰顯與文本資料大不相同之處，就格外顯

得複雜與重要。對圖像資源不應只限於書目資料的著錄描述，更應重視圖解的分析及其隱含主題語意的發揮。以運用 RDF 來描述網頁資源內容的語意網概念，能提供主題相關的資訊推送服務，除了主題的深度說明之外，更加上主題相關的廣度資料蒐集，可讓使用者得到更完整的資訊服務，增進使用者檢索的效益，進而提昇資訊搜尋的滿意度。

(三) 圖像主題服務應建構出合宜通用、層次分明的主題架構與網頁風格，彰顯圖像主題資源服務特色，以達成圖像資源曝光價值性

圖書館主題分類體系與使用者依研究興趣和資訊需求查尋資訊之分類觀念難免存在差異，前者著重於圖書資訊學專業技術服務價值，後者多為個人所瞭解知識地圖的探索運用。建構層次分明主題體系，甚或彰顯及呼應圖像屬性的網路關鍵字或標籤，讓使用者更快速與聯想式地瀏覽在網路上的圖像主題，並考量設計具有整體感網頁視覺格局與系統化的組合以提高網頁品質，都是可以輔助發揮圖像主題資源服務的最大效益。

(四) 數位典藏中，尤其圖像資源建置主題隨選瀏覽服務平台，可提高數位圖像物件被使用能見度，既而延伸整體圖書館專業形象與服務價值

寶貴的數位典藏資產蘊含相當廣度與深度的知識，值得挖掘、分析，將這些數位資源放置於資料庫，只能透過檢索取得，其使用性價值是處於被動狀態，大大降低了取用機率。基於便於接觸到的資訊來源較能被優先利用的最小努力原則，提供使用者直覺清晰的主題圖像隨選瀏覽服務，不需要具備相關的領域知識，即能看出什麼是可立即使用，讓使用者節省其檢索花費的時間，且更深入地瞭解數位圖像典藏作品之間的相關知識，建構出一個不同領域、不同文化、不同時空的知識物件相互通連的知識網路，自動化地產生使用者有興趣的隱性知識，產製出新的數位資源媒介價值，也能建立圖書館主題資源服務與利用圖書館價值的新模式，同時可提昇圖像數位物件的曝光率。

(五) 設計圖像檢索系統，可從使用者資訊需求角度出發，透過語意關聯，幫助使用者探索圖像間隱含知識，以獲取高實用性資訊

面對龐大非文本式的圖像資料庫檢索，目前大多利用後端所編製的詮釋資料中，以特定欄位或跨欄位的方式進行關鍵字比對來進行查詢。但對一般使用者而言，以關鍵字搜尋方式較為專業且不易查出特定性或關聯性圖像資源，以致容易產生錯誤組合或查非所得的檢索結果。透過建置圖像網站主題瀏覽指引服務，依類別或主題詞類聚相關性主題排序結果，讓使用者可以更快速直覺地找到所需的圖像，以優化滿足使用者資訊需求。

探討圖像檢索系統的可能改進方式，思考技術性觀點外，可從使用者資訊需求角度出發，若由概念性的文字描述方式來查詢，使用者就不需要具備相關的領域知識才能進行檢索，透過語意關係連結圖像物件相互通連的知識本體網路，推論知識、結合類別與階層性的關係，更可自動化地挖掘探勘出圖像間使用者有興趣的隱性知識（tacit knowledge)，實現高度可用性（usability）結果，以符合資訊搜尋者的期望。

(六) 透過地理編碼圖像發展出 GIS 整合資訊系統，圖形化的視覺介面，引領使用者便利瀏覽資訊，也可提供更即時、動態、豐富的資訊內容

利用地理編碼技術可以在地理空間參考範圍中確定資源的位置，建立空間資訊與非空間資訊之間的聯繫，實現在各種地址空間範圍內進行資訊的整合。此外，圖形化的介面可協助使用者瞭解周遭環境，並且讓使用者能快速找到所需的資訊，帶來更即時、動態、豐富的資訊內容。GIS 應用經過長久的發展，隨著使用量及使用層面的不斷擴張，目前已被廣泛的應用在不同領域上，諸如市區街道、公共設施資訊圖、電子交通地圖、美食旅遊地圖、智慧導航等。整合資訊內容是目前的趨勢，有了這些基礎資料，加上採取開放資料（open data）方式釋出，也將有助於地理資訊整合、交換與加值。SFPL 運用地理編碼所發展出 GIS 介面，聚集舊金山歷史圖像提供使用者更方便、更有效率、老少咸宜的資訊瀏覽方式。

(七) 透過圖像網頁超連結功能與建置 Web 2.0 服務，可擴大與強化圖像主題服務，進一步提供融入大眾生活模式的無縫式資訊需求服務

當新加坡國家圖書館（National Library Board Singapore）在 2012 網站首頁顯示著標語：〝Libraries for life: Readers for life, Learning community, Knowledgeable Nation.〞（National Library Board Singapore, 2012），似乎意謂著：善用圖書館服務，在學習性社群中掌握知識，圖書館服務應走入每個人的生命當中，以創建知識型國度。

Lib 2.0 圖書館服務也正導向於創造屬於「你（you）」的時代，當使用者需要圖書館的服務時，服務就應該讓「你（you）」隨選即用、唾手可得。Library 2.0 或是 Lib 2.0 核心精神，相應於 Web 2.0 的概念，強調在於以使用者為中心雙向互動的無縫式資訊分享與參與，以及累積豐富的使用者經驗。讓使用者可將個人所偏好的圖像主題或其他資訊，連結到個人所熟悉的書籤共享網站、推文服務網頁、標籤服務、轉寄與收藏服務，或 RSS 頻道訂閱服務，以個人化和共享互動機制傳播圖像資源訊息，及建立凝聚圖像主題資源虛擬興趣社群功能。

(八) 後續相關研究建議

無論是網路圖像資源或資料庫成長皆相當龐大，也衍生圖像資訊組織、搜尋、探索與加值等方面議題，都值得持續研究。而各類型圖書館政策化或系統性地較具規模收藏圖像資源，其所衍生建置的圖像資源數位服務，也可作相關比較研究或數位典藏主題特色探討。另外，提出以下兩點相關研究建議：

(1)基於瞭解圖像檢索行為是有效組織與檢索圖像的基礎，然而目前有關圖像檢索行為的研究仍相當有限，而針對網路圖像檢索行為的分析則更為缺乏，可進一步探究。

(2)不論是以自動或人工方式來組織圖像或提供檢索，仍有許多待改進空間。建立精確的領域知識本體架構，可作為高加值知識產業的基礎，尤其是缺乏文本內容的圖像資源。目前語意網與 CIDOC 概念參考模型正在努力建構一個

參考文獻

Google. (2012a). *地址定位*。上網日期：2012 年 9 月 22 日，檢自 http://code.google.com/intl/zh-TW/apis/maps/documentation/javascript/services.html#Geo coding

卜小蝶（2003）。網路圖像檢索需求初探。*國家圖書館館刊*，92（1），141-154。

卜小蝶（2006）。淺談社會性標記之意涵與應用。在淡江大學圖書館編，*Web2.0 與圖書館學術研討會論文集*。臺北縣：淡江大學。上網日期：2012 年 10 月 15 日，檢自 http://www.lib.tku.edu.tw/libintro/pub/web20&lib_semina/social_tag_ft.pdf

卜小蝶（2007）。Folksonomy 的發展與應用。*國立成功大學圖書館館刊*，16，1-7。上網日期：2012 年 9 月 22 日，檢自 http://www.lib.ncku.edu.tw/journal/16/1.htm

林佳宏、洪聖豪（2011）。以 CIDOC CRM 為基礎的圖像資料庫知識探索之研究。*大學圖書館*，15（1），87-108。

林宸均（年代未詳）。*網路使用者圖像標記行為初探：以 Flickr 圖像標籤為例*。上網日期：2012 年 9 月 22 日，檢自 http://www.nhu.edu.tw/~society/e-j/86/30.htm

政治大學商學院經營管理碩士學程（2009，6 月 18 日）。變化多端的數位科技創新與運用。*國立政治大學商學院經營管理碩士學程電子報*。上網日期：2011 年 9 月 23 日，檢自 http://epaper.emba.nccu.edu.tw/archives/267

陳慧珍、卜小蝶（2008）。網路圖像檢索之相關判斷初探。*大學圖書館*，12（2），153-170。

張瀚文（1999）。圖像資訊之描述與分析。*大學圖書館*，3（1），104-115。

曾淑賢（2010）。國內外公共圖書館建築與空間改善之探討。*臺灣圖書館管理季刊*，6（4），8-29。

Baker, N. (1996, October 14). Letter from San Francisco, the author vs. the library. *The New Yorker, 50.* Retrieved September 22, 2012, from http://www.newyorker.com/archive/1996/10/14/1996_10_14_050_TNY_CARDS_000375 994

Besser, H. (1990). Visual access to visual images: the UC Berkeley image database project. *Library Trends ,38* (4), 787-798.

CIDOC CRM. (2010). Retrieved August 25, 2012, from http://cidoc.ics.forth.gr/

Dyson, M. C. (1992). How do you describe a symbol? the problems involved in retrieving symbols from a database. *Information Services & Use, 12*, 65-76.

Enser, P. G. B. (1995). Pictorial information retrieval. *Journal of Documentation, 51*(2) , 126-170.

Golden Gate Bridge, Highway and Transportation District. (2008, March 17). *Golden Gate Bridge research library*. Retrieved September 22, 2012, from http://goldengatebridge.org/research/

Google. (2012b). *Google Images*. Retrieved September 22, 2012, from http://images.google.com/

National Library Board Singapore. (2012). Retrieved October 21, 2012, from http://www.nlb.gov.sg/page/Corporate_portal_page_home

San Francisco Public Library. (2011a). *About the Main Library*. Retrieved October 13, 2012, from http://sfpl.org/index.php?pg=2000063301

San Francisco Public Library. (2011b). *About the photo collection*. Retrieved October 13, 2012, from http://sfpl.org/index.php?pg=2000017201

San Francisco Public Library. (2011c). *Branch library improvement program (BLIP)*. Retrieved October 13, 2012, from http://sfpl.org/index.php?pg=2000002301&sl=1

San Francisco Public Library. (2011d). *Browse digitized images by subject*. Retrieved October 21, 2012, from http:// sfpl.org/index.php?pg=2000028501

San Francisco Public Library. (2011e). *Featured galleries*. Retrieved October 14, 2012, from http://sfpl.org/index.php?pg=2000029101

San Francisco Public Library. (2011f). *Library timeline*. Retrieved October 6, 2012, from http:// sfpl.org/index.php?pg=2000105801

San Francisco Public Library. (2011g). *Main Library*. Retrieved October 7, 2012, from http:// sfpl.org/index.php?pg=0100000101

San Francisco Public Library. (2011h). *Order images*. Retrieved October 14, 2012, from http://sfpl.org/index.php?pg=2000014701

San Francisco Public Library. (2011i). *Other facts about the building*. Retrieved October 7, 2012, from http:// sfpl.org/index.php?pg=2000063401

San Francisco Public Library. (2011j). *Print collections*. Retrieved October 10, 2012, from http://sfpl.org/index.php?pg=2000019501

San Francisco Public Library. (2011k). *San Francisco History Center*. Retrieved October 10, 2012, from http://sfpl.org/index.php?pg=0200002501

San Francisco Public Library. (2011m). *Subject guides*. Retrieved October 14, 2012, from http://sfpl.org/index.php?pg=2000015201

San Francisco Public Library. (2012a). *About old S.F.*. Retrieved October 28, 2012, from http://www.oldsf.org/about

San Francisco Public Library. (2012b). *Explore the library's geocoded images on old S.F.*. Retrieved October 28, 2012, from http://www.oldsf.org/#

San Francisco Public Library. (2012c). In *Wikipedia*. Retrieved October 10, 2012, from
　　http://en.wikipedia.org/wiki/San_Francisco_Public_Library

Sutcliffe, R. J. (2002-2003). Toward the metalibrary. In *The fourth civilization: technology society and ethics* (4th ed.). Retrieved March 31, 2012, from
　　http://www.arjay.bc.ca/EthTech/Text/index.html

Yahoo!. (2012). *Flickr*. Retrieved September 22, 2012, from http://www.flickr.com/

第四章　「加拿大圖像」之國家歷史圖像數位服務探討

一、 前言

(一) 圖書館圖像典藏與資訊服務

根據「哈佛大學視覺資源學會」（Visual Resource Association, 簡稱 VRA）對「圖像」定義為：圖像（image）是一種視覺呈現的作品，其形式可以透過照相製版（photomechanical）、攝影（photographic）或數位（digital）等方式來表達。（卜小蝶，2003，頁 142）圖像所包含的範圍相當廣泛，而網路圖像（web images）則指放置在網路上的圖像資源（image resources），包括如歷史照片、人物風景照片、新聞圖片、繪畫作品、美工圖片、產品型錄、漫畫作品、海報廣告等公開的數位化圖像檔案，不僅主題包羅萬象，同時檔案格式也相當多元。（陳慧珍、卜小蝶，2008，頁 154）圖像資訊內容形式的多樣性，不僅造就其獨具的性質，也形成其與文本資料間截然不同的差異，例如圖像資訊多半具有多重學科的特性，而圖像資訊往往內涵的詮釋空間也較為寬廣。（Besser, 1990, pp.787-798）

而攝影則記錄著人類文明發展的歷程，攝影發明的歷史至今已有將近二百年，從最早的尼埃普斯（Nicephore Niepce, 1765-1833）在實驗室中製成第一張可以攝影成像的圖片，至法國畫家達蓋爾（Louis J M Daguerre, 1789-1851）成功的發明攝影技術，也就是「達蓋爾照相術」（daguerreotype）。（拓展臺灣數位典藏計

畫，2009）迄今，各種攝影或圖像資訊經由組織整理後所產生的價值，已成為各企業建立品牌社群與建構組織記憶活動的最佳平台，在人手數機的 3C 數位年代，圖像與人們的日常關係也更顯得更加密切。

　　一張老照片是一個故事，一個回憶，也是時間與空間剎那的定格。老照片不僅擁有動人的視覺語言，攝影印象更能讓人閱讀出該圖像背後人事地物的歷史脈絡。而圖書館提供全方位歷史照片典閱，透過詳細的詮釋資料，與後端數位化作業處理，以最新資訊技術提供隨選隨看、多層次數位服務效能，使用者可省去親臨調閱實體圖像檔案等諸多時空限制。

　　全球網際網路的普化與進展，實體博物館、美術館與藝術館等所珍藏的人文藝術等文物作品與圖像，經由數位化轉製之後，可提供社會大眾在網路上直接瀏覽、觀賞與評介，在既有知識的充分利用之餘，開創了知識機構家族在數位時代知識管理的另一篇章。觀照各圖書館館藏，也同樣面臨日益龐大的數位典藏與圖像資料內容的多樣化，如何提供使用者直覺的圖像檢索服務，以及讓使用者更深入地瞭解數位圖像典藏作品內涵與相關知識，以開啟新知識探索樞紐，也是圖書館界提供數位資源服務相當值得探討的課題。

　　加拿大國家圖書館暨檔案館（Library and Archives Canada，簡稱 LAC）勇於突破舊有的脈絡，追尋數位創新（digital innovation）格局，早在 2002 年即開發「加拿大圖像」（Images Canada）網頁，將各界所遺留的珍貴歷史照片建置數位化服務，提供對先民追憶的第一手來源，堪稱對加拿大敘事的集體記憶。（Library and Archives Canada[LAC], 2002）

　　LAC「加拿大圖像」所提供的老照片資源，以歷史圖像深化大眾人文素養，以在地性的主題知識領航閱讀歷史，實現了國家圖書館社教網絡的建置與達成促進民眾便利獲取資訊、知識的使命宗旨。歷史圖像數位典藏資源是區域研究的珍貴史料，「加拿大圖像」所建置的多元化、高便捷數位技術服務能喚起與拓展世人對加拿大共同的視覺記憶與歷史關注，也能整體提昇圖書館數位創新與使用效益，甚值得吾人深入瞭解與探討。

(二)「圖像史料」與「影視史學」

　　由於現今科技設備傳輸的便利性，已改變人與人之間的傳統溝通習慣，圖像已經日漸成為主要的表達媒介方式之一，同時在史學領域興起運用歷史思維解讀圖像脈絡，圖像意象也提供解構歷史內涵。所謂「圖像史料」（image historical material）亦可稱為可視史料或影像史料，主要是指適用於歷史教學與研究的視覺圖像，一般指地圖、圖片等媒介對象。從廣義的角度看圖像史料，可包括珍藏於博物館的大量文物、遺址遺蹟、碑刻、建築、繪畫等實物和攝影照片以及影視片、紀錄片等，能夠提供圖像呈現或傳達某種歷史理念、產生視覺感知的對象。（沈敏華，2005，頁109）相關概念如：「圖片史料」、「實物史料」、「非文字史料」、「影視史料」等。（張健，2009）

　　隨著新史學（new history）的研究浪潮，出現了所謂動態的史料，即是對影視史料的運用。1988年美國歷史學家海登・懷特（Hayden White）在其發表的〈書寫史學與影視史學〉一文中，首創提出「影視史學」（historiophoty）一詞，是要區別與「書寫史學」（historiography）的差異。懷特將「影視史學」定義為：「以視覺影像和影片的論述，來傳達（reprensent）歷史以及我們對歷史的見解」，以別於「以口傳的意象與書寫的話語論述所傳達的歷史」的書寫史學。（White, 1988, p.1193，轉引自吳紫陽，2001，頁49）

　　國內歷史學者周樑楷（1999）則將懷特「影視」的範圍解釋為「影像視覺」，對影視史學所涵蓋的事物加以擴大，也增補其所代表的內涵，提出影視史學可包括兩方面：（一）以靜態的或動態的圖像、符號，傳達人們對於過去事實的認知，例如：上古時期的岩畫、歷代的靜態圖像，以及當代的攝影、電影、電視和數位化多媒體資料；（二）探討分析影視歷史文本的思維方式或知識理論，且進一步提到，影視史學無法將歷史事實完全呈現出來，也無法取代書寫歷史；但是，它是對歷史的一種新的解讀方式，同時也比書寫歷史更能呈現某些歷史現象。（周樑楷，1996，頁8-21；1999，頁447）

(三) 研究目的與研究方法

1. 研究目的

　　本研究除了首先綜述 LAC 設立歷程、服務與職責外，本文內容主要探究 LAC 「加拿大圖像」檔案數位創新服務機制與內涵。具體而言，本研究目的有以下五點：

　　(1)探討「加拿大圖像」協作機構。
　　(2)探討「加拿大圖像」主題式服務。
　　(3)探討「加拿大圖像」專文式服務。
　　(4)探討「加拿大圖像」加值利用、版權聲明與教學資源。
　　(5)探討「加拿大圖像」網路社群媒體之應用建置。

2. 研究方法與限制

　　本研究方法主要以文獻探討法（literature review）為主，針對所蒐集的中英文獻、網頁資源等進行整理、組織歸納與論述分析，以及藉由顯示部分網頁畫面功能，陳述本研究論題內涵，依據研究目的，直接取材該網頁為首要資料來源，對「加拿大圖像」資源與服務和歷史圖像數位創新服務內涵做全面性、客觀性、系統性的特色與內容分析，最後提出幾項結論，希冀提供各類型圖書館與相關各界在建置圖書館圖像數位服務網站時架構與內涵之借鏡與參酌。

　　本研究範圍只限於題目所擬訂的「加拿大圖像」之國家歷史圖像數位服務為主，圍於時間、空間等限制因素，未能親臨現場作更進一步的實地考察或調查訪談，以便提供更完整詳盡的服務實施情況。又限於篇幅、人力、時間，也未能列舉世界上其他同樣架構歷史圖像數位服務網頁的國家，以作為本研究內容主體的比較對象，或為改善相關作業之參考。

二、 LAC 整合歷程與服務綜述

　　加拿大是世界上僅次於俄國的第二大國,其版圖東西跨越六個時區,從地理位置上劃分,包括南部的十個省及北部的三個地區。加拿大政府為聯邦制,定期選舉三級政府,即:聯邦政府(federal government)、省和北方領地政府(provincial and territorial governments)、市政府(municipal government)。加拿大的官方語言為英語和法語,大多數母語為法語的居民集中在魁北克省。加拿大人口總數接近3,300 萬,為一多元文化的移民國家,其中約 44%為英國人後裔,25%為法國人後裔,中國人和印度人後裔各占 4%和 1%。(Canada, 2003)根據聯合國開發計劃署(The United Nations Development Programme,簡稱 UNDP)基於教育質量、國民收入、生活水準與健康狀況等方面的綜合評比,加拿大曾多次被聯合國評為人類發展指數(Human Development Index,簡稱 HDI)極高的國家之一,為世界上最適合人類居住的國家之一。(人類發展指數,2014)

　　加拿大得天獨厚擁有豐碩的天然資源,為科技發達與工業現代化的國家。但由於資源分布不均的因素,產生各地區經濟發展的不平衡現象,而加拿大圖書館事業的進展,也因此深受經濟、政治、地理、人口與歷史等因素所牽動。(莊道明,1994,頁 24-25)

　　根據 1953 年 1 月 1 日生效的「加拿大國家圖書館法」(National Library Act),正式成立「加拿大國家圖書館」(National Library of Canada,簡稱 NLC)。加拿大共有兩個國家圖書館,另一所為成立於 1974 年的「加拿大科學技術資訊中心」(Canada Institute for Scientific and Technical Information,簡稱 CISTI),以收藏科技及醫學資訊文獻為主。而專門典藏社科、文史哲資源的 NLC,則是合併成立於 1950年的「加拿大書目中心」(Canadian Bibliographic Centre)與擁有 15 個會員的「加拿大國家圖書館評議會」(National Library Advisory Council)所共同組成。(莊道明,1994,頁 25、28)

電腦網路技術帶動數位化虛擬館藏概念的發展，興起非營利知識典藏館所整合管理趨勢。由於「加拿大國家圖書館暨檔案館產生法」（Legislation Creating Library and Archives Canada Proclaimed）新法案的誕生，2004 年 5 月 21 日 NLC 與「加拿大國家檔案館」（National Archives of Canada，簡稱 NAC）直接合併，正式命名為「加拿大國家圖書館暨檔案館」。（World eBook Library, 2015）

整合理論（integration theory）或譯為統合理論、融合理論，原是 1950 年代當時西方系統性社會科學界為了研究區域整合而建構的理論體系。（吳新興，2001，頁 45）藉互補互賴整合原有資源與期待獲得更大資源，以維繫存在與競爭優勢，當是知識管理之組織綜效（organizational synergy）與組織價值（organizational value）的雙贏願景。杜拉克（Peter F. Drucker, 1909-2005）亦認為管理最特殊的功能就是整合所有資源，以獲得組織外部的績效。（杜拉克，1999／劉毓玲譯，頁 50）在國際間將圖書館與檔案館兩種不同類型的知識機構家族整合為一個機關，加拿大此例可稱為樹立了創新典範。

LAC 隸屬於加拿大聯邦政府資產部（Department of Canadian Heritage）之下，是該部五個直屬部會層級單位之一，其地位等同於政府的一個部門，直接向議會負責。整併後的 LAC 是直接整合原有兩館的所有資源，包括館藏、服務與人員。根據現今「加拿大國家圖書館暨檔案館法」（Library and Archives of Canada Act）內容，LAC 擔負的主要職責範圍，可歸納為以下四項指標範疇：

(1)為今後世代設想，保存加拿大文獻資產。
(2)提供持續性知識來源，並方便所有人查閱，以貢獻於促進加拿大的文化、社會和經濟發展。
(3)促進加拿大相關社群在知識徵集、保存、傳播過程中的合作關係。
(4)擔負起加拿大政府與其組織永續性記憶（continuing memory）的角色。（LAC, 2006）。

為履行國家法令所賦予該館的任務與實現願景，LAC 成立了包括組織管理、資訊技術服務、政府資訊管理、文獻資產館藏、計畫方案及服務、策略計劃與公

共關係等部門，以提供知識管理與多元化服務，相關服務工作或開發設施項目，如有：書刊資料（含數位出版品）送繳制度、參考資訊服務、發展整體性書目資訊檢索服務系統、書刊交換、多語文書目服務、編製加拿大國家書目（Canadian National Catalogue）、加拿大論文目錄（Canadian Theses）和聯合目錄、資訊維護及文化活動服務等，其中也包括建置「加拿大圖像」網站服務。（LAC, 2012）

三、 「加拿大圖像」協作機構

　　LAC 收集與保存加拿大的文獻資產，以利所有加拿大人容易獲取使用，這些資產包括出版品、歷史檔案、錄音和視聽資料、圖像照片、藝術品和電子資源（如網站）等，以履行擔負身為國家圖書館之職責任務。LAC 並密切地與其他檔案館或圖書館合作，以儘可能廣泛地獲取和分享這些文獻資產。

　　保存加拿大文獻資產是 LAC 身為國家級圖書館責無旁貸的天職，其中「加拿大圖像」提供對成千上萬種存在於參與「加拿大文化機構」（Canadian Cultural Institutions）網站圖像的主要搜尋及取用。透過「加拿大圖像」可探索由加拿大人事地物所構成加拿大集體遺產（collective heritage）的記憶圖像。（Images Canada, 2002a）

　　LAC 歡迎並鼓勵所有加拿大人與非加拿大人兩者都能參與建構加拿大故事。LAC 認為，每個人都有可訴說的故事記憶，且每個人對故事內涵都具有獨特的觀點，希望加拿大的文獻資產影響力，能觸及世界各地的人們。

　　「加拿大圖像」得以開發主要來自於許多個人和組織慷慨支持為後盾。在第一期開創性工作的合作夥伴主要由以下五個機構協作組成：

(1)加拿大科技博物館（Canada Science and Technology Museum）。

(2)加拿大自然資源部地球科學資訊中心（Earth Sciences Information Centre, Natural Resources Canada）。

(3)格倫鮑圖書館暨檔案館（Glenbow Library and Archives）。

(4)加拿大國家圖書館暨檔案館（Library and Archives Canada）。

(5)多倫多公共圖書館（Toronto Public Library）。

目前「加拿大圖像」主辦單位是 LAC，建置經費挹注得自於「加拿大線上文化資訊資助計畫」（Canadian Cultural Online Funding Program，簡稱 CCO）。CCO 隸屬於加拿大政府文化事務署（Cultural Affairs Sector），是實際提供加拿大各項數位化計畫經費補助的單位之一。「加拿大圖像」建置開發時，也自獲獎網站「澳洲圖像數位圖書館」（PictureAustralia）經驗中獲益良多。PictureAustralia 是全澳洲最大的美術作品資料庫，目前已納入澳洲國家圖書館（National Library of Australia)於 2009 年 12 月推出的一個免費搜尋引擎 Trove 有關澳洲文化館藏電子資源共用系統內。（Images Canada, 2002b）

「加拿大圖像」收錄來自加拿大全國各地引人入勝的圖像，內容涵蓋的時間大約從 18 世紀末至 1990 年代後期，總共超過 65,000 種索引圖像，陸續還會推出更多項目。網頁除了英文版，也提供法文版，以利法語使用者之需。LAC 希望提供一個單一窗口，讓加拿大人能在線上搜尋找到，並享受由全國圖書館、博物館與檔案館聯合提供有關「加拿大」的圖像，包括照片、插圖、漫畫等等內含豐富有趣的歷史畫面或具有故事性的題材。

「加拿大圖像」草創初期，主要得自以上五個機構之通力挹注館藏資源，第二期計畫則有更多合作夥伴加入，共計有以下十個單位伙伴的加入：

(1)亞伯達省檔案資料庫：Alberta InSight（Alberta InSight）。

(2)加拿大航空博物館（Canada Aviation Museum）。

(3)卡爾加里市企業團體記錄與檔案（City of Calgary, Corporate Records, Archives）。

(4)哈爾頓區圖像（Halton Images）。

(5)尼亞加拉瀑布城公共圖書館（Niagara Falls Public Library）。

(6)新斯科細亞省博物館（Nova Scotia Museum）。

(7)西門菲沙大學圖書館（Simon Fraser University Library）。

(8)亞歷山大格爾夫爵博物館暨檔案館（Sir Alexander Galt Museum & Archives）。

(9)新伯倫瑞克大學圖書館（University of New Brunswick Libraries）。

(10)多倫多大學圖書館（University of Toronto Library）。

　　第二期計畫其他增強功能規劃包括照片散文（photo essays）的提供，和預先選定的檢索策略（pre-selected search strategies）開發，以讓使用者可透過從資料庫基於主題選擇性（subject-based selections）進行瀏覽。（Images Canada, 2002c）

四、「加拿大圖像」數位創新服務內涵

(一) 建構「圖像路徑」（Image Trails）主題式服務

　　「加拿大圖像」網頁之「圖像路徑」功能是針對特殊的主題或專題，預先選定的檢索（pre-selected searches），大約產生 50 種至 150 種之間圖像檢索結果。當使用者點選「圖像路徑」功能，將可陳列展現所選擇相關主題的藏品圖像，藏品來自於「加拿大圖像」所有合作夥伴機構。

　　在「圖像路徑」首頁陳列的主題主要包括：「哈利法克斯」（Halifax）、「因努伊特人」（Inuit）、「多倫多」（Toronto）、「原住民」（First Nations）、「冬季運動」（Winter Sports）、「拓荒者生活」（Pioneer Life）、「卡爾加里牛仔節」（Calgary Stampede）、「植物群」（Flora）、「曲棍球」（Hockey）、「戰爭中的加拿大」（Canada at War）、「釣魚」（Gone Fishing）、「打獵」（Gone Hunting）、「野生生物」（Wildlife）、「北極」（Arctic）、「火車」（Trains）、「飛機」（Planes）、「汽車」（Automobiles）、「划槳」（Gone Paddling）、「船舶」（Ships）等 19 大類專題（參見圖 4-1）。（Images Canada, 2004b）

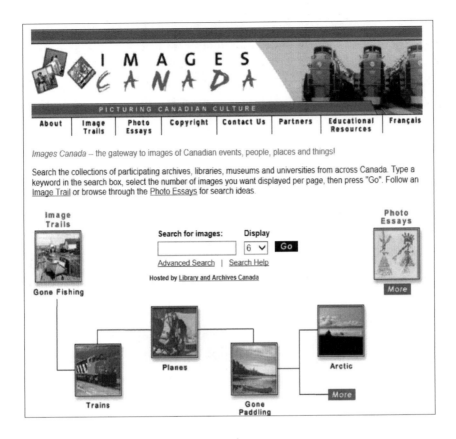

圖 4-1　「加拿大圖像」之「圖像路徑」（image trails）功能服務平台

資料來源：Images Canada. *Image trails*. Retrieved Jan. 1, 2015, from
　　　　　http://www.imagescanada.ca/009005-205-e.html?PHPSESSID=r6npn062lis9oro69u4desl
　　　　　qu7

　　每一可供點選的主題詞目下，皆有摘要式簡短說明，可提供使用者瞭解該主題大致涵蓋內容。進一步點選某一主題的縮圖，則呈現出該主題圖像種數、及各張縮圖與圖像題名（title）。茲以主題詞目、主題內容、圖像種數，再加上作者依《中文圖書分類法》（2007 年版）十大類作主題分類，（中文圖書分類法 2007 年版修訂委員會，2007）如表 4-1 所示。

表 4-1　「加拿大圖像」主題內容分析表

圖像主題分類	圖像主題詞目	圖像主題內容摘述	圖像主題內容	圖像種數
史地類	哈利法克斯（Halifax）	提供哈利法克斯市和達特茅斯（Dartmouth）具有代表性或歷史性的建築物、公園或街景。	瀏覽哈利法克斯市和達特茅斯標誌性建築的歷史插圖、明信片和照片，如：城堡山（Citadel Hill）、巴林頓街（Barrington Street）、嘉蘭街（Granville Street）、快樂點公園（Point Pleasant Park）、公共花園（Public Gardens）、歷史悠久的教堂、酒店和公共建築等。	147
社會科學類	因努伊特人（Inuit）	提供因紐特人在加拿大北境生活和工作的原始文化樣貌。	透過因紐特人在加拿大北邊地區生活和工作的圖像，體驗該民族的原始文化。	146
史地類	多倫多（Toronto）	提供瀏覽多倫多當地著名的一些早期的教堂、圖書館、大學和公共建築等。	參觀多倫多早期的教堂、圖書館、大學和公共建築，如：紐約砲臺（Fort York）、市政廳（City Hall）、海關大樓（Customs House）、奧斯古德大廈（Osgoode Hall）、多倫多公共圖書館（Toronto Public Library）、議會大廈（Parliament Building）和政府大樓（Government House），因這些建築古蹟促使多倫多揚名於世。	119
社會科學類	原住民（First Nations）	提供來自於加拿大不同區域的原住民風貌。	該主題路徑突顯出加拿大原住民來自於加拿大廣袤土地上不同區域的圖像。	151

圖像主題分類	圖像主題詞目	圖像主題內容摘述	圖像主題內容	圖像種數
藝術類	冬季運動（Winter Sports）	提供加拿大人在漫漫長冬於雪地和冰地上所從事的一些運動或休閒活動。	需要渡過漫漫長冬的加拿大人喜歡的運動，如：曲棍球（hockey）、溜冰（skating）、滑雪（skiing）、踏雪（snowshoeing）和雪橇運動（tobogganing）等。這些歷史圖像呈現出加拿大人在雪地和冰地上遊戲的寒冬足跡。	103
社會科學類	拓荒者生活（Pioneer Life）	提供拓荒者開發加拿大地區的早期生活圖像。	通過圖像照片和說明，體驗拓荒者經歷可怕的磨難和克服重重困難以開發加拿大地區的早期生活。	150
藝術類	卡爾加里牛仔節（Calgary Stampede）	提供加拿大著名的卡爾加里牛仔節熱鬧景象與原住民在印第安村落（Indian village）的風情。	以野生賽馬（wild horse racing）、騎野馬（bronco ridin）和套小牛（calf roping）等活動為主要特色圖像。體驗在加拿大首屈一指的卡爾加里牛仔節熱鬧景象外，也可遇見原住民在印第安村落的風貌。	150
自然科學類	植物群（Flora）	提供無論是野生或人工栽植的加拿大當地的植物群相。	無論是在森林野生或在人工花園經過被精心培育的種種花朵，照亮了加拿大的風情。沿著這些花卉圖像踪跡，可見加拿大豐富多彩的植物群。	149
藝術類	曲棍球（Hockey）	提供加拿大人所從事的曲棍球運動。	無論是來自小城鎮的溜冰場或大城市的舞臺，這些圖像描繪了在加拿大曲棍球這項運動的心臟和靈魂。	109

圖像主題分類	圖像主題詞目	圖像主題內容摘述	圖像主題內容	圖像種數
史地類	戰爭中的加拿大（Canada at War）	提供加拿大近代一些戰爭史。	戰爭史圖像採集點亮了加拿大人在戰火中的勇氣和犧牲，包括南非戰爭（South African War）、第一次世界大戰（First World War）、第二次世界大戰（Second World War）和朝鮮戰爭（Korean War）等。	0（目前未放置圖像）
藝術類	釣魚（Gone Fishing）	提供加拿大人所從事釣魚活動或魚類圖像。	驚人的鮭魚（salmon）、巨大金槍魚（tuna）、鱒魚（trout）以及和釣魚相關的漫畫或其他照片，反映出加拿大人為了謀生，或只是為了運動而去釣魚的種種圖像。	154
藝術類	打獵（Gone Hunting）	提供加拿大人所從事狩獵活動或獵物圖像。	圖像和藝術作品可觀看加拿大男女老幼大大小小的狩獵比賽，以及各種水禽圖像。	110
自然科學類	野生生物（Wildlife）	提供加拿大當地的野生動物群相。	透過加拿大動物群圖像和說明，例如包括：熊、山綿羊、鹿、野牛、海象、馴鹿和麋鹿，可以瞭解更多加拿大野生動物的踪跡。	108
史地類	北極（Arctic）	提供加拿大北極地區的民情和景觀。	按照北極踪跡圖像，可以增益全新視角，觀賞加拿大北部的民情和景觀。	82
社會科學類	火車（Trains）	提供穿越加拿大各地山海的火車相關群相。	鐵路和火車的功能在加拿大發揮了重要的凝聚作用。該主題路徑的特點與功能顯示出來自不同的加	146

圖像主題分類	圖像主題詞目	圖像主題內容摘述	圖像主題內容	圖像種數
			拿大鐵路公司機組人員和火車頭的圖像。	
社會科學類	飛機（Planes）	提供加拿大航空發展等相關歷史圖像。	加拿大航空發展歷史照片，記錄包括：早期的飛機、機組人員、機場和空難（air crashes）等。	147
社會科學類	汽車（Automobiles）	提供加拿大早期汽車或汽車旅遊等相關圖像。	早期的旅遊圖像顯示出，駕車旅遊往往是要行駛通過加拿大一些甚具挑戰性的地勢。	148
藝術類	划槳(Gone Paddling)	提供加拿大人所從事划船活動或各種舟船圖像。	加拿大人一向享受著水域旅遊，長期以來特別熱衷於獨木舟（canoe）活動，最近則傾向於傳統船隻：皮艇（kayak）這種傳統的駕舟活動。	120
社會科學類	船舶（Ships）	提供加拿大航海風情或各種大型船舶圖像。	由於四周圍環繞著浩翰水域，加拿大擁有悠久的航海傳統。由歷史圖像可一一導航縱帆船、貨輪、渡輪和其他大型船等風情。	108

資料來源：Images Canada. *Image trails*. Retrieved Feb. 20, 2015, from
http://www.imagescanada.ca/009005-205-e.html?PHPSESSID=gc403ehi06rktmmtipa25
aca47

備註：作者彙整。

　　由表 4-1 可解讀出「加拿大圖像」提供的主題式服務，就十大類而言，囊括了自然科學類（2 項）、社會科學類（7 項）、史地類（4 項）、藝術類（6 項），其中，藝術類大致就以業餘消遣之遊藝及休閒活動為主；就合計 2,347 種圖像主題內容解析，可提供關於加拿大近 200 多年來生物史、交通史、民族史、區域史、戰爭史與休閒史之圖像史料，傳達使用者對於加拿大過去歷史事實的認知，以為

全方位研究加拿大影視史學最佳素材來源。

　　再例如點選這些彩色或黑白圖像，有關「原住民」主題詞目縮圖，則呈現出「加拿大圖像」所典藏有關原住民的主題圖像 151 種之內容（參見圖 4-2）。

圖 4-2　「加拿大圖像」有關「原住民」主題圖像服務平台
資料來源：Images Canada. *First nations*. Retrieved Feb. 18, 2015, from
　　　　　　http://www.imagescanada.ca/009005-116-e.php?trail=trail16&PHPSESSID=r6npn062li
　　　　　　s9oro69u4deslqu7

　　各張縮圖下顯示圖像題名，直接點選可查閱原圖，而點選每張縮圖下的「更多資訊」（more information），則可顯示該筆圖像詳細的著錄項目，包括：題名、來源、創作者、主題、簡要內容描述、日期，圖像類型與格式、語文、系統號、涵蓋地區範圍等項目，也提供對這些著錄項目布林檢索（boolean searches）進階組合搜尋服務（參見圖 4-3）。

圖 4-3　「加拿大圖像」圖像著錄內容

資料來源：Images Canada. *More information*. Retrieved Feb. 19, 2015, from
　　　　　http://www.imagescanada.ca/009005-118-e.php?&uid=glenbow-NA-674-17&trail=trail
　　　　　16&sk=2&&PHPSESSID=r6npn062lis9oro69u4deslqu7

　　再進一步點選「瀏覽全幅圖像」（view full size image），則有可「瀏覽詳細圖像」（view detailed image）與「加入購物車」（add to shopping cart）兩種功能選項（參見圖 4-4）。

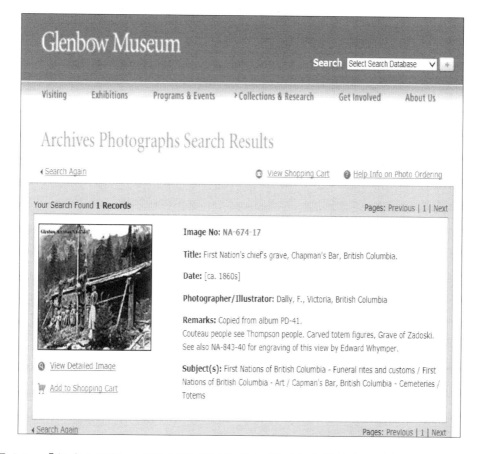

圖 4-4　「加拿大圖像」有關「瀏覽詳細圖像」與「加入購物車」功能服務平台
資料來源：Glenbow Museum. *Archives photographs search results*. Retrieved Feb. 22, 2015, from http://ww2.glenbow.org/search/archivesPhotosResults.aspx?XC=/search/archivesPhotosResults.aspx&TN=IMAGEBAN&AC=QBE_QUERY&RF=WebResults&DL=0&RL=0&NP=255&MF=WPEngMsg.ini&MR=10&QB0=AND&QF0=File+number&QI0=NA-674-17&DF=WebResultsDetails&DF=WebResultsDetails

(二) 建置「圖像專文」（Photo Essays）內容服務，點亮國家圖像藏品內涵

　　「加拿大圖像」之「圖像專文」網頁文字內容，委由檔案專家或歷史學家所撰寫，針對每篇圖像特定主題提供專文式故事性敘述。文字書寫是傳遞想像與思考的具體軌跡，創造視覺圖像與文字書寫兩者融合，不僅有益於擴大使用者的深度與視野，而且更有助於開啟學術研究探討方向。專文可增益圖像內容，以突出顯示「加拿大圖像」協作機構的館藏內涵。該網頁共呈現十則主題圖像專文，包括：

(1)急凍海洋：尋找西北航道（Frozen Ocean: search for the NorthWest Passage）。

(2)1950 年代的卡爾加里（Calgary in the 1950s）。

(3)多倫多：會議的地點（Toronto: a place of meeting）。

(4)加拿大鐵路簡史（Railways in Canada: A brief history）。

(5)J.B.泰瑞爾年表（J.B. Tyrrell chronology）。

(6)慶祝自治領日[註]（加拿大日，2014):1867 至 1917 年（Celebrating Dominion Day 1867-1917）。

(7)黑腳印地安族的故事（Niitoy-yiss: The Blackfoot Tipi）。

(8)邂逅：加拿大原住民早期圖像（Encounters: early images of Canada's aboriginal peoples)

(9)多倫多：鐵路與城市的成長（All aboard Toronto: railways & thegrowth of the city）。

(10)石頭雕刻：米克馬克族岩畫；喬治克蕾德拍攝於 1887 年至 1888 年（Carved in stone: Mi'kmaw petroglyphs recorded by GeorgeCreed,1887-1888）。（Images Canada, 2002e）

[註] 自治領日在 1982 年 10 月 27 日易名為加拿大日，參見：維基百科網頁，「加拿大日」條（http://zh.wikipedia.org/wiki/%E5%8A%A0%E6%8B%BF%E5%A4%A7%E6% 97%A5）。

　　例如提供對以上第三則：「多倫多：會議的地點」的主題專文描述如下（參見圖 4-5）：

　　　多倫多公共圖書館提供的虛擬展覽（virtual exhibition），為慶祝多倫多城市萬年歷史。這些多倫多圖像主要來自於圖書館的特別典藏和一些私人收藏，虛擬展覽共分為：8000 BCE-CE 1805、1791-1839、1840-1899、1900-1945、1946-present 等 5 個時期，即始於西元前 8000 年人類的出現至現代，展現貫穿萬年的多倫多都市風貌。

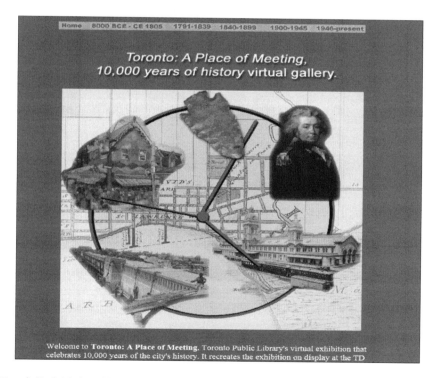

圖 4-5　多倫多城市圖像虛擬展覽內容

資料來源：Toronto Public Library. *Toronto: a place of meeting, 10,000 years of history virtual gallery.* Retrieved Feb. 15, 2015, from http://ve.torontopubliclibrary.ca/TPM/index.html

　　另外，使用者可以透過點選地圖上每一圖像或在導航欄（navigation bar）上的 5 個時段週期來探索多倫多城市歷史。每個時段開始有一回顧歷史簡介，內容是說明該時段形塑多倫多主要趨勢和發展歷史事件的總結。再點選隨附時間軸（timeline），則記錄了該時段的重大事項與介紹相關的圖像圖庫（參見圖 4-6）。

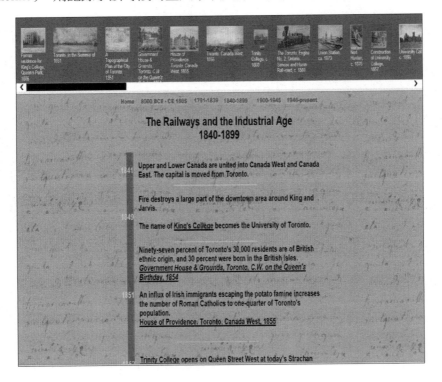

圖 4-6　多倫多城市相關圖像虛擬展覽細部內容
資料來源：Toronto Public Library. *The railways and the industrial age 1840-1899*. Retrieved Feb. 22, 2015, from http://ve.torontopubliclibrary.ca/TPM/frame3.html

　　最後並提供一份學生活動教材，內容包括：尋寶遊戲、地圖比較和寫作作業，尤其適用於 7 年級和 9 年級在地學生學習有關多倫多城市歷史。（Toronto Public Library Images Canada, 2002）

(三) 「加拿大圖像」加值利用與版權聲明

「加拿大圖像」網站上的圖像是原始圖像的低解析度縮圖（low-resolution thumbnails），而原始版本是放置在不同協作機構的網站上。若要獲得高解析度（high resolution）印刷或數位格式的圖像，必須聯繫適當的協作機構，關於這些機構連絡方式，在網頁上都有公開資訊可供參考。

LAC 為了使合作夥伴的藏品能更公開被取用（accessible to the public），並鼓勵使用者基於非商業目的，可以印刷或數位格式進行複製所有的圖像，但不得更改圖像或以任何方式作另外處理。用於非商業目的可包括：教育使用、個人使用、私人學習、參考資源或學術研究。但不可以印刷或數位格式進行複製所有的圖像用於商業目的，除非獲得原協作機構的書面允諾（written permission）。

LAC 在網頁聲明，使用者在複製所有圖像時，應顯示一組包含「加拿大圖像」協作機構出處和唯一的圖像 ID 號碼這樣必要的資訊，作為照片署名（credit line），以示對智慧財產權的尊重。「加拿大圖像」圖片智財權保護署名內容包括：原典藏機構名稱、網址與圖像系統號等，範例如下：

© Canada Aviation Museum. Image # 21719. Reproduced with permission from the Canada Aviation Museum website (www.aviation.technomuses.ca). （Images Canada, 2004a）

(四) 「加拿大圖像」教學資源

原始資料（primary sources）的利用訓練，可引導學生如何粹取和解讀資訊，在學習過程中可鍛煉與提高學習者思維能力，所以學生在幼年時期學習關於原始資料、並學會以適當的方式利用，是相當關鍵。「加拿大圖像」在網頁單元另闢相關教學課程，讓學生有機會學習利用原始資料，同時也瞭解網頁研究技能。

這個網頁單元主要設計兩個教案（lesson plan）和一個智庫（idea bank），內容是圍繞如何利用「加拿大圖像」這個主要原始資料。其中教案內容包括教育工

作者的詳細指引，例如：學習成果、期望、目標及評估建議標準，與在課堂上使用說明書和工作表。

其中提供的教案範例項目分為兩種：

1. 建置早期加拿大人相簿（適用於 13-15 歲學生）

在這個教案項目，首先要求學生搜尋「加拿大圖像」資料庫有關加拿大人在 19 世紀末至 20 世紀初的生活圖像檔案，學生可選出如：家庭、交通、飲食、休閒、原住民等的主題，再利用收集取得的這些圖像資訊，透過體驗、研究、互動、溝通等學習步驟，來建立早期加拿大地區不同族群的生活描繪相簿。

2. 利用圖像來閱讀歷史編製專題海報（適用於 13-15 歲學生）

在這個教案項目，主要是訓練學生透過「加拿大圖像」資料庫，瞭解有關加拿大人在 19 世紀末至 20 世紀初的各個方面生活情境，再利用所探索得到的資訊編製成專題海報，並在課堂上與同儕分享。

另外利用「加拿大圖像」網站，包括課外活動和寫作計畫的智庫發想，按照各年齡層組別進行，如：生活方式探索、角色扮演、複製場景等方向來規劃課程。

最後，同時教育學生引用「加拿大圖像」網站時，必須適當標註圖像照片署名，以貫徹扎根教育對智慧財產權的尊重精神。（Images Canada, 2002d）

(五) 網路社群媒體之應用建置

Web 2.0 線上介面的興起，讓使用者能夠透過豐富的互動式網路環境分享資訊。在此資訊社會發展下，社群功能豐富的網路相簿 Flickr 便應運而生。一般認為 Flickr 是 Web 2.0 應用方式的絕佳方案，由於 Flickr 這一機制的成功，越來越多的網站開始建立屬於自己的線上相簿以獲取流量，透過 Flickr 社群分享串聯每個感動時刻。Flickr 是全球最大攝影社群，包含了數十億張美麗照片，而且照片量成長速度相當驚人。Flickr 擁有活躍群組與來自世界各地的攝影師加入其中交流與學習，透過別人的眼睛看世界，並以照片分享故事。（Yahoo!, 2014）

圖像資訊所表達的意涵不單僅是物件本身，絕大部分是來自物件本身的屬性。Flickr 網頁具有標籤（tags）功能，能讓使用者可自行定義該圖像屬性的關鍵

字（keyword），並透過叢集（clusters）分類技術，讓搜尋結果圖像能夠更符合使用者的需求，也實現了資源共享機制。（林宸均，年代未詳）

　　所謂「標籤」，也就是關鍵字或索引詞彙（index term），其本質是指由使用者共同為各種資源進行標記（user tagging）。（卜小蝶，2006）換言之，即由使用者個人來進行編製索引（user indexing），進而集結成共同索引的機制。而一般使用者為了使個人化的相簿或網站曝光率提高，標記的數量也就越多，當然標記的關鍵詞也要越精準越能正中其他使用者的需求，網站的瀏覽率相對也就提高，間接實現了資訊分享。（林宸均，年代未詳）

　　為利用網路社群傳播分享連結機制，增加國家歷史圖像的能見度，進而實踐圖像閱讀分享，以應用於社群、生活及學習的多元理念，自 2008 年 7 月以來，LAC 也挑選一些有關於加拿大文獻資產的數位圖像，提供上傳到 Flickr；截至目前為止，提供到 118 個相簿，共 3,509 張圖像（參見圖 4-7），且圖像數量持續不斷增加中。

圖 4-7　LAC 上傳 Flickr 網路相簿部分內容
資料來源：Flickr. *BiblioArchives / LibraryArchives*. Retrieved Feb. 15, 2015, from
　　　　　https://www.flickr.com/photos/lac-bac/sets/72157647002392007/

LAC 不定期所上傳 Flickr 每一主題圖像，會透過 LAC 部落格（Library and Archives Canada Blog）與 LAC 官網新聞網，發佈最新相關訊息，以週知使用者瀏覽利用。（LAC Blog, 2015; LAC, 2015）上傳 Flickr 計畫的目標，是要探索新的方法來提高獲取資訊，並增加網路社群與加拿大文獻資產的互動，以社交媒體共享社群（social media-sharing communities），提供加拿大人溝通與脈絡化加拿大集體歷史（collective history）。（Flickr, 2015）

五、 結論

科技發展快速，當今每個人想拍一張極富吸引力的照片已非難事，而當照片圖像結合商業色彩後，不在話下，圖像行銷與圖像經濟的年代已崛起。相較於有聲，無聲的圖像有時反而能帶給人們更多的想像與敘事。LAC 數位創新「加拿大圖像」，活化國家圖像檔案，演繹先民歷史，提倡以人為本，重視使用者應用體驗，相關建置成果經驗值得借鏡。本文研究結論如下：

(一)「加拿大圖像」之建置，主要得自於協作機構資源整合

「加拿大圖像」得以開發，主要來自於許多個人和組織慷慨支持為後盾，並由博物館、資訊中心、圖書館暨檔案館甚或資料庫檔案等 15 個伙伴攜手合作組成，建置經費得自於政府挹注。最後，由 LAC 提供有關包括照片、插圖、漫畫等內含有趣的歷史畫面或具有故事性題材的加拿大圖像網路單一數位服務窗口，目前總共提供超過 65,000 種索引圖像，內容涵蓋的時間大約從 18 世紀末至 1990 年代後期。

(二)「加拿大圖像」提供主題式服務平台模式，可提昇各類數位圖像曝光率的價值

「加拿大圖像」網頁之「圖像路徑」功能，主要針對特殊的主題或專題，預

先選定的檢索共有 19 大類主題，每類主題大約陳列展現 50 至 150 種之間藏品圖像檢索結果。每一主題詞目下皆有摘要式簡短說明，可提供使用者瞭解該主題大致涵概內容。此功能類聚在地圖像資源訊息，讓使用者能更深入地瞭解數位圖像典藏作品之間的相關知識，進而可建構出不同領域、不同文化、不同時空的知識物件相互通連的知識網路，引領使用者便利探索主題性歷史圖像。

(三)「加拿大圖像」提供專文式服務平台模式，增益圖像內容意涵

經過掃描與編目作業程序，「加拿大圖像」已建置網內圖像的完整書目紀錄內容資訊，其中也包括主題與簡要內容描述，進而完全公開圖像詳細的著錄項目，並提供使用者檢索搜尋與下載書目服務。尤有進者另闢網頁，呈現 10 大主題性圖像專文。文情並茂的敘述可增益圖像檔案內涵外，更突顯「加拿大圖像」各協作機構的館藏內涵，能擴展使用者的視閱蘊意，更深入地瞭解數位圖像典藏作品內涵與相關知識，以開啟新知識探索樞紐，也是影視史學學術研究與教學應用發想的最佳素材來源。

(四)「加拿大圖像」建構加值利用與版權聲明運作機制

圖像資訊內容形式的多樣性，往往具有多重學科的特性，而圖像資訊內涵的詮釋空間也較為寬廣。所以「加拿大圖像」十分鼓勵相關各界能利用該網內圖像資源，以印刷或數位格式進行複製，公開取用作為個人或機構教育學習或學術研究等非商業目的參考來源。而若須進行商業行為的國家圖像加值利用，則必須取得原典藏機構的授權。使用者進行這些加值利用數位資源、複製所有圖像時，顯示圖像原藏機構的聲明是必要的，以示對智慧財產權的尊重。

(五)「加拿大圖像」提供數位教學內容，落實國家歷史圖像扎根教育

「加拿大圖像」就所典藏之特色主題國家圖像檔案，選擇合適題材進行編輯加值，設計教案與智庫發想，建立新穎的影視史學數位學習課程模式，內容是圍繞如何利用國家歷史圖像原始資料，提供適用於 13 至 15 歲學生之教學資源素材，

期藉由教師授課過程與學生實作互動，讓學生能接觸國家數位圖像，由瞭解、詮釋、活用與翻轉國家圖像檔案價值及功能，深化學生檔案利用知能與激發其國家歷史意識。

(六)「加拿大圖像」建置 Web 2.0 網路社群媒體服務，增益資訊互動分享服務

Library 2.0 或是 Lib 2.0 核心精神，相應於 Web 2.0 的概念，強調在於以使用者為中心雙向互動的無縫式資訊分享與參與，以及累積豐富的使用者經驗，讓使用者可將個人所偏好的圖像主題或其他資訊，連結到個人所熟悉的書籤共享網站、推文服務網頁、標籤服務、轉寄與收藏服務，或 RSS 頻道訂閱服務，以個人化和共享互動機制傳播圖像資源訊息，及建立凝聚圖像主題資源虛擬興趣社群功能。

自 2008 年 7 月以來，LAC 也挑選一些有關於加拿大的數位圖像，提供上傳到 Flickr 網路相簿，建置與應用網路社群媒體，透過圖像網頁超連結功能與建置 Web 2.0 服務，擴大與強化圖像主題服務，進一步提供融入網路時代大眾資訊互動生活模式的無縫式資訊需求服務，促進全世界對於加拿大永續性記憶的新思維。

六、 建議

另本文提供建議如下：

(一)「加拿大圖像」之建置，建議可擴大合作對象與徵集範圍

「加拿大圖像」主要得自於 15 個協作伙伴的資源整合，早在 2002 年即開發建置，至今呈現在網頁已超過 13 年，自有其優勢。在現有成果基礎上，建議可持續進行擴大合作對象與範圍，以徵集更多關於加拿大集體記憶的面向與深度，以作為深化開發後續各項服務之基礎。

(二) 持續深化開發各類主題圖像資源服務

　　線上主題資源服務，可推廣圖像館藏資源直接獲取率與可取得性，讓使用者可及時瀏覽、觀賞，甚或擷取所需資訊，以滿足使用者的資訊需求，並可活化與翻轉網站高效能。「加拿大圖像」應不以已建置的 19 大類主題為限，建議持續深化開發具層次、有創意並契合社會脈動的圖像主題資源服務。

(三) 持續提供更具多元樣態專文內容圖像數位服務

　　「加拿大圖像」除了現行已建置的 10 大主題性圖像專文外，建議持續延攬文史或檔案學專家，運用歷史思維，解讀圖像脈絡，發現圖像意象，解構圖像史意，以更具多元樣態主題內涵，提供對加拿大集體記憶的詮釋，讓全民甚或世人透過圖文影視解讀，有機會更加深度閱讀加拿大之過往與風華。

(四) 建構更加多元適齡數位學習教材

　　為提倡普及對國家歷史記憶數位學習之全民教育，與落實國家歷史圖像扎根教學，「加拿大圖像」除了已具有適用於 13 至 15 歲學生的教學資源，應可發展與提供更多元、更適齡、更適性的數位學習方案，以便利各界取材利用於培養學生歷史思考，或建構全民對多元面向觀點的國家歷史認知。

(五) 善用數位媒介新工具，擴大與強化數位服務機制

　　除了 Flickr 網路相簿服務功能外，「加拿大圖像」可建置其他連結社交媒體（social media）功能，如：Facebook、twitter 推文服務、Blogger 微網誌和圖像 App 等，以建立資訊使用者撰寫、分享、討論、評價與互動溝通平台，或提供 RSS 閱讀軟體訂閱機制，以主動傳播相關新訊息。甚或可結合 Google 公司的網路電子地圖（Google Maps）功能，以地理編碼圖像好用性的操作介面，類聚在地空間訊息，引領使用者更加便利探索歷史圖像，且可藉由這個平台與全球展開交流與分享機制。

(六) 呼籲結合政府與民間資源，為整合型「臺灣圖像」（Images Taiwan） 催生

　　為效法「加拿大圖像」國家歷史圖像數位服務多樣多元功能，呼籲相關單位早日有效結合政府與民間各界資源，如：文化部國家文化資料庫之「老照片檔案資源整合查詢平台」、國立藝術學院傳統藝術研究中心、科技藝術研究中心、中央研究院計算中心、資訊科學研究所合作下之「老照片數位博物館」、國家圖書館之「臺灣記憶系統」、高雄市歷史博物館之「高雄老照片」等等，鼓吹整合型態之「臺灣圖像」早日在語意網環境時代下誕生，以圖像會說故事，以知識取代資訊，加速創新，重新為臺灣歷史下定義，引領豐富臺灣更多元的文化生命力，讓臺灣活出世人記憶。

參考文獻

卜小蝶（2003）。網路圖像檢索需求初探。*國家圖書館館刊*，92（1），141-154。

卜小蝶（2006）。淺談社會性標記之意涵與應用。在淡江大學圖書館編，*Web2.0 與圖書館學術研討會論文集*。臺北縣：淡江大學。上網日期：2015 年 2 月 8 日，檢自 http://www.lib.tku.edu.tw/libintro/pub/web20&lib_semina/social_tag_ft.pdf

人類發展指數（2014，9 月 28 日）。在*維基百科*。上網日期：2015 年 2 月 12 日，檢自 http://zh.wikipedia.org/wiki/%E4%BA%BA%E7%B1%BB%E5%8F%91%E5%B1%95%E6%8C%87%E6%95%B0

中文圖書分類法 2007 年版修訂委員會（2007）。*中文圖書分類法. 2007 年版,類表編*。上網日期：2015 年 1 月 22 日，檢自 http://catweb.ncl.edu.tw/portal_e3_cnt_page.php?button_num=e3&folder_id=183&cnt_id=535&sn_judge=1

加拿大日（2014，12 月 30 日）。在*維基百科*。上網日期：2015 年 2 月 22 日，檢自 http://zh.wikipedia.org/wiki/%E5%8A%A0%E6%8B%BF%E5%A4%A7%E6%97%A5

沈敏華（2005）。歷史教學中的圖像史料及其運用。*歷史教學問題*，5，109-111。

杜拉克（Drucker, P. F.）（2005）。*典範移轉：杜拉克看未來管理*（第二版）（*Management challenges for the 21st century*，劉毓玲譯）。臺北市：天下遠見。（原作 1999 年出版）

吳新興（2001）。整合理論：一些概念性的分析。*中國事務*，5，41-55。

吳紫陽（2001）。影視史學的思考。*史學史研究*，4，49-55。

林宸均（年代未詳）。*網路使用者圖像標記行為初探：以 Flickr 圖像標籤為例*。上網日期：2015 年 2 月 19 日，檢自 http://www.nhu.edu.tw/~society/e-j/86/30.htm

拓展臺灣數位典藏計畫（2009）。*照片數位化工作流程指南*。上網日期：2015 年 2 月 8 日，檢自 http://content.teldap.tw/index/?p=993&page=2

周樑楷（1996）。影視史學與歷史思維：以「青少年次文化中的歷史圖像」為教學實例。*當代*，118，8-21。

周樑楷（1999）。影視史學：理論基礎及課程主旨的反思。*臺大歷史學報*，23，445-470。

陳慧珍、卜小蝶（2008）。網路圖像檢索之相關判斷初探。*大學圖書館*，12（2），153-170。

張健（2009）。*圖像史料在歷史教學中的意義和運用*。未出版之碩士論文，華東師範大學碩士論文，上海市。上網日期：2015 年 2 月 20 日，檢自 http://www.docin.com/p-428204199.html

莊道明（1994）。加拿大兩大國家圖書館的發展與挑戰：加拿大國家圖書館（National Library of Canada）與加拿大科學技術資訊中心（Canada Institute for Scientific and Technical Information）。*國立中央圖書館臺灣分館館刊，1*（2），24-37。

Besser, H. (1990). Visual access to visual images: the UC Berkeley image database project. *Library Trends, 38* (4), 787-798.

Canada. (2003). In *Funk & Wagnalls New World Encyclopedia*. Retrieved August 3, 2014, from http://web.ebscohost.com/ehost/ detail?vid=4&hid=108&sid=d59b33a4-c911-4803-a2c0-570c2ae229ca%40sessionmgr113&bdata=Jmxhbmc9emgtdHcmc2l0ZT1laG9zdC1saXZl#db=funk&AN=CA024000

Flickr. (2015). *BiblioArchives / LibraryArchives*. Retrieved Feb. 19, 2015, from https://www.flickr.com/photos/lac-bac/sets/

Images Canada. (2002a). *About*. Retrieved Jan. 3, 2015, from http://www.imagescanada.ca/009005-220-e.html?PHPSESSID=pimflnhp8kule49dsvrvdi8713

Images Canada. (2002b). *About: acknowledgement*. Retrieved Feb. 2, 2015, from http://www.imagescanada.ca/009005-210-e.html?PHPSESSID=r6npn062lis9oro69u4deslqu7

Images Canada. (2002c). *About: news*. Retrieved Feb. 9, 2015, from http://www.imagescanada.ca/009005-200-e.html?PHPSESSID=r6npn062lis9oro69u4deslqu7

Images Canada. (2002d). *Educational resources*. Retrieved Feb. 18, 2015, from http://www.imagescanada.ca/009005-300-e.html?PHPSESSID=r6npn062lis9oro69u4deslqu7

Images Canada. (2002e). *Photo essays*. Retrieved Feb. 22, 2015, from http://www.imagescanada.ca/009005-205-e.html?PHPSESSID=bsi5js52jss04ge06qrqd8ma83

Images Canada. (2004a). *Copyright*. Retrieved Feb. 20, 2015, from http://www.imagescanada.ca/009005-230-e.html?PHPSESSID=r6npn062lis9oro69u4deslqu7

Images Canada. (2004b). *Image trails*. Retrieved Feb. 19, 2015, from http://www.imagescanada.ca/009005-205-e.html?PHPSESSID=r6npn062lis9oro69u4deslqu7

Library and Archives Canada. (2002). *Images Canada*. Retrieved Jan. 4, 2015, from http://www.imagescanada.ca/index-e.html

Library and Archives Canada. (2006). *About us*. Retrieved Feb. 2, 2015, from http://www.collectionscanada.gc.ca/about-us/012-204-e.html

Library and Archives Canada. (2012). *Library and Archives Canada services*. Retrieved Jan. 4, 2015, from http://www.collectionscanada.gc.ca/contact/index-e.html

Library and Archives Canada. (2015). *News*. Retrieved Jan. 25, 2015, from http://www.bac-lac.gc.ca/eng/news/Pages/default.aspx

Library and Archives Canada Blog. (2015). *Category archives: Flickr*. Retrieved Jan. 24, 2015, from http://thediscoverblog.com/category/flickr/

Toronto Public Library. (2002). *Toronto: a place of meeting,10,000 years of history virtual gallery*. Retrieved Jan. 12, 2015, from http://ve.torontopubliclibrary.ca/TPM/index.html

White, Hayden.(1988). Historiography and historiophoty. *American Historical Review, 93*(5), 1193-1199.

World eBook Library. (2015). *Library and Archives Canada*. Retrieved Feb. 18, 2015, from http://ebook2.worldlibrary.net/articles/Library_and_Archives_Canada

Yahoo! . (2014). *Flickr*. Retrieved Feb. 18, 2015, from http://www.flickr.com

第五章　紐西蘭國家圖書館國家出版資訊網數位服務研究

一、 前言：紐西蘭國家發展與文化特色

　　紐西蘭（New Zealand）位於太平洋西南端，主要由北島（North Island）與南島（South Island）兩大島與其他許多小島所組成的島嶼型國家，相距澳洲大陸約1,600海里。北島多火山和溫泉，南島多湖泊和冰河，其中北島魯阿佩胡火山（Mount Ruapehu）地區千姿百態的奇景，形成世界上罕有且獨特的火山地熱異常氣候帶。紐西蘭是已開發經濟發達的國家，過去20年來，紐西蘭在經濟方面成功地從以農業為主，轉型為具有國際競爭力的工業化自由市場經濟。紐西蘭當地氣候宜人、環境優美、地表景觀富變化，不乏旅遊勝地，致觀光業興盛，為主要外匯收入來源。（New Zealand, 2003）

　　自1840年簽訂「懷唐伊條約」（Treaty of Waitangi）後，紐西蘭成為英國的殖民地，英國的制度與生活方式對該國政府組織、司法制度、社會生活、宗教發展、與教育制度等之結構均有重大的影響。（林春奇，1986，頁3）至1947年，紐西蘭正式成為一個自主國。目前紐西蘭是世界上人口城市化最高的國家之一，其人民生活水準已相當高，在聯合國所發表的人類發展指數（Human Development Index，簡稱HDI）排名，已由2009年第20名，至2010年快速躍升到居於全世界第3名，僅次於挪威和澳洲。（聯合國新聞部聯合國網站事務科，2010）紐西蘭在這一兩年雖屢遭大地震的襲擊，2012年HDI指數仍維持在全世界第6名。（聯

合國開發計劃署，2013）在這一衡量各國社會經濟發展程度的排行榜上，可觀察出紐西蘭人民素質在健康、教育以及基本生活標準方面常足的進展。

紐西蘭人自稱：Kiwi，這也是其國鳥：幾維鳥（Kiwi bird）、又名奇異鳥（學名為鷸鴕）的叫聲。紐西蘭是世界上最年輕的移民國家之一，波里尼西亞（Polynesia）移民約在西元 500 年至 1,300 年間抵達，成為紐西蘭的原住民：即毛利人（Maori）。紐西蘭 400 萬人口中約 15% 是毛利後裔，或是屬於某個部落。毛利族是人口最多的少數民族，紐西蘭法律體系雖以英國法律為基礎，但有針對毛利人設置的特殊土地立法和土地法庭。（New Zealand, 2003）毛利人為當地社會增添了特殊的民族地域氛圍，有著十分豐富與多姿多彩的文化，保留了長久以來他們與精神和自然世界的連結。

紐西蘭的藝術與文化得自於各個種族，產生了結合毛利人、歐洲人、亞洲人和大洋洲人等各民族的特質，紐西蘭的藝術圈也反映了這種融合底蘊。有許多紐西蘭作家將毛利文化與傳說寫進英文文學作品中，如《骨頭人》（*The Bone People*）一書在 1985 年獲得權威的曼布克文學獎（Man Booker Prize，或 Booker Prize，又簡稱 Booker）的肯定，也有作家結合了兩種文化，創造出別具特色的紐西蘭文學，如 *Once Were Warriors* 一書，即以毛利族群為背景的小說，該書並於 2002 年以片名「戰士奇兵」搬上大銀幕。（紐西蘭旅遊局，2013）

二、 紐西蘭圖書館事業與國家圖書館成立願景任務

紐西蘭的教育體系也源於英國的傳統教育體制，全國實行統一的教育制度。紐西蘭的教育被視為世界上最好的教育體制之一，他們通過大學、技術學院和其他教育機構提供高質量教學。近年來大學逐漸發展自己的研究設備，擴充大學部教育，並相對擴展圖書館服務與資源，且擁有現代化的圖書館建築，也有為數不少的專門圖書館，包括學術性社團、商業公司、政府單位所屬圖書館，他們在整個紐西蘭圖書館資源中構成一個重要體系。由於該國為一高度依賴農業發展的國

家，過去當農產品輸出遭遇困難不順時，整個國家的經濟情況就會受影響，同時也就影響到圖書館事業的發展。（鄭肇陞，1983，頁 89）

　　根據 1965 年生效的國家圖書館法（National Library Act），1966 年整合了議會圖書館（General Assembly Library）、亞歷山大特恩布爾圖書館（Alexander Turnbull Library，簡稱 ATL）和國家圖書館服務處（National Library Service），形成了現在位於首都威靈頓（Wellington）的紐西蘭國家圖書館（National Library of New Zealand，簡稱 NLNZ）。因服務對象的不同，1985 年議會圖書館獨立出來成為國會圖書館（Parliamentary Library），以提供國會議員相關資訊服務。（National Library of New Zealand[NLNZ], 2011a）

　　根據 2003 年再頒布的「紐西蘭國家圖書館法」（National Library of New Zealand Act 2003）內容，NLNZ 擔負的主要願景是豐富紐西蘭文化和經濟生活，並與其他國家進行交流，依定義可歸納為以下三項具體範疇，以適當達成身為國家圖書館的目標願景：（Parliamentary Counsel Office, 2013）

(1)徵集、保存與維護文獻，特別是那些關於紐西蘭的文獻，並以與文獻遺產和毛利珍寶（taonga）狀況一致的方式，提供這些國家文獻遺產為所有紐西蘭人可取得與利用。

(2)支援與促進紐西蘭區域內其他圖書館的工作。

(3)與其他具有相似目標的機構一起合作，包括那些國際圖書館社群的組成成員。

　　為履行以上目標，NLNZ 積極扮演起國家圖書館的角色，包括建立與維護政府文獻遺產收藏，這主要是在 ATL 的典藏，包含全面性和紐西蘭與紐西蘭人民有關的文獻；促使方便提供最有利地使用這些國家圖書館典藏和資源；提供資訊資源檢索、及書目和學校服務；海內外館際協同合作與提供圖書館和資訊問題的諮詢服務等任務。（NLNZ, 2011g）

　　NLNZ 在過去一直居於發展國家蒐藏的傳統角色，但在紐西蘭一般圖書館服務方面，特別是「紐西蘭書目網」（New Zealand Bibliographic Network，簡稱 NZBN）的建置，也扮演了重要的角色。（鄭肇陞，1983，頁 89-90）早期 NZBN 建置目標

在於建立紐西蘭完整的全國館藏資料庫、提供紐西蘭出版品的機讀編目記錄的國家機構、與居於書目系統經濟與協調等角色，以促成在國際上、全國性和區域性的書目合作與資源共享。

NLNZ 在 2007 年根據 2003 年「紐西蘭國家圖書館法」所界定的國家圖書館目標與角色，提出「新一代國家圖書館 10 年策略願景：2007 至 2017 年」，以作為 NLNZ 未來營運價值觀、策略面、與經營環境規劃方向。其中首要提出策略重點與支持性關鍵領域，以作為制定和執行 NLNZ 未來 10 年新一代的策略指引，其中策略重點可歸納為以下四項指標範疇：(NLNZ, 2011c)

(1)提供使用紐西蘭數位記憶（digital memory）。
(2)激勵知識創造和經濟轉型（knowledge creation and economic transformation）。
(3)分享關於國家的故事（nation's stories）。
(4)豐富使用者經驗（user experience）。

為配合 10 年策略重點未來發展，NLNZ 所實施推動計畫方案其中包括：提供國家書目的基礎設施，以利有效率與經濟地傳輸書目內容，進而造福所有紐西蘭人民；加強身為國家圖書館研究和發展的能力，特別是在數位化保存、社會性軟體（包括電子郵件、群組軟體、網路遊戲、即時通信、blog 等）、Web2.0、和公民建立的內容等領域上；透過所提供實體與虛擬環境中具創造性、互動性和革新性的學習場所與服務，參與、連結並激發學習者，以支持他們的學習需求、及創造熟練的資訊使用者（information users），並鼓勵和開發閱讀的喜悅；繼續珍視以原貌與透過數位樣式，收集和保存紐西蘭文獻遺產的重要性；啟動新的線上介面，使公民能夠透過豐富的互動式網路環境，創造與獲取他們所選擇的資訊。(NLNZ, 2011c)

三、 紐西蘭國家出版資訊網的建置與內涵

為積極實踐國家圖書館願景任務，配合新時代數位化發展，共享國家數位記

憶，履行徵集有關紐西蘭與紐西蘭人民相關文獻，並實現促使各界方便運用國家出版資訊，以豐富使用者閱讀資源、資訊經驗、與知識創新，NLNZ 於 2008 年 2 月更建置推出「紐西蘭國家出版資訊網」（Publications New Zealand，簡稱 PublicationsNZ），以進一步提供全方位整合式國家型出版資訊數位服務網。（NLNZ, 2011e）（Barnett, 2008）

　　PublicationsNZ 可說是列在國家書目（national bibliography）上有關紐西蘭過去與現行出版品的紀錄，資料庫包含在紐西蘭當地出版的圖書、期刊、錄音資料、音樂、電影、有聲書、地圖和其他材料等書目描述，或收錄在內容上有明顯紐西蘭色彩的出版品，並提供連結到典藏的圖書館單位，以利使用者就近獲取所需資源。

　　所謂國家書目是揭示與報導一個國家在一定時期內出版的所有圖書及其他出版品的目錄，包括報導最近出版品的現行國家書目和反映一定時期內出版品的回溯性國家書目。（張厚生，2000）但國家書目不等同於國家圖書館目錄，國家書目是國家出版文獻的一種紀錄。（IFLA Working Group on Guidelines for National Bibliographies, 2009, p.38）PublicationsNZ 的前身即為「紐西蘭國家書目」（New Zealand National Bibliography，簡稱 NZNB），提供了紐西蘭國內出版活動的記錄，包括從古至今、來自於或有關於紐西蘭出版項目記錄的描述，並反映出該國關於社會、文化和科學等方面努力成果的發展。

　　歸納 PublicationsNZ 所收納的出版品類型資訊可包括：（NLNZ, 2011e）

- 圖書、期刊與雜誌
- 錄音、音樂和有聲讀物
- 影片
- 地圖
- 光碟與其他數位型出版品（electronic publications）

但能被採錄在 PublicationsNZ 網頁的出版資訊必須是：（NLNZ, 2011e）

(1)在紐西蘭境內出版。
(2)或在紐西蘭境外出版，其內容上至少有五分之一是關於紐西蘭。出版品若為

小說，其內容鋪設上應有紐西蘭的情節背景，或者該出版品備載紐西蘭作者或是編輯者。

所謂出版在此被定義為能向大眾提供流通的所有作品，也包括有限性發行（limited distribution）的作品。出生於紐西蘭、未居住在紐西蘭，但從參考來源被公認為紐西蘭人且（或）申明是本國籍，皆可將之視為紐西蘭作家。短暫性居留在紐西蘭從事創作者，只有停留在紐西蘭這段期間的出版品資訊才會被收錄在 PublicationsNZ 網頁內。（NLNZ, 2011e）

四、 紐西蘭國家出版資訊網數位服務功能特色與分析

PublicationsNZ 國家出版資訊網屬於客製化整合型服務，其功能項目包括：整合型多重檢索介面設計；建置國家出版資訊 Web 2.0 個人化服務；提供多元書目欄位選擇的客製化書目服務型態；提供檢索、下載與連結圖書封面影像服務；每月定期提供多元化資料類型、書目紀錄詳實的紐西蘭國家出版書目轉錄服務等，以上國家型出版資訊服務兼備提供英文與毛利文兩種功能選項。進一步綜述 PublicationsNZ 所提供數位化服務功能特色分析如下：

(一) 設計整合型查詢介面，與提供 RSS 訂閱，建置 Web 2.0 服務，並連結實體館藏地，方便讀者檢索查閱與加值利用國家出版資訊

PublicationsNZ 服務系統納於 NLNZ 整合查詢系統（National Library's Find Service）內，透過使用者所鍵入檢索字詞，在題名、作者/創作者、主題、使用者標籤（user tags）、或書目紀錄任何欄位（anywhere in the record）等，勾出圖書、期刊、文章、影像、視聽資料等媒體選項，以精確或模糊檢索模式進行整合性或專指性資料庫查詢、瀏覽新書書目。（NLNZ, 2011e）

PublicationsNZ 並提供訂閱 RSS 頻道新進書目資訊服務，不必透過連線到 NLNZ 網站查閱更新內容，透過 RSS 頻道使用者即可隨時閱讀其所訂閱的最新國

家出版資訊。進入點閱新書詳目，則進一步提供轉寄與收藏、網路書籤、推薦服務、標籤連結等功能，或介接連結紐西蘭圖書館聯合目錄（New Zealand Libraries'Catalogue）、Google Books 等，提供建置國家出版資訊 Web 2.0 個人化服務。（NLNZ, 2011f）

　　透過檢索 PublicationsNZ 國家出版資訊服務系統，使用者可獲取具有較關聯性與紐西蘭連結關係的出版資訊，也可搜尋查看各圖書館收藏這些出版品的狀況，以進一步判斷獲取實體典藏的館藏地與需求性，讓使用者可按圖索驥更快速、更精確地選擇與取得所需的相關內外部資源。（參見圖 5-1）

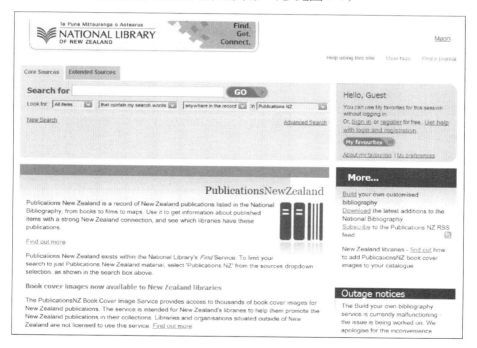

圖 5-1　「PublicationsNZ 資訊服務系統」檢索服務功能示意圖

資料來源：National Library of New Zealand. (2011). *Publications New Zealand*. Retrieved January 17, 2011, from http://find.natlib.govt.nz/primo_library/libweb/static_htmls/pubnz/

(二) 以多元化書目欄位選擇，提供適時性客製化服務，建構個人化國家書目報表，提高出版所需資訊使用效益

在 PublicationsNZ「建構個人化書目」（Build Your Own Bibliography）服務單元，網頁報表功能（reports function）可產生完全客製化書目（customised bibliography）輸出，例如透過輸入關鍵字、出版者、主題、書名、作者、出版年、語種（可複選）或杜威分類號（可複選）等條件，選擇建立最近新增出版品的國家書目報表，資料類型可單、複選電子資源類、預告書訊類、或兒童讀物類。可供選擇輸出的報表格式包括：PDF、Excel、XML 與 CSV 檔等，報表內容排序則有依字母或杜威分類號兩種方式，以建構個人化所需國家書目報表，滿足使用者對於國家出版資訊不同的彈性需求（參見圖 5-2）。（NLNZ, 2009）

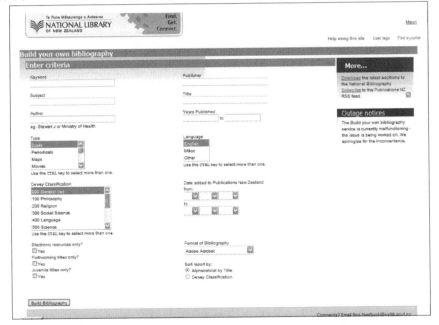

圖 5-2 「PublicationsNZ 資訊服務系統」建構個人化書目報表服務功能示意圖

資料來源：National Library of New Zealand. (2011). *New Zealand National Bibliography*. Retrieved February 13, 2011, from
http://find.natlib.govt.nz/primo_library/libweb/static_htmls/pubnz/bibliography/

(三) 提供檢索圖書封面影像服務，與供應國內圖書館下載書影，促進豐富國家出版書目加值內涵與可讀性

PublicationsNZ 網頁服務其中還包含「圖書封面影像服務」（Book Cover Image Service）單元，可提供檢索、下載紐西蘭國家出版品數以千計封面書影圖樣。這項服務旨在強化書目加值內容，幫助紐西蘭當地的書店、出版商與圖書館，促進豐富紐西蘭出版品書目紀錄的內容性、可讀性與應用性，但並未授權予位於紐西蘭地域以外的圖書館或機構組織可以利用這項服務，以保障國內相關單位優先使用權益。（NLNZ, 2010）

NLNZ 鼓勵申請出版品預行編目（Cataloging in Publication，簡稱 CIP）之出版業者，若能在申請 CIP 計畫的同時，就能上傳新書封面影像載入 PublicationsNZ 系統內（NLNZ, 2011b），以影像式書影預告新書資訊，則有利於提高該新書書目內容的閱讀吸引力，進而推廣新書市場發展潛力，拓展以預告書影書訊方式提供國內外各地選書人員選擇參考的範圍。

PublicationsNZ 資料庫已有超過 4,000 種封面書影。對於這些書影，NLNZ 規定不得作塗改、修改或以任何方式扭曲，除了：

- 放大或縮小圖像的大小，或
- 將圖像從一個數位儲存格式轉換到另一個儲存格式。

系統內對每一影像皆賦予一個唯一的識別碼（unique identifier），以連結到所代表的書目記錄。只有透過檢索 URL 網址：http://digital.natlib.govt.nz/bookcover/get/，才能利用到這些封面圖像服務。圖書館也不能供應這些圖像給其他組織機構利用，特別是必須確保這些圖像不會提供給紐西蘭境外的其他單位使用。識別碼可以是一個 ISBN、ISSN、ISMN 或 NBD 號碼，使用查詢服務下載影像可利用的網址如下：

http://digital.natlib.govt.nz/bookcover/get/isbn/
http://digital.natlib.govt.nz/bookcover/get/issn/

http://digital.natlib.govt.nz/bookcover/get/ismn/
http://digital.natlib.govt.nz/bookcover/get/nbd/

若以 10 位數 ISBN 進行檢索，系統則會自動轉換以 13 碼進行查詢。以上所提供檢索的網址包含類型識別（type of identifier），但位於紐西蘭境外的單位是無法設定連結存取的。

經過系統設定，網址內參數檔可提供影像縮圖需求，複製的圖像最長邊是 240 像素，縮圖型式最長邊則為 150 像素。當使用這些封面影像時，必須明確地與相關書目資料作有效連結。紐西蘭圖書館可以將這些封面影像載入其本身的線上目錄系統進而與書目作連結，並可推廣其使用範圍，包括圖書館網站和部落格等。

如果版權擁有者請求刪除該封面影像，NLNZ 即會移除使之不能有效流通，同時圖書館再也不能下載該圖檔與進行區域性書目儲存或傳播。

(四) 每月傳播多種資料類型且紀錄詳實的國家出版書目，並開放提供轉載，為各界蒐集國家出版資訊必備管道

NLNZ 擔當生產國家書目之責，大部分的文獻是出版單位根據 2003 年「紐西蘭國家圖書館法」第 31 條法定送存條款送存與 NLNZ 典藏。資料類型包括紐西蘭與托克勞群島（Tokelau Islands）（位於南太平洋，隸屬於紐西蘭）當地出版的圖書、期刊、報紙、音樂、影音資料、地圖、多載體配套資料（kit）、圖片和電子資源等。國家書目記錄編製產生係依據國際性標準建置，若具有價格和發行方式也會列出。書目次序是按照杜威十進分類法（Dewey Decimal Classification，簡稱 DDC）大類主題編排下，每筆書目再按照書名首字字母排序。所提供的書目項目包括：書名、作者、國際標準號碼、版本項、出版項、稽核項、叢書項、主題詞、杜威分類號與電子資源網址等。（NLNZ, 2011d）

NLNZ 每月定期發佈的國家書目出版清單，時間上超過一年以上的書目，則以 ZIP 壓縮檔開放提供下載轉錄，以利作為館員購書指南。NZNB（ISSN 0028-8497）包含紐西蘭出版品書目紀錄，每月發行，已成為一般使用者與相關各界獲取閱讀文本來源最齊全、方便且最廣泛的國家書訊管道。

五、結論

　　現行國家書目仿如一面能反映出一國文化進展的鏡子，藉由檢視現行國家書目，讓閱讀者能夠學習、體認到該國特色與蘊涵。現行國家書目也必須反映出該國的重要性與真實性，正如鏡子能反映出個體的獨特性或事物真實的一面。一份完整、即時的國家書目是圖書館和其他相似機構在徵集、編目、驗證國家著述成果與出版歷史重要的資訊來源。在過去 20 年來，不論是出版品型態、一般的出版程序，和從印刷型式、光碟型式發展到線上出版的國家書目型態，都起了很大的遽變。面臨新環境的興起，國家出版書目資訊將獲得更廣大的使用者基礎與增加其運用的廣度與深度。（IFLA Working Group on Guidelines for National Bibliographies, 2009, pp.13,19,27）

　　紐西蘭國家圖書館擔負著經營紐西蘭政府與其組織永續性記憶（continuing memory）的角色，NLNZ 運用數位科技，致力於建置 PublicationsNZ 國家出版資訊知識管理系統，拓展國家出版書目溝通平台，呈現紐西蘭社會、文化、民族等國家出版整合型數位資訊服務，不僅為今後世代著想，整編紐西蘭文獻資產，開放存取國家書目，消弭文化、語言、與時空差異，讓世人一齊見證國家發展與資訊素養，更提供方便所有人查閱的國家書目與閱讀文本來源，提供持續性有關民族與國家知識、國人智慧結晶，共創促發社會大眾利用國家智慧資產之閱讀興趣與傳播應用，提高人民對國家認知（national awareness）及歸屬感的資訊素養，打造實現未來策略願景，最終營造於促進紐西蘭國家整體的文化、社會和經濟發展榮景。

　　值此各界重視弘揚本土歷史傳播、凝聚文化認同意識、與提昇創造愛鄉讀鄉閱讀活動，希冀從而發揚建置國家檔案、國家出版資訊、與國家書目的國家軟實力核心理念，另所關注「臺灣資料專區」（Taiwan Corner）窗口之設置，建構以臺灣為主題的館藏資源，提高臺灣政府及民間優質出版品的國際能見度，裨利提昇

臺灣研究資源之傳佈，保存臺灣歷史永續記憶（國家圖書館，2010；2011），紐西蘭國家出版資訊網 PublicationsNZ 網站的建置與內涵，也是甚值吾人參考借鏡之一例。

參考文獻

林春奇譯（1986）。*紐西蘭、澳洲等國教育制度*。南投縣：省政府教育廳。

紐西蘭旅遊局（2013）。*我們的土地 我們的人民 我們的珍寶*。上網日期：2013 年 6 月 29 日，檢自 http://www.newzealand.com/travel/library/o13587_6.PDF

張厚生（2000）。國家書目。在 *中國大百科全書智慧藏*。上網日期：2011 年 1 月 25 日，檢自 http://edba.ncl.edu.tw/cpedia/Content.asp?ID=340

國家圖書館編（2010）。*第四次全國圖書館會議中心議題與案由*。上網日期：2013 年 5 月 25 日，檢自 http://4thldt.ncl.edu.tw/download/991214subject_05.doc

國家圖書館編（2011）。*第四次全國圖書館會議成果摘要*。上網日期：2013 年 7 月 6 日，檢自 http://4thldt.ncl.edu.tw/upload/1228_1229Result_Abstract_v1000110.pdf

鄭肇陞譯（1983）。紐西蘭的圖書館服務和資源。*國立中央圖書館館刊*，16（2）89-92。

聯合國新聞部聯合國網站事務科（2010）。*2010 年人類發展報告*。上網日期：2013 年 6 月 15 日，檢自 http://www.un.org/zh/development/hdr/2010/

聯合國開發計劃署（2013）。*2013 年人類發展報告*。上網日期：2013 年 7 月 14 日，檢自 http://www.un.org/zh/development/hdr/2013/pdf/HDR_2013_CH.pdf

Barnett, S. J. (2008). *Publications New Zealand*. Retrieved July 7, 2013, from http://librarytechnz.natlib.govt.nz/2008_02_01_archive.html

IFLA Working Group on Guidelines for National Bibliographies (Ed.). (2009). *National bibliographies in the digital age: guidance and new directions*. Munchen: Saur.

National Library of New Zealand. (2009). *You can generate your own reports on Publications New Zealand*. Retrieved July 7, 2013, from http://gethelp.natlib.govt.nz/2009/06/11/reports-on-publicationsnz/

National Library of New Zealand. (2010). *The PublicationsNZ Book Cover Image Service*. Retrieved July 6, 2013, from http://natlib.govt.nz/files/pubsnz/Accessing-book-cover-images-from-NLNZ.pdf

National Library of New Zealand. (2011a). *History of the National Library of New Zealand*. Retrieved February 5, 2013, from http://natlib.govt.nz/about-us/our-history

National Library of New Zealand. (2011b). *Joining the Cataloguing-in-Publication (CIP) programme*. Retrieved January 2, 2013, from http://www.natlib.govt.nz/services/get-advice/publishing/cataloguing-in-publication

National Library of New Zealand. (2011c). *New Generation National Library Strategic Directions to 2017*. Retrieved June 22, 2013, from http://natlib.govt.nz/files/strategy/Strategic_Directions_to_2017.pdf

National Library of New Zealand. (2011d). *New Zealand National Bibliography*. Retrieved February 13, 2011, from

http://www.natlib.govt.nz/catalogues/downloads-nznb/NZNB-intro.pdf

National Library of New Zealand. (2011e). *Publications New Zealand*. Retrieved January 17, 2011, from http://natlib.govt.nz/collections/a-z/ publications-new-zealand

National Library of New Zealand. (2011f). *Publications New Zealand RSS Feed*. Retrieved February 4, 2011, from http://nbd.natlib.govt.nz/cgi-bin/pubnz_rss.cgi

National Library of New Zealand. (2011g). *Role of the National Library*. Retrieved February 17, 2011, from http://www.natlib.govt.nz/about-us/role-vision/the-role-of-the-national-library

New Zealand. (2003). In *Funk & Wagnalls New World Encyclopedia*. Retrieved January 3, 2011, from

http://web.ebscohost.com/ehost/detail?hid=17&sid=81c2aca4-f439-4989-8609-a5a265046 185%40sessionmgr11&vid=3&bdata=Jmxhbmc9emgtdHcmc2l0ZT1laG9zdC1saXZl#db= funk&AN=NE040400

Parliamentary Counsel Office. (2013). *National Library of New Zealand Act 2003*. Retrieved July 7, 2013, from

http://legislation.govt.nz/act/public/2003/0019/latest/DLM191962.html?search=ts_act_nati onal+library_ resel&p=1&sr=1

第六章　出版品預行編目（CIP）在資訊時代的角色詮釋

一、　CIP 之意義

出版品預行編目（Cataloging in Publication，簡稱 CIP）是出版者在新書出版前，將毛裝本（清樣本）或正文前的書名頁、版權頁、目次、序、摘要等相關資料，先送到國家圖書館、或負責辦理 CIP 業務的圖書館，依據相關作業規範予以編目，出版者並於該新書內某一固定位置上印出 CIP 書目資料的一項措施，以實現圖書附加編目資料的思想。（國家圖書館國際標準書號中心，2006，頁 32）CIP 書目資料為圖書館採編作業參考資源，與出版界圖書市場發行之基礎。

CIP 計畫服務圖書館界與出版業界，是圖書館界與出版業界通力合作，對新書以預編方式，在出版前掌握、傳載書目訊息，嘉惠相關各界。（Clavel-Merrin, Danskin, Knutsen, Parent, & Varniene-Janssen, 2009, p.96）出版者在出版該書前，已獲取具有價值的書目資訊可提供給圖書館、書商、與讀者檢索利用，也表示圖書館和其他單位可以有明顯的領先時間，對即將出版的新書作館藏考量、速編以利新書上架，甚或書介評論。CIP 資料對一般使用者而言，方便查詢完整的新書資訊，以利用掌握新知出版脈動。同時其中很多新書可以在實際出版前已被下訂單，這對出版業者而言是一項明顯的經濟效益。

CIP 整個制度面思考與發展的源頭，與國際圖書館學會聯盟（International Federation of Library Associations and Institutions，簡稱 IFLA）提倡的國際書目控

制（universal bibliographic control，簡稱 UBC）息息相關。UBC 推動的重點落實到各國則為國家書目控制（national bibliographic control，簡稱 NBC）的建置。（陳源蒸，2003，頁 1）在圖書館編目技術規範體系下建立書目資源、掌握書目訊息、實現書目品質，最終共享書目成果。CIP 預編資料就是整個書目資訊環節與價值建立的源頭。

國家書目是國家出版文獻的紀錄，其編製通常由國家圖書館所承擔。負責館藏發展的館員除藉助國內外國家書目以分析可獲得的出版品，再根據館藏發展標準（collection development criteria）進行選擇外，還可透過使用如 CIP 紀錄以瞭解未來出版品狀況。（Zumer, 2009, p.21）來自於大英圖書館（British Library）的 Danskin（2009）甚至認為：國家書目也可包含 CIP 作業程序所建立的即將發行出版品紀錄。（Danskin, 2009, p.38）

根據 2001 及 2002 年 IFLA 會議，討論到出版業者與國家圖書館關係的重要性時，與會人士更進一步論及，對 CIP 計畫在這一份關係居於舉足輕重的地位達成共識。因而由美國國會圖書館（Library of Congress，簡稱 LC）在 2003、2004 年執行線上「CIP 計畫調查」（survey of CIP programs），進行 CIP 計畫國際全面性問卷調查，共有 42 所圖書館回覆，調查資料結果明顯揭櫫 CIP 計畫的價值性。（IFLA, 2004）

2004 年調查總報告出爐，在綜合觀察單元中指出，全球每年產生超過 18 萬 8 千餘筆 CIP 資料，包含處理的語文超過 24 種。各國雖有不同型態的 CIP 計畫，卻分享共同的價值與任務，即：建立國家聯合目錄的基礎；印製新書預告書目清單；降低編目成本上的重覆；促進標準化與簡化的編目作業；助益館藏徵集方式；連結法定寄存送繳制度；幫助出版者及書商、經銷商，藉以提昇銷售量；服務圖書館與讀者；當然從中也提昇了圖書館界與出版業界之間的合作關係。這些令人印象深刻的 CIP 實質事實意謂著：全球圖書館投入相當資源於施行 CIP 計畫，繼而從抄錄編目（copy cataloging）資源共享中，獲得一個鉅大的書目資源，以及明顯的人力物力的節省。假如 CIP 計畫不存在，這些節省的資源原本是要花費在原始採編作業上。（IFLA, 2004）

隨著 CIP 計畫對相關各界影響的觸角日益擴大，CIP 計畫儼然已是圖書出版資訊界知識管理之上游，扮演為每一本新書誕生預先宣告的火車頭角色。CIP 資料獨具的預測性與專業性等優勢，直接導致 CIP 資料在社會上使用的範圍也越來越廣泛，期許 CIP 計畫對圖書出版事業能產生積極的影響與提昇作用。

二、 CIP 計畫之方式

根據調查，CIP 計畫可有許多的不同作業方式。有的是分散式，有的則為集中式；有的是法定寄存制度的一部分；有的個人著作可納編，有的則將之排除在外；有的包含電子書、期刊、樂譜、網頁、視聽資料的預編，有的則不納編；有的使用申請表單或只使用文本以產生 CIP 資料，有的則兩者皆需要；有的只接受透過網路申請，有的則可透過不同方式，例如以傳真或投遞；有的需要印製 CIP 資料在書上，有的則不要求。

關於預編工作天數則各國不一，總歸大致是 1 天至 2 週；各國處理 CIP 年總筆數，從數百筆到十餘萬筆不等，參見表 6-1：「各國處理 CIP 天數/筆數比較表」說明。然而有很多新書書目，顯然需要花費比較長的時間，但 CIP 計畫大都能提供及時服務，大部分在出版前的 4 至 12 週前，即已完成預編作業。

表 6-1　各國處理 CIP 天數/筆數比較表

館（國）別	處理天數	CIP 筆數（年）	備註
National Library of New Zealand （紐西蘭）	1 天	450	
Library and Archives Canada （加拿大）	2 天	10,000	
National Library of Malaysia （馬來西亞）	2 天	3,123	
National Central Library, ROC （中華民國）	約 3 天	26,300	

館（國）別	處理天數	CIP 筆數（年）	備註
新聞出版總署圖書在版編目中心 （中國大陸）	1-3 天 （2006）	163,000 （2005）	2005 年之前： 10-15 天（非急件）； 1-3 天（急件） 2005 年之後： 3-5 天
National Library Board Singapore （新加坡）	5 天	300	
British Library（英國）	7 天	60,000	
Library of Congress （美國）	9 天-2 週	57,000	
National Library of Iran（伊朗）	10 天	30,000	
National Library of Australia （澳大利亞）	10 天	5,500	
National Library of Korea（韓國）	12 天	2,400	

資料來源：

1.IFLA. (2004). *Survey of CIP programs report*. Retrieved January 5, 2012, from
　http://www.loc.gov/catdir/cipsurvey/IFLA_CIP_Survey_ Report.pdf

2.中國新聞出版總署版本圖書館（2006）。*中國圖書在版編目（CIP）工作相關情況介紹*（中國
　新聞出版總署版本圖書館於 2006 年 11 月 29 日參訪國家圖書館之報告資料）。

備註：作者整理。

　　當然 CIP 計畫也有許多一般性的措施。例如很多要求出版社提交申請表單與
部分內文，以利作業；很多希望在出版前提交的文件狀態良好，以允許處理上所
須的充裕時間；很多要求的資料元素包括：摘要、作者資訊、目次等；很多圖書
館要求新書出版後能儘快有館藏，以提供典藏閱覽；很多要求出版社在書上印製
CIP 資料；等書出版後很多會核對他們產生的資料；而且很多國家的圖書館目前
是以機讀編目格式（Machine Readable Cataloging Format，簡稱 MARC）傳布 CIP
資料。

三、 CIP 計畫之關鍵點

　　自 1970 年代歐美各國相繼成功施行此制度以來，CIP 計畫也存在著許多一般性的困難，非常值得同道關切，甚至共商對策，以利 CIP 制度益臻完善。例如，常常可以發現許多出版社並沒有在出版前儘早提交申請；有些國家並沒有足夠的出版社參與或沒有足夠的主要出版社參與；很多國家則關心於出書後，出版社沒有立刻交書；很多關心於出版社並沒有充分瞭解 CIP 計畫的重要性，或瞭解如何配合以使得 CIP 計畫能進行成功。（IFLA, 2004）

　　而中國大陸實施圖書在版編目（即 CIP 計畫），最初幾年由於人力、物力、財力所限，CIP 工作始終處於摸索經驗的試點階段。自 1990 年 7 月頒布國家標準[註]，1991 年 3 月起實施以來也存在不少問題，例如包括：CIP 標準施行監管問題、CIP 制度實施面不廣、與 CIP 資料質量不高等，且少數出版社有不報、漏報 CIP 資料，自製、仿製偽 CIP 資料等違規行為多次出現。（吳昌合，1999，頁 37-39；郝志平，2000；中國新聞出版總署信息中心，2009a）

　　自 1998 年開始，大陸在總結 CIP 試點工作經驗的基礎上，主管單位中國新聞出版總署決定加大 CIP 國家標準的推廣力道，將實施範圍擴大至全國各出版社。因而自 2005 年開始對 CIP 施行了一系列進展工作，例如包括：由主管機關發出對加強 CIP 工作的通知，以有力促進 CIP 工作；規劃 CIP 資源的開發利用與共享取得；並將 CIP 資料的製作經費首次納入國家財政預算等。目前大陸大多數出版社已將申請 CIP 作業納入圖書出版的工作流程。（中國新聞出版總署版本圖書館，

[註]　中華人民共和國國家標準 GB/T12451-2001：「圖書在版編目數據（Cataloging in publication data in the book）」，係一項強制性標準，規定了 CIP 資料的內容、選取規則、與印刷在主書名頁背面的格式。對未實施 CIP 資料標準的出版單位，大陸當局會根據有關規定給予行政處罰。上網日期：2013 年 10 月 5 日，檢自 http://www.capub.cn/zxgk/jgjs/cipzx/cipxgwj/2009/5892.shtml

2006）

　　同時大陸承認 CIP 資料的「準確性」與相關各界的要求尚有一段的距離，這種情況如不及時加以解決，今後將會直接影響到出版社權益的保護和市場流通的效益，所以建立了「準確性」抽查制度，定期將印刷前申請的 CIP 資料與實際圖書進行比對，抽查結果會在「中國新聞出版信息網」上公佈，並納入「圖書年檢」的檢查範圍。（中國新聞出版總署信息中心，2009b）

　　臺灣地區自 1990 年 2 月成立「國際標準書號中心」推行 CIP 計畫以來，也存在著許多一般性的困難，例如：進行預編時解讀資源不足易致編目方向訛誤；預編人員時時處於與時間競賽的工作壓力情境；CIP 編製範圍與印製格式的訂定不易；需面對新興學科或冷僻學門的原始預編壓力；書目異動頻繁增加維護人力負荷；旺季申辦件數激增考驗應變作業能力；與申請者溝通編目觀念不易；再加上近年來行政組織普遍精簡人力等等考驗。在此依據實務經驗，提出以下幾項關於 CIP 計畫的關鍵點供參：

(一) CIP 申請者要能提供出版前最符合出書原貌資料為宜，並準確掌握填寫 CIP 申請單之原則

　　預編人員編製 CIP 資料主要依據申請者填報的 CIP「申請單」與所附相關附件資料進行作業。儘管「申請單」所需填寫內容涵蓋了編製 CIP 資料需要的項目，但並非每位填單人員皆都能準確掌握填寫規則，因填單人員的失誤，不免導致 CIP 編目資料差錯的情況時而發生。又申請者所提供出版前之書名頁、版權頁、目次、序言等相關資料、或毛裝清樣之排版定稿影本，要能以最符合出書原貌資料為宜。

(二) CIP 作業人員應確實完整地彙整審閱所有 CIP 申請文件

　　編目工作所依據的一系列標準，對一般出版社的編輯或工作人員而言較為專業化，因此申請者填報的資訊和 CIP 計畫的要求往往存在不少差異。然而這些新書資訊的蒐集對 CIP 編目的進行實在是最基礎的需求，這就形成了 CIP 工作中最大的難點。經驗不夠的 CIP 人員是不容易發現看不到原書的 CIP 預編程序種種問

題，類似此種資訊蒐集的不準確性會對提高 CIP 書目品質造成極大的壓力。所以申請者所提供排版定稿影本與填寫申請表單應正確無誤，連帶地，CIP 作業人員應確實彙整審閱申請文件，此為 CIP 申請編製成功的基礎條件。

(三) CIP 編目人員需兼備學科背景、資訊素養、工作熱忱、與溝通技巧

CIP 從業人員編目素質的高低也直接影響著 CIP 資料的質量，CIP 工作對預編人員有著較高的要求，他們必須全面掌握圖書館技術專業的各項業務技能，同時要有廣博的知識和豐富的經驗。（郝志平，2000）

CIP 編目作業包含選擇主題詞目與分類號碼的主題編目，牽涉到新書內容的多樣性，知識不斷推陳出新，編目人員須審慎進行文獻判讀，以進行分析文獻、探求內含主旨、掌握主題（中文主題詞表編訂小組，2005）；再則，查閱各項書目資料庫，參考相關主題文獻書目紀錄；檢索網際資源，充實新知，輔助判讀；必要時，CIP 編目人員得連繫申請單位編輯人員，甚至就教作者，以明著作原旨。在文獻判讀、檢索、溝通過程，以至選擇主題詞與分類號，關鍵在於 CIP 編目人員需兼備學科背景、資訊素養、工作熱忱與溝通技巧。

(四) CIP 計畫接受各方申請，對於相當冷僻的文獻內容，未必會被納入館藏，仍要完成預編，以回應申請之提出

由於未能看到申請 CIP 資料的原書全貌，網際資源雖豐富便利，還是極易造成 CIP 編目人員解讀資源之不足。關鍵在於 CIP 計畫接受來自各方申請，仍有部分文獻內容相當冷僻少見，未必會被納入館藏，預編人員仍要多耗費作業時間完成冷僻文獻內容的預編，以回應 CIP 申請之提出。

(五) CIP 計畫對於尚未定位的新學科演述之文獻，仍要完成預編，以回應申請之提出

由新學科、新學派、新學理、與新事件等演述之文獻，可能連該文獻內容本身都尚未獲得學科上或學術上的定位，更可能尚未納入圖書館編目規範工具書內

容中，不免造成 CIP 編目人員作業上的困惑，關鍵在於仍要完成 CIP 預編之申請。

(六) CIP 計畫時效限制式預編作業，宜建立審校出件彈性機制，以解決書多人少之困境

編製 CIP 資料的難度係數大致高於一般圖書館的編目工作。首先是因為編製 CIP 資料有時間的限制、速度的要求；其次一般圖書館的編目工作是依據已出版的圖書進行的，掌握圖書內容等要素相對容易一些。CIP 計畫承諾申請者收件後工作天數，時效限制式預編作業，不容 CIP 編目人員多花時間深思，尤其遇到人力短缺，或申請件激增，人員未相對增加的情況下，時效與品質難以兼顧。所以建立審校出件彈性機制，多少可解決書多人少之作業困境。

(七) CIP 新書資訊雖有出版前後的書目資訊差異，但仍廣為圖書館等相關各界所參考抄錄

CIP 預編新書資訊透過網路傳輸管道，以及時迅速方式傳布，廣為各界利用下載抄錄。但新書正式出版後，不免明顯呈現虛與實之間的書目資訊差異，關鍵在於 CIP 資料廣為圖書館等相關各界所參考抄錄加值利用。

(八) CIP 書目資料僅能提供初步建置基礎，各館在利用 CIP 書目時應配合編目政策進行妥善調整

CIP 書目資料僅能提供初步建置基礎，圖書館各界利用 CIP 書目進行採編作業，關鍵在於應顧及館藏策略、編目政策、書目歷史紀錄、與各館讀者導向之考量而修改書目紀錄，進行書目上的妥善調整，再納入各館館藏書目編號（bibliographic record number，簡稱 BRN）。

(九) CIP 申請者要能主動地及時提供相關書目異動通知，以利修正 CIP 資料維護書目品質

CIP 預編式書目資料，在出版品尚未正式裝訂出書前，申請者任何書目資料的異動，都可能影響到已完成申請編製的 CIP 內容。但申請者普遍對於書目品質控制觀念欠缺，認為進行申請手續過程到接收 CIP 資料後，即完成申請需求與責任。為維護 CIP 書目品質，關鍵在於申請者是否能主動地及時提供相關書目異動通知，以利相關作業人員修正 CIP 資料。

(十) 對於利用 CIP 書目資料建構商業體系，出版業界自有其規劃商務分析機制

通過網站及時、迅速地向各界發布 CIP 資料，對圖書銷售具有十分積極的作用，相信實際體驗到 CIP 資訊帶來實質經濟效益的出版社，會將參與 CIP 工作變成更加自願的行動。（郝志平，2000）而出版業界、書商與經銷商在利用 CIP 書目資料建構銷售體系、庫存管理、與市場分析等，自有其商業市場導向需求。關鍵在於如何掌握 CIP 新書書目資料，運籌商業預測，研判市場演化，規劃商務分析機制等。

四、 CIP 書目之維護

CIP 調查總報告指出，共有 24 個 CIP 計畫會在新書出版後，據以查證 CIP 資料並加以更新（update）。LC 自 1971 年 6 月成功施行 CIP 計畫以來，目前由 CIP 部門（Cataloging in Publication Division）專司其職，負責查核申請表及附件是否完整與合格、編配 LC 書目控制號（Library of Congress Control Number，簡稱 LCCN），最後移送 CIP 申請件至編目部門以完成 CIP 記述編目與主題編目。LC 強調，除非直到出版者送該本已出版的新書到館，否則整個 CIP 過程都不算已完成。（Cataloging in Publication Division, Library of Congress, 2009）

LC 收到書後館員會加上其他資料元素（例如：頁數、尺寸高廣等）到 CIP 資料上，並且會再次確認紀錄上的資料元素是否已正確地描述已出版作品。所以題名、副題名、系列名、作者、甚至標題、與類號等都可能被更動。經確認後的書目紀錄機讀格式會再度傳輸到全球的大型圖書館、書目供應中心、與書商。CIP 書目查核的工作相當重要，否則每個圖書館都要個別重覆更新這些紀錄，再者，書商也需要這些修改後的資料，因為向書商購書的圖書館會要求提供已反映出最後經確認修改過的 CIP 紀錄編目資料。（Cataloging in Publication Division, Library of Congress, 2009）

通常申請者收到編好的 CIP 資料時，應請詳知該書內容的編輯人員，查核 CIP 書目資料、分類號、標題等項目，若有不清楚處、異議處、或錯誤處，可與 CIP 編目人員洽詢溝通，以利修正。在新書正式印製前，CIP 資料上相關之書目資料若有任何異動，應建立互動溝通模式，共謀 CIP 書目正確性品質之建立。

網路資源檢索之便利性與豐富性實大大助益於 CIP 計畫的進行，但相對地，CIP 資料也透過網路下載、傳輸、檢索迅速地在網頁呈現。新書訊息快速傳播帶動讀者對閱覽新書需求，這一連串皆影響到對採編作業時效性大幅提昇的要求，連帶地產生對 CIP 資料抄編加值利用之需求。對於提昇 CIP 書目品質之關注，除健全對 CIP 本質正確認識、加強組織管理系統、制定完善技術規範、擴大 CIP 資料加值利用、建置 CIP 數位化作業外，提高 CIP 專業人力素養更是不可忽視之一環。

五、 CIP 編目人員之素養

CIP 資料建置質量的關鍵為編目作業，而其相關分類標引與書目元素分析，在圖書館工作是一項專業性技術，沒有經過學科背景培訓與長期經驗實踐是很難勝任。（吳昌合，1999，頁 38）尤其 CIP 分編作業類似虛擬實境（virtual reality，簡稱 VR）編目操作，更需仰賴多年實務編目專業人員。從目前已實施 CIP 計畫

的國家來觀察，大多數也體認到這一層意義，所以大都由國家圖書館設置專門部門負責 CIP 相關業務，例如：美國、加拿大、澳大利亞、紐西蘭、與新加坡等國。（簡秀娟，2006）

　　至於探討所謂一位稱職的圖書館編目人員，至少應具備的專業背景，包含：圖書資訊學、文獻學、編目知能、文獻檢索、利用工具書和電腦及網路等知能、語文能力（本國語及外語能力）、專攻領域、人格特質（細心、耐心、熱心、愛心）等基本素養，才能達到資訊時代圖書館編目人員的基本要求。（國家圖書館，2010）

　　而從事 CIP 編目作業，更是需要具有專業知能經驗的編目人員參與。身為 CIP 編目人員，除需具備以上所謂「稱職的圖書館編目人員」條件外，因 CIP 計畫為申請式、即時式、開放式、互動式、動態式、平衡式編目作業，溝通技巧也是不可忽略的環節。總之，在資料非實體完整下要掌握圖書文獻內涵要旨，在有限的時間許可內，預先編出能為圖書館界、出版產業、與知識文化界所加值利用的新書書目訊息，著實考驗所有全球 CIP 從業人員之專業、學識、人格，甚至膽識。

六、 結語：CIP 計畫之未來挑戰

　　深受現今電腦技術與網際網路連線便利性的影響所及，全球數位化出版品預行編目（Electronic Cataloging in Publication，簡稱 ECIP）的發展與實施方興未艾，如中國大陸、韓國、與斯洛伐克的施行，而 LC 自 2007 年元月起也全面施行 ECIP，取代傳統作業方式，使 CIP 計畫更符合書目控制、書目品質的經濟效益。

　　另外值得探討，考慮到有一些 CIP 計畫並不要求印製 CIP 資料，而實施 CIP 計畫仍相當成功，印製 CIP 資料在書上的必要性？CIP 資料型式除了以機讀編目格式為基礎，是否會採用其他更能順應網路環境的格式？考慮到每年的編目費用支出和龐大的出版品數量，是否應該要求出版社更加參與 CIP 計畫？出版社編輯人員透過由申請單摘取資料元素的自動化程式的協助所產生的書目資料，可否助益 CIP 資料的初步建置？網際網路能否提供不同計畫間合作式 CIP 編目作業的機

會與交流？以封面影像、摘要、作者資訊、目次、內文樣頁等資料，是否更能挹注 CIP 資料的價值性？而數位環境的興起，帶動圖書館編目規範未來整合於 Web 環境架構的思考，CIP 書目未來建置與管理勢必密切關注編目新技術的發展與運用。

參考文獻

中文主題詞表編訂小組編訂（2005）。[中文主題詞表. 2005 年修訂版]使用說明。在*中文主題詞表. 2005 年修訂版*。臺北市：國家圖書館。

中國新聞出版總署信息中心（2009a）。*關於進一步加強圖書在版編目工作的通知*。上網日期：2013 年 10 月 6 日，檢自
http://www.capub.cn/zxgk/jgjs/cipzx/cipxgwj/2009/5891.shtml

中國新聞出版總署信息中心（2009b）。*關於繼續加強 CIP 工作，進一步提高數據質量的函*。上網日期：2013 年 10 月 10 日，檢自
http://www.capub.cn/zxgk/jgjs/cipzx/cipxgwj/2009/4910.shtml

中國新聞出版總署版本圖書館（2006）。*中國圖書在版編目（CIP）工作相關情況介紹*（中國新聞出版總署版本圖書館於 2006 年 11 月 29 日參訪國家圖書館之報告資料）。

郝志平（2000）。*中國 CIP：問題與對策*。上網日期：2013 年 10 月 5 日，檢自
http://www.people.com.cn/BIG5/channel7/35/20001011/267189.html

陳源蒸（2003）。*中文圖書 ECIP 與自動編目手冊*。北京市：北京圖書館出版社。

國家圖書館（2010）。編目人員應具備的基本素養為何？。*國家圖書館編目園地電子報，53*。上網日期：2013 年 10 月 3 日，檢自
http://catweb.ncl.edu.tw/portal_e2_page.php?button_num=e2&folder_id=1&cnt_id=15&order_field=&order_type=&search_field=&search_word=&search_field2=&search_word2=&search_field3=&search_word3=&bool1=&bool2=&search_type=1&up_page=3

國家圖書館國際標準書號中心編輯（2006）。*中華民國國際標準書號與出版品預行編目手冊*（第二版）。臺北市：國家圖書館。

簡秀娟（2006）。*國家圖書館出版品預行編目（CIP）資料格式改動及施行之探*（未發表之研究報告）。

Cataloging in Publication Division , Library of Congress. (2009). *The cataloging in publication program, Library of Congress*. Retrieved June 17, 2010, from http: //cip.loc.gov/

Clavel-Merrin, G., Danskin, A., Knutsen, U., Parent, I., & Varniene-Janssen, R. (2009). Organisation and management of national bibliographies. In IFLA Working Group on Guidelines for National Bibliographies (Ed.), *National bibliographies in the digital age: guidance and new directions* (pp.79-102). Munchen: Saur.

Danskin, A. (2009). Cataloguing. In IFLA Working Group on Guidelines for National Bibliographies (Ed.), *National bibliographies in the digital age: guidance and new directions* (pp.37-53). Munchen: Saur.

IFLA. (2004). *Survey of CIP programs report*. Retrieved January 5, 2012, from
    http://www.loc.gov/catdir/cipsurvey/IFLA_CIP_Survey_ Report.pdf

Zumer, M. (2009). Value of national bibliographies: use and users. In IFLA Working Group on
    Guidelines for National Bibliographies (Ed.), *National bibliographies in the digital age:
    guidance and new directions* (pp.19-28). Munchen: Saur.

第七章　出版品預行編目（CIP）編製範圍研究

一、 前言

　　有鑑於搜尋引擎技術的進步、網際網路的普及，和大量興起的電子資源，2006 年 6 月在 ALA 年會中，美國國會圖書館（Library of Congress，簡稱 LC）宣布計畫發起一個諮詢小組，希望來自公部門與私人機構代表的小組成員能共同集思廣義，考量書目控制在 21 世紀數位環境中的運用，11 月正式成立「書目控制的未來工作小組」（Working Group on the Future of Bibliographic Control，簡稱 WGFBC），小組的宗旨主軸在於：數位時代的書目紀錄製作必須更符合效率。最後出爐的小組總結報告：On the record: report of the Library of Congress Working Group on the future of bibliographic control，提出 100 餘項建議，區分為五大方向，首要任務為：透過書目紀錄合作與分享、並運用整個供應鏈（supply chain）中各階段製程出的書目資料，以提昇所有圖書館書目生產效率。（Davis-Brown, Fineberg, Sayers, & Dalrymple, 2008，p.212；Working Group on the Future of Bibliographic Control [WGFBC]，2008）面對排山倒海般入館待編的各式各樣出版品，CIP 預編資料就是整個書目紀錄環節與書目供應鏈價值建立的源頭。

　　其中針對 CIP 的申請處理程序，WGFBC 提出全面自動化方向的建議，LC 則回應建立一個完全以自動化機制接收 CIP 申請資料，提供出版社提交到電子預行編目（Electronic Cataloging in Publication，簡稱 ECIP）計畫的 ONIX 資料，並擬

訂 ECIP 內容與格式的指南。如此一來書目紀錄的記述性部分（descriptive portion），期望在早於編目前即已完成，繼而提昇整體編目效能。（WGFBC，2008）自 2007 年 1 月起，LC 已全面實施 CIP 電子化申請，ECIP 已全面取代傳統申請方式。

　　全球圖書館陸續自 1970 年代起，即已投入相當資源於施行 CIP 計畫，與不斷希望藉助科技設施改善 CIP 計畫，繼而從抄錄編目（copy cataloging）資源共享中，獲得鉅大的書目資源，以及明顯的人力物力的節省。假如 CIP 計畫不存在，這些節省的資源原本是要花費在原始編目（original cataloging）作業上。

　　承全球風氣趨勢，國家圖書館（簡稱國圖）亦於 1990 年 2 月正式成立「國際標準書號中心」（簡稱書號中心），除積極實施國際標準書號（International Standard Book Number，簡稱 ISBN）編號制度外，更以一貫申請作業流程，在編配 ISBN 完成後編製 CIP 預編書目，成為全世界將 ISBN 編號與 CIP 預編作業結合在同一單位連貫進行的國家。（國家圖書館國際標準書號中心[書號中心]，2006，頁 6）

　　CIP 書目預告傳播新書資訊，提供了新書產品躍升國際舞臺的曝光率，出版者在出版該書前，已獲取具有價值的書目資訊提供給圖書館、書商與讀者檢索下載加值利用，也表示圖書館和其他單位可以有明顯的領先時間對即將出版的新書作館藏考量、速編以利新書上架，甚或書介評論；對一般使用者而言，方便查詢完整的新書資訊，以利掌握新知出版脈動。同時其中很多新書在實際出版前可被下訂單，這對出版申請者而言是一項明顯的經濟效益。

(一) 研究背景

　　CIP 預編作業雖有節省人力物力之效，但考慮預編部門資源有限等諸多因素，各國在其 CIP 計畫說明，皆詳列其適用與不適用編製範圍的規定，在適度性範圍內預編其本國新書出版品。臺灣地區 CIP 計畫亦不例外，也編列是否屬於 CIP 適用的編製範圍條件，除非申請者在得到編配 ISBN 號碼後，沒有繼續進一步申請 CIP 的意願。

　　臺灣地區出版者參與 CIP 申請的適用編製範圍條件與世界其他國家，如：新

加坡、澳洲一樣，首先必需先具備 ISBN 號碼。自 1990 年至 2012 年 12 月底臺灣
地區 CIP 申請總筆數達 441,400 餘筆，而申請 ISBN 圖書種數為 756,900 餘筆，比
較兩者申請比例，詳見圖 7-1：「歷年申請 ISBN/CIP 筆數成長比較圖（1990-2012）」
所示：

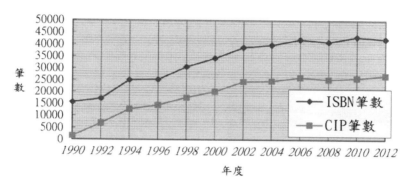

圖 7-1　歷年申請 ISBN/CIP 筆數成長比較圖（1990-2012）

資料來源：國家圖書館（2009）。*ISBN/CIP 各年度統計*。上網日期：2013 年 10 月 10 日，檢自
　　　　　http://isbn.ncl.edu.tw/NCL_ISBNNet/main_ProcessMenuItems.php?PHPSESSID=724u
　　　　　2uptca9ldffglkbkdi5bo2&Ptarget=30&Pact=ViewCharts&Pval=B40&Pfld=Ffile

備註：作者繪製。

　　20 年餘來臺灣地區參與 ISBN/CIP 申請筆數雖歷年逐步成長擴增，但申請
ISBN 編號後、繼續申請 CIP 計畫的百分比大致為 58.3%，雖然已經超過半數，但
顯然仍存在著提高 CIP 預編申請成長空間。

　　再者，國圖自 2009 年起推出「每日預告書訊服務」（Taiwan Publication
Services，簡稱 TPS），以為學者專家、圖書館界、出版業界與一般民眾，實施傳
遞每日預告臺灣最新的 CIP 出版訊息。TPS 提供訂閱者自行挑選閱讀興趣主題的
功能，分成「一般民眾」、「學術專業」兩種版本。「一般民眾」版，分成臺灣研究、
宗教術數、財經企管、飲食健康、生活藝術、各類文學、及非文學等 7 大類；「學
術專業」版則依據《中文圖書分類法. 2007 年版》架構，提供 1,000 個類目供選擇
閱讀興趣主題（參見圖 7-2）。

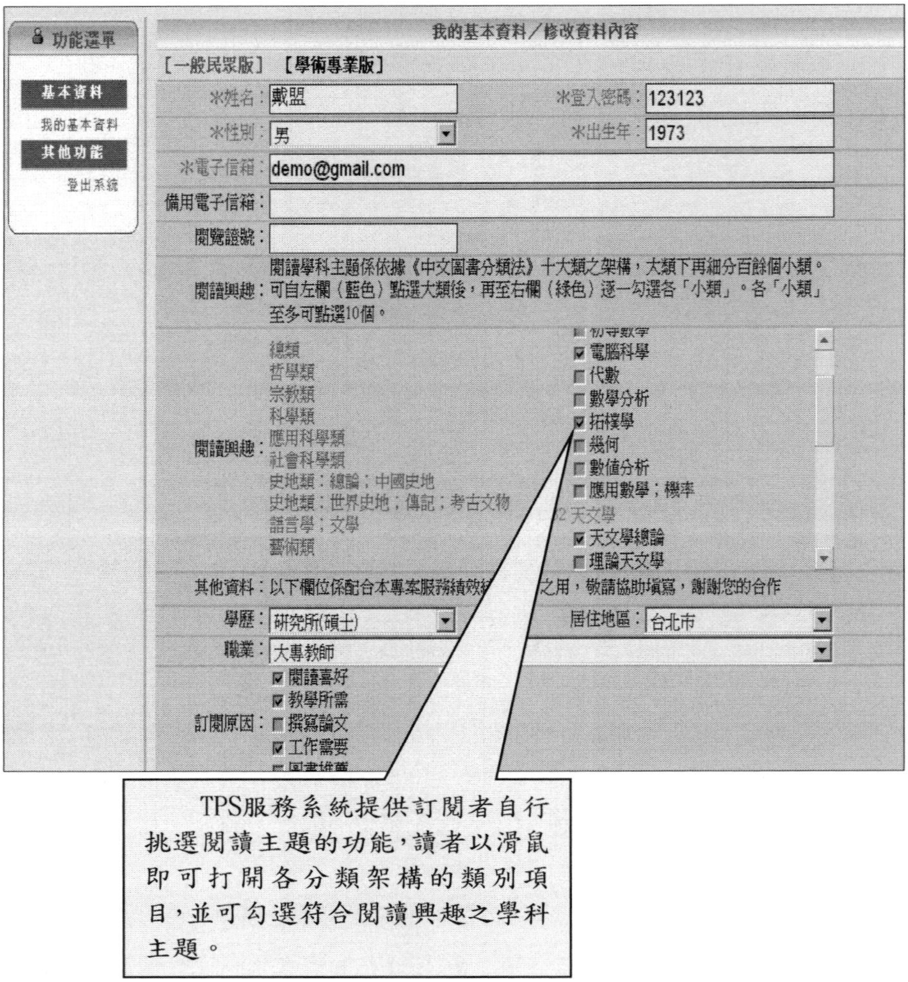

圖 7-2　每日預告書訊服務設定閱讀興趣學科分類示意圖

資料來源：國家圖書館（2008）。*每日預告書訊服務*。上網日期：2013 年 7 月 15 日，檢自
http://tps.ncl.edu.twhttp://isbnapp.ncl.edu.tw/NCL_SDI/index_login.php

　　TPS 服務系統會依讀者所挑選的閱讀主題（或分類號），由前一天書號中心建
檔完成的臺灣最新新書訊息，以電子郵件傳送方式，為讀者定期、定時預告臺灣

出版訊息（參見圖 7-3），以為業界掌握出版先機，並提供海內外圖書館界與一般民眾閱讀選購新書的參考依據。（國家圖書館，2008）（國家圖書館年報編輯小組，2009，頁 74）

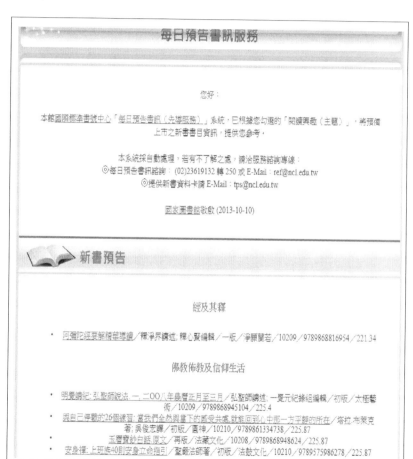

圖 7-3　每日預告書訊服務閱讀興趣通知書目格式示意圖
資料來源：國家圖書館（2008）。*每日預告書訊服務*。上網日期：2013 年 10 月 10 日，檢自
　　　　　https://msg.ncl.edu.tw/cgi-bin/msg_read?cmd=mail_header&m=79613630&mbox=@&
　　　　　msgid=G3_7P6B59129U&type=1

TPS 服務系統建置基礎點，在於專案讀者對象結合閱讀主題需求（Subject on Demand，簡稱 SOD），即時自動傳遞讀者最新、或所需知識資源。TPS 系統搜尋媒合閱讀主題，在於該書內容主題分類號（classification number），而 ISBN/CIP 書目資料庫分類號項，則源自於 CIP 預編作業的主題分析程序所產生的「分類號」。

TPS 服務已列入國圖「2009 至 2012 中程發展策略計畫」，期加速知識產業新書傳播，同時亦可提高申辦 ISBN/CIP 之意願，及填報書目資訊的正確性，例如：書名、作者、預計出版時間等，並冀望提昇我國出版新書送存國家典藏比例，藉以建立最新、完整且具多元化的新書加值資訊基礎建設，協助新書出版資訊之傳布，提供國內出版趨勢分析、圖書市場供需鏈走向，進而將臺灣出版業帶入國際學術與出版舞臺。（國家圖書館，2009c，頁 74）

所以，臺灣地區 CIP 計畫有其實質效益性與服務面，但申請比例仍待提昇，除了出版者申請意願的客觀條件外，是否受限於 CIP 適宜編製範圍的門檻呢？為進一步提昇 CIP 服務成長的最大動能效益，對於臺灣地區 CIP 申請作業編製範圍的適宜性，實有進一步參酌其他國家 CIP 計畫編製範圍的空間。

(二) 研究目的

揆諸世界各國圖書館界皆十分重視實施 CIP 計畫，實際作業層面則編訂 CIP 編製範圍之合格（eligibility）與不合格（ineligibility）對象，以納入作業標準程序，並公諸刊布於官方網頁，以昭公信。本研究過程中發現各國 CIP 計畫模式，大致採行接受國內本地出版品自願免費申請服務，臺灣也不例外。向書號中心申請 ISBN 後，除非自願放棄繼續申辦 CIP 計畫者外，該新書申請件若為不適合申請 CIP 範圍的資料，也不會接續 CIP 計畫程序，自然不會產生分類號碼。如此則該新書不能被納入 TPS 服務系統，同時僅有 ISBN 書目資料不能達成 CIP 抄錄編目的效益。所以 CIP 編製範圍適用性門檻的開放度，甚值吾人探討，取鏡國外行之有年 CIP 編製範圍制度不失為一有效途徑。

根據以上對 CIP 預編作業之效能性與 TPS 系統之連帶服務關係說明，茲提出本研究目的為以下五點：

(1)探討世界各國 CIP 編製適用與不適用範圍情形。

(2)分析世界各國 CIP 編製範圍特色。

(3)瞭解將電子書納入 CIP 編製範圍的情況。

(4)探討臺灣地區 CIP 編製範圍條件。

(5)透過推廣 CIP 計畫以提昇 TPS 服務效能。

(三) 研究方法

本研究方法主要以文獻內容分析法（content analysis）為主，針對所蒐集的中英文獻、調查報告、網頁資源等進行整理、組織歸納、與論述分析，對選樣對象的各國 CIP 編製範圍內容做客觀的、系統的，以及少部分數量上的描述，藉以陳述本研究論題內涵宗旨。

本研究內容個案研究對象，除臺灣地區外，其餘選擇對象採立意抽樣方式（purposive sampling）挑選出研究樣本，主要選定於探討美國、加拿大、澳洲、紐西蘭、與新加坡等國 CIP 計畫編製範圍。以上幾個國家自 1970 年代即陸續展開 CIP 計畫，而亞洲的新加坡推行 CIP 計畫也制度完善。

(四) 研究範圍與限制

各國網頁針對申請 CIP 計畫，不外綜述 CIP 意義、功能、申請表格下載、所需核心附件、CIP 格式說明、印製方式、法定送存義務、CIP 資料出書後修正、與 CIP 書目資訊流通等，各國皆詳盡扼要說明，以盡服務社會大眾之責，尤其是發起 CIP 計畫、施行歷史已達 40 餘年之久、績效也最大的 LC，對 CIP 計畫模式、與民眾對圖書館編目作業因不解而可能產生的疑慮，LC 可說善盡排疑解惑、有問必答的詳盡程度，而其執行申請層面也最嚴謹，申請 CIP 有其編製適用範圍，並非來者不拒，LC 並成立 CIP 專職部門，職司審查來自全國各地的申請表件，是否齊全無漏，且符合 CIP 編製範圍條件，才移送申請表件到編目部門進行 CIP 預編作業。（Cataloging in Publication Division , Library of Congress, 2009）

各國國家圖書館網頁資料，對於 CIP 編製範圍之適用與不適用對象資訊皆詳

列明細，深值吾人比較探討，但受限於篇幅、人力、時間等因素，本研究對象限於文中所提及的各國，未能列舉世界上其他同樣施行 CIP 計畫完善的國家，以作為本研究內容主體的比較對象，或為改善我國 CIP 計畫與相關作業之參考。

二、 回顧 CIP 編製範圍施行概況

根據 2001 及 2002 年 IFLA 會議中討論到出版申請者與國家圖書館關係的重要性時，與會人士莫不對 CIP 計畫在這一份關係中居於舉足輕重的地位達成共識。因而由 LC 發起在 2003、2004 年執行線上 CIP 調查計畫（survey of CIP programs），進行 CIP 計畫國際全面性問卷調查，調查結果共有 42 所圖書館回覆。2004 年總報告出爐，共有 25 所圖書館仍維持 CIP 計畫的進展，調查資料結果明顯揭櫫 CIP 計畫的價值性。此份調查大致是從 CIP 計畫的實施現況、事實數據、作業過程、適用範圍、出版社義務、與未來展望等幾方面來進行調查瞭解各國施行 CIP 情況。關於 CIP 編製適用範圍方面，維持 CIP 計畫的 25 所圖書館編製國內出版品，其中有 12 所圖書館也編製國外出版品；有 15 所編製個人出版品；編製電子出版品則有 10 所。（IFLA，2004）

而早期國內外 CIP 發展情況，吳學峰（1978）曾介紹美、英、加、西德、巴西、澳洲與當時國內 CIP 計畫施行情形，文中提及，除書籍外，澳洲是當時唯一將視聽資料納入 CIP 編製範圍的國家，其 CIP 資料係印在包裝匣上或包裝套上。（吳學峰，1978，頁 27-30）

早在 1982 年 IFLA 曾委託加拿大國家圖書館（National Library of Canada，簡稱 NLC）主辦國際 CIP 會議，其會議議事錄內容，含有巴西、加拿大、西德、美國、英國、馬來西亞、馬爾他、哥倫比亞、紐西蘭、荷蘭、澳洲及蘇俄等 12 個國家實施 CIP 計畫現況簡表，內容包括以上各國 CIP 計畫開始年月、管理機制、會員數、CIP 編目依據等共 11 項 CIP 施行情況說明，從江綉瑛（1989）一文中可獲得 1981 年以前各國相關 CIP 計畫資訊。簡表中也表列各國 CIP 計畫「未收錄之

類型」出版品型態，茲轉錄整理成表 7-1：「早期各國 CIP 計畫未收錄的出版品類型簡表」如下：（IFLA International Office for UBC，1983，轉引自江綉瑛，1989，頁 15-18）

表 7-1　早期各國 CIP 計畫未收錄的出版品類型簡表（1981 年以前）

國別	CIP 開始年月	管理機制	CIP 未收錄之出版品類型
巴西	1971 年 7 月 1 日	分散制	1.叢刊 2.視聽資料 3.目錄 4.電話指南等
加拿大	1976 年 1 月 1 日	分散制	1.非加拿大出版者 2.叢刊 3.非書資料
西德	1974 年	集中制	1.教科書 2.非營利出版品 3.地圖 4.樂譜資料
美國	1971 年 7 月 1 日	集中制	1.叢刊 2.視聽資料
英國	1977 年 2 月	集中制	1.非於英國首次出版者 2.翻印本 3.叢刊（首期除外）
馬來西亞	1976 年	集中制	1.叢刊 2.視聽資料
馬爾他	1978 年	分散制	未定
哥倫比亞	1978 年 10 月	集中制	未定
紐西蘭	1974 年	集中制	未定
荷蘭	1980 年 9 月	集中制	1.叢刊 2.視聽資料 3.縮影資料 4.地圖 5.樂譜資料

國別	CIP 開始年月	管理機制	CIP 未收錄之出版品類型
澳洲	1974 年	集中制	1.非於澳洲首次出版者 2.翻印本 3.叢刊
蘇俄	1960 年	分散制	1.科技單位出版品 2.教科書 3.兒童書 4.藝術圖書

資料來源：IFLA International Office for UBC ed. (1983). *Proceedings of the International Cataloging-in-Publication Meeting, Ottawa, 16-19, August 1982.* 轉引自江綉瑛（1989）。出版品預行編目（CIP）作業之探討。*臺北市立圖書館館訊*，6（3），頁15-18。

備註：作者彙整。

　　由表 7-1 可看出早期各國施行 CIP 未收錄的出版品類型，大致涵蓋叢刊、非書資料、視聽資料、地圖、樂譜資料等，當然經營之始，也有國家未製訂編製範圍，但現在都已製訂出 CIP 計畫編製範圍，如紐西蘭的情形。

　　美國可說是世界上 CIP 工作的發起人，成效也最大，而且不斷努力研討，求其完善與擴充。LC 於 1971 年 7 月 1 日正式實施 CIP 計畫，初期只有 27 家美國主要出版商參與。在當時 LC 估計兩年試驗計畫結束時，大部分的書籍都具備預編資料。（張君黛，1985，頁 25）1973 年 9 月 LC CIP 計畫所收納範圍擴及到聯邦政府的非連續性政府出版品；1974 年 3 月 30 日止，參加 CIP 計畫的出版商共 600 家，所處理的圖書超過 31,000 種，已經約佔美國每年出版圖書的 50% 至 70%，大部分書商及大學出版部都加入這個計畫。美國在此時已計劃將擴充 CIP 計畫編製範圍，不再侷限於傳統紙本印刷型式，也考慮將非書資料納入編製。（陳和琴譯，1976，頁 26）在 1984 年美國 CIP 資料已達 34,579 種，佔每年出版圖書的 70%，1992 年全美國圖書已有 80% 備有 CIP 資料，（李莉茜，1996，頁 102）至 2004 年 CIP 資料已增至 57,000 種。（IFLA，2004）

　　繼 IFLA 2004 年的調查，LC 也於 2005 年間籌組 CIP 調查工作小組（CIP Review Group，簡稱 CRG），於 2006 年夏天進行 CIP 調查。調查對象主要區分成 3 種：

MARC 使用者（調查 34 個問題）、圖書館界（調查 56 個問題）與出版業界（調查 34 個問題）。調查所得的大量資料顯示，CIP 計畫對這三類社群具有相當的價值性，2007 年調查總報告最後建議區分成 10 個子項，出版品類型與出版社型態是否合於 CIP 編製範圍分居第 5、6 項，（Staff of the Bibliographic Access Divisions of the Library of Congress，2007）其內容總歸納於本研究「美國國會圖書館 CIP 編製範圍」單元探討。

　　臺灣地區施行 CIP 計畫已久，在亞洲可說是先驅者，然於早期成效上始終不及歐美諸國來的明顯。1971 年 LC 開始實施 CIP 導航計畫的時期，國圖也訂定「國立中央圖書書館圖書提前編號編目暫行辦法」，開始新書預編試行作業，初期僅擇定 3 家試行。出版社須送毛裝本預編，但耗時費力，配合不易，加上預編人力，空間設備不足，缺乏主動宣導，也無法源依據約束出版單位送編，後雖增加到 7 個單位，實際參與者不多，自 1971 年 9 月 1 日至 1989 年 1 月 31 日止，編製總數共有 1,122 種，平均每年約僅預編 65 種，實與每年出版量不成比例。（吳學峰，1978，頁 30；江綉瑛，1989，頁 12；李莉茜，1996，頁 113-114）國內 CIP 制度正式實施，只待內外條件成熟時機。

　　經國圖多年鍥而不捨、與多位專家學者努力交涉，終於 1989 年 6 月得到 ISBN 總部同意，我國正式獲得 ISBN 國家代碼「957」編碼的使用權，於 1989 年 7 月 1 日國內 ISBN 編號作業開始運作，也在新館較寬敞空間條件下，於 1990 年 2 月在有限的人力經費、任務編組方式成立書號中心，同時正式展開 CIP 計畫。（李莉茜，1996）

　　國內 CIP 的申請時機與 ISBN 編號有其一致性，兩者作業流程也可銜接，所以適合申請 CIP 的圖書，應為已取得中華民國 ISBN 的圖書。書號中心強調 CIP 最好與 ISBN 同時申請，若要單獨申請 CIP，則必須是已經取得 ISBN 號碼的圖書。（書號中心，2006，頁 36）所以在臺灣地區，具備 ISBN 號碼是申請 CIP 編製的首要範圍條件。

三、 各國 CIP 編製範圍情形

　　由表 7-1 可看出早期各國對期刊、視聽資料、縮影資料、樂譜資料、地圖等類型出版品較未納入 CIP 編製範圍內。2004 年 CIP 調查總報告中指出，25 國維持 CIP 計畫的圖書館編製其國內出版品，其中有 12 國也編製國外出版品；編製個人出版品的有 15 國；編製電子出版品 CIP 的有 10 國。（IFLA, 2004）所以，實施 CIP 計畫雖有其效益，可提高採編作業效率，但考量 CIP 編目資源有限的因素，各國還是維持 CIP 編製範圍政策。

　　關於非傳統圖書資料是否為 CIP 合格編製範圍內容，可說各國標準不一。將非傳統圖書資料類型出版品，納入 CIP 合格的編製範圍的各國狀況，根據 2004 年 CIP 調查報告，茲臚列成表 7- 2：「各國 CIP 計畫編製非傳統圖書資料情形一覽表」如下所示：（IFLA, 2004）

表 7-2　各國 CIP 計畫編製非傳統圖書資料情形一覽表

資料別	館別（國別）名稱	館(國)數
期刊（Serials）	Central National Library of Montenegro（蒙特內哥羅共和國） Martynas Mazvydas National Library of Lithuania（立陶宛） National Library of Indonesia（印尼） National Library of Mauritius（模里西斯） National Library of the Czech Republic（捷克共和國） Russian State Library（俄羅斯）	6
樂譜（Music scores）	Biblioteka Narodowa（Poland）（波蘭） Martynas Mazvydas National Library of Lithuania（立陶宛） National and University Library (Croatia/Hrvatska)（克羅埃西亞共和國）	7

資料別	館別（國別）名稱	館(國)數
	National and University Library in Ljubljana (Slovenia)（斯洛維尼亞共和國）	
	National Library of Australia（澳洲）	
	National Library of Estonia（愛沙尼亞）	
	National Library of Iran（伊朗）	
原生數位形式電子書（Ebooks born digital）	Central National Library of Montenegro（蒙特內哥羅共和國）	11
	Library and Archives Canada（加拿大）	
	Martynas Mazvydas National Library of Lithuania（立陶宛）	
	National and University Library in Ljubljana (Slovenia)（斯洛維尼亞共和國）	
	National Library of Australia（澳洲）	
	National Library of Estonia（愛沙尼亞）	
	National Library of Indonesia（印尼）	
	National Library of New Zealand（紐西蘭）	
	National Library of Nigeria（奈及利亞）	
	National Library of the Philippines（菲律賓）	
	Royal Library (Sweden)（瑞典）	
印刷圖書版電子書（Ebooks originally published as ink-print books）	Library and Archives Canada（加拿大）	9
	Martynas Mazvydas National Library of Lithuania（立陶宛）	
	National and University Library in Ljubljana (Slovenia)（斯洛維尼亞共和國）	
	National Library of Australia（澳洲）	
	National Library of Estonia （愛沙尼亞）	
	National Library of Indonesia（印尼）	
	National Library of New Zealand（紐西蘭）	
	National Library of Nigeria（奈及利亞）	
	Royal Library (Sweden)（瑞典）	
有聲資料（Audio tapes/disks/cassettes）	Central National Library of Montenegro（蒙特內哥羅共和國）	4

資料別	館別（國別）名稱	館(國)數
	Martynas Mazvydas National Library of Lithuania（立陶宛） National and University Library in Ljubljana (Slovenia)（斯洛維尼亞共和國） National Library of Estonia （愛沙尼亞）	
錄影資料（Video tapes/disks/cassettes）	National and University Library in Ljubljana (Slovenia)（斯洛維尼亞共和國） National Library of Estonia（愛沙尼亞）	2
印刷圖書版微縮資料（Microform originally published as ink-print books ）	Library and Archives Canada（加拿大） National and University Library in Ljubljana (Slovenia)（斯洛維尼亞共和國） National Library of Estonia（愛沙尼亞）	3
原生形式微縮資料（Microform originally published as microform works）	Library and Archives Canada（加拿大） Library of Congress (U.S.) （美國） National and University Library in Ljubljana (Slovenia)（斯洛維尼亞共和國） National Library of Estonia（愛沙尼亞）	4
電腦檔案資料（computer files on CDs/ tapes/disks/ cassettes）	Martynas Mazvydas National Library of Lithuania（立陶宛） National and University Library in Ljubljana (Slovenia)（斯洛維尼亞共和國） National Library of Estonia（愛沙尼亞）	3
網路資源（網頁）（Internet resources/ homepages）	National and University Library in Ljubljana (Slovenia)（斯洛維尼亞共和國）	1

資料來源：IFLA. (2004). *Survey of CIP programs report*. Retrieved January 5, 2012, from
　　　　http://www.loc.gov/catdir/cipsurvey/IFLA_CIP_Survey_ Report.pdf
備註：作者彙整。

　　由表 7-2 可以發現，各國 CIP 計畫編製非傳統圖書資料情形，期刊、樂譜、電子書、有聲資料、錄影資料、微縮資料、電腦檔案資料等，都有國家將之納入

CIP 編製範圍，但若以 CIP 調查問卷回覆的 42 國、仍維持 CIP 計畫的 25 國計算百分比，總體而言大致皆未超過半數，尤其對於遠端存取的網路資源（網頁）是否納入 CIP 編製範圍，根據調查僅有斯洛維尼亞一個國家。

　　以下茲從本研究立意抽樣研究對象，介紹美國、加拿大、澳洲、紐西蘭、與新加坡等國 CIP 編製範圍情形，最後並論述分析臺灣地區 CIP 編製範圍準則。

(一) 美國國會圖書館 CIP 編製範圍

　　美國 CIP 計畫自 1971 年 7 月起集中由 LC 為尚未出版的圖書，準備提供預編書目紀錄，以因應國內圖書館館藏編目需求，但編目資源有限，所以制定 CIP 申請範圍，利用有限資源，以確保 CIP 編製的範圍能滿足美國國內大多數圖書館編目需求。只有那些可能獲得美國國內圖書館廣泛典藏的作品，才提供預先編目服務。

　　美國出版社為即將出版的新書申請 CIP 的條件是，該社必須冠有任一美國城市名作為出版地，同時該社在美國當地也必須保有編輯人員、或相關人員的辦公室，以方便聯繫作業，為能夠回答 LC 在處理 CIP 編目過程中，可能產生的任何實質書目上的問題。

　　只有以美國任何地名為出版地的出版社出版的新書才合於 LC CIP 申請對象，此乃基於本地的出版品，才可能廣為美國的圖書館所獲取典藏，所以像書商、經銷商、印刷廠、製造所、或其他仲介機構，就不在 CIP 申請對象範圍之列；另外規定，出版少於三位不同作者作品的出版社，或自行出版也不適宜申請 CIP；由作者和編輯者支付或補貼出版個人作品的自行出版情形，通常出版狀況會少於三位不同作者作品，且其作品很少被國內的圖書館所廣泛獲得，所以 LC 也不接受這類資料申請 CIP。若不適於 CIP 編製範圍，也許可以預先申請編配美國國會圖書館控制號碼（Library of Congress Control Number，簡稱 LCCN）。

　　LC 強調，直到出版社送存一份已出版的圖書到 CIP 部門，整個 CIP 申請作業才算大功告成。接收到新書，館員會增加修改 CIP 書目項目成為全編編目紀錄（full bibliographic record），例如：頁數與尺寸大小等，如此才能確保書目資料是

正確地描述該書特徵。（Cataloging in Publication Division, Library of Congress, 2009）

　　LC 對於出版品不適用於 CIP 編製範圍者，則將之區分為一般性、區別發音符號、特定版本、版式、與特別版式等項，說明如下：

1. 一般性（general）

- 圖書已經出版。
- 在書名頁（title page）上未冠有任一美國城市作為該書出版地，只表明發行地是在美國也還不充足，一定要在書名頁或版權頁上標明任一美國城市名作為出版地。
- 由個人作者支付、或給與補助出版的圖書。

說明：

根據 2006 年 LC CIP 調查，其中一項評估 CIP 擴編範圍實際的影響，圖書　館界一致的排名，如：影像光碟、音樂光碟、多媒體套件、大眾市場平裝書，以及其他類型的出版品，都排在自行出版品之前。

- 隨選列印（Published on demand，簡稱 POD）的圖書。
- 該書由曾經出版少於三位不同作者作品的出版公司出版。
- 該書透過預定控制號碼計畫（Preassigned Control Number, 簡稱 PCN）已預先申請 LCCN。

2. 區別發音符號（diacritics（special characters））

- 該書書名頁上的文字包含現代西方歐語系的區別發音符號者（Western European language diacritics），合於 ECIP 的申請。
- 該書書名頁上的文字含非現代西方歐語系的區別發音符號者（non-Western European language diacritics），則不能符合 ECIP 的申請，還是要透過以傳統紙本作業方式提出 CIP 申請。

3. 特定版本（certain editions）

- 含多重部分（單元）的套書
  說明：

套書是完整、有限數目的多冊書，圖書館處理套書通常有兩種方式：一種是單編，套書中每一單冊編製成一筆獨立的書目紀錄；一種是合編，套書每一單冊共同編成一筆書目紀錄。若以合編方式處理，套書 CIP 資料是不必新增。

- 特定教科書（certain textbooks）

  說明：

  除了美國史以外，大學階段以下的課本、已有單冊版本以多冊型式出版的課本、簡要版本、教師版本等都不在 CIP 申請範圍。

- 重新包裝的版本（repackaged editions）

  說明：

  重新包裝版本是以前曾出版過的作品重新發行，主要是以包裝上的不同區分於前一版本，例如：一套書以前單獨發行，改以盒裝方式重新發行。

- 翻譯書（translations）

  說明：

  外國語文作品翻譯成英文或西班牙文是包含在 CIP 編製範圍，其他翻譯語文則不在 CIP 編製範圍。

- 袖珍型版本（vest pocket editions）

  說明：

  這類出版品主要用於個人便於攜帶的現場參考，而不是用於圖書館採購的永久典藏，故不在 CIP 編製範圍。

4. 版式（formats）

- 視聽資料，包含混合型媒體。

  例如：錄影資料、DVDs、有聲光碟（audio CDs）、組件。

- 電腦檔（computer files）。

  例如：CD-ROMs、電腦磁碟（computer disks）、網站（web sites）。

- 電子書（Ebooks），例如以電子化格式（electronic format）出版的圖書。

- 大眾化市場的平裝書（mass market paperbacks）。

- 微縮資料（microforms）。

  說明：

  多數的微縮品是不在 CIP 編製範圍，除非原來即為微縮形式的出版品。

- 樂譜。

  例如：單張樂譜、音樂合集、讚美詩集、歌謠集等。

- 連續性出版品（serials）。

  說明：

  連續性出版品是指期刊、學報、年鑑，和其他在相同題名下，以不同出版卷期或時間持續出版發行的出版品，該類型出版品較適宜編配國際標準期刊號（International Standard Serial Number，簡稱 ISSN），屬於 LC「期刊紀錄部門」（Serial Record Division）的「國家期刊資料計畫」（National Serials Data Program）作業範圍。

- 旅遊指南（travelguides）。

  說明：

  最「一般性」（general）的旅遊指南，例如：典型的城市和國家指南，若連續出版，在 LC 編目實務是當作期刊處理。對少數不屬於期刊的特殊情況下，為了避免必須制定複雜和費時的程序，所有的「一般性」旅遊指南，已被 LC 宣布為不適用於 CIP 編製範圍。

  而「專門性」（specialized）的旅遊指南，通常以非常具體的觀點論述特定地方的指南，只要不超過經常每三年以內即發行一次，是在 CIP 編製範圍。「專門性」的旅遊指南若為規則性定期出刊的型式，或 LC 已將之納入期刊編目，即不在 CIP 申請範圍。

5. **特別版式（special formats）**

- 短暫性與（或）消耗性材料。

  例如：貿易目錄、電話簿、日曆、著色簿、漫畫、填寫書、剪貼書等。

- 禮物書（gift books）。

  說明：

產出和行銷此類出版品，主要是被當作禮物購買。例如激勵人心、靈巧、感傷或者幽默的詩句、格言或語錄帶有插圖式的文集，但不同於賀卡的想法、措辭和致詞。禮物書往往饋贈給朋友或家庭成員，或可能是為慶祝特別節日。

- 教學用材料。

  說明：

  教學使用的材料包括：實驗室手冊、教師手冊、程序教學測試表、練習簿、宗教教派教學材料等都不在 CIP 編製範圍。

- 語音書籍（phonics books）。

  說明：

  語音書籍是課程用書，有助於在語音使用基礎上的閱讀和拼寫學習，一般是在教室使用。

- 搭售品（tie-ins）

  說明：

  一般（但不完全）是兒童讀物，這主要轉製取自於電影、電視節目、漫畫、視聽遊戲、玩具與食品等。（Cataloging in Publication Division, Library of Congress, 2012）

(二) 加拿大國家圖書館暨檔案館 CIP 編製範圍

加拿大 CIP 計畫模式，是由加拿大國家圖書館暨檔案館（Library and Archives Canada，簡稱 LAC）共同協調運作，實際管理是透過該出版者在他們各自區域提供 CIP 服務代理圖書館（CIP Agent Library）的網絡來進行，這主要是分成三個區段：商業出版（trade publishing）、 地方政府出版（povincial government publishing）、與聯邦政府出版（federal government publishing）。

在加拿大的 CIP 計畫目的強調，是為即將出版（forthcoming）的加拿大出版品提供標準化的圖書館編目。CIP 計畫包括各式各樣範圍廣泛的主題與讀者、印刷式出版品和其他媒體，並且涵蓋一大群加拿大出版者，包括：商界、政府單位、

個人、大學、協（學）會等的參與。在出版前，一旦完成該出版品 CIP 編目資料，不但可提供即時性（timely）編目資料給圖書館單位加以利用，也另外增進加拿大出版者的合法出版品，在讀者面前的曝光機會。

欲向 LAC 申請 CIP 計畫，必須符合以下四項基本的合格標準：

(1)考慮即將出版中的出版品，必須在加拿大所在地出版，即具有加拿大地址的出版者。
(2)該出版品尚未正式印製出版。
(3)對於即將出版和其他實體的媒體（tangible media），至少要有 100 份拷貝的生產製作數量。
(4)提供公開發行使用。

除了必須符合以上四要件，出版品類型或內容形式若屬於以下幾種情況，也會被排除在加拿大 CIP 申請範圍之外，包括：

(1)網站（websites）、部落格（blogs）、維基百科（Wikis）。
(2)出版品非由任何一所加拿大出版者所出版，即使該出版品預計在加拿大當地印製或經銷。
(3)出版品非由任何一所加拿大出版者所出版，即使該出版品是由加拿大人所撰寫。
(4)中小學的學校教材，包括學生教科書、老師資源教材與輔助教材，也包含讀者所閱讀的出版品在內。
(5)期刊/系列出版品，以及更新式活頁出版品。
(6)出版品為限制性質的發行，例如：只限發行於家庭成員、朋友、事件、會議、研討會的成員或參與者、公司的客戶等。
(7)音樂有聲錄音資料。
(8)音樂樂譜和單張樂譜。
(9)該出版品曾以印刷或其他格式出版過的電子版。
(10)短暫性出版品，例如：傳單、日曆、日誌、商業目錄、電話簿、遊戲書、

著色簿、填字謎書、空白書等。

(11)遊戲器具之類（games）。

(12)海報。

(13)地圖。

　　如果出版品是由加拿大和國外出版者同時發行，則每位出版者應該在自己的國家境內申請 CIP 資料，在這種情況下，加拿大和國外兩種 CIP 資料皆應印製在書上。（Library and Archives Canada, 2009）

(三) 澳洲國家圖書館 CIP 編製範圍

　　澳洲 CIP 計畫由澳洲國家圖書館（National Library of Australia，簡稱 NLA）所提供的自願性免費服務。NLA 強調，沒有任何法律責任規定出版品皆要包含 CIP 紀錄，申請 CIP 計畫與版權也沒有任何關係。

　　新版和修訂版的圖書皆適合於申請 CIP 計畫，但一定要在澳洲出版，並含有廣大讀者群的資訊內容，與該書能為澳洲地區圖書館界所收購與獲得。

　　適用於 CIP 編製範圍，包含：

(1)新版和修訂版的圖書。

(2)聯邦、州和當地政府所出版的出版品。

(3)大學出版社、專業學會和貿易協會的專題論文出版品。

(4)賦予編號、或含在多冊系列內的圖書。

(5)教科書。

(6)在澳洲出版的翻譯書。

(7)展覽目錄。

(8)光碟／數位影音光碟（CD-ROM/DVD-ROMs）資料。

(9)電子書（包含自行出版的電子書）。

(11)隨選列印的圖書（包含自行出版的電子書）。

(12)樂譜。

(13)活頁出版品。

　　不適用於 CIP 編製範圍，則包含：

(1)該出版品不具有效性（valid）的 ISBN 號碼。

(2)未含有任何澳洲出版社出版印記的圖書。

(3)教室教材，例如：練習簿、測驗卷、活動單或者影印作品、多媒體組件、教
　　具、課程特別指南等。

(4)雖在澳洲出版，但本質上為短暫性的出版品，例如：商業目錄、電話名錄、
　　年曆、時刻表、漫畫書、著色簿、填寫書（fill-in books）、日誌、日曆、和
　　不具永久保留性質的其他類型材料等。

(5)雜誌、期刊或者連續性出版品。

(6)版本記錄、出版者、內容、或者開式等都沒有改變的重印書。

(7)視聽資料。

(8)從雜誌、期刊或者系列中抽印出的單篇文章。

(9)地圖。

(10)掛圖。

(11)電腦程式。

　　NLA 強調：直到該館法定送存單位（Legal Deposit Unit）收到新書出版品，
才算整個完成 CIP 計畫申請過程。一旦收到送存出版品，編目館員會增加其他資
料項目到 CIP 書目紀錄上。（National Library of Australia, 2012）

(四) 紐西蘭國家圖書館 CIP 編製範圍

　　紐西蘭 CIP 計畫，是由紐西蘭國家圖書館（National Library of New Zealand，
簡稱 NLNZ）為紐西蘭出版者所提供的免費服務，NLNZ 強調，當準備行銷出版
品到海外時，CIP 特別顯得有其用處，因為 CIP 紀錄在主要海外市場已是標準項
目。

　　在紐西蘭經常出版圖書的出版社都可參加 CIP 計畫，只要一年出版超過三本

書的任何組織都可以參加；小型出版公司，假如每年能出版二位或更多位作者作品也歡迎參加；國際性質的出版公司，在紐西蘭出版該書、而經銷地雖不只在紐西蘭一個國家內，也歡迎參加 CIP 計畫。

　　由於人力物力資源限制，自行出版、或一年只出版一、二位作者作品的出版者，通常都不適於申請 CIP。個人自行出版，雖不適於申請 CIP 計畫，透過法定寄存制度送書，圖書館收到書後，一樣也會進行該個人出版品的編目作業。

　　適用於 CIP 編製範圍者，包括：

(1)關於任何主題、預計於紐西蘭出版的新書或修訂版。
(2)之前由不同出版社出版的再刷書。
(3)預定於紐西蘭出版的地圖與地圖集。

　　不適用於 CIP 編製範圍者，包括：

(1)已經出版的作品。
(2)由同一家出版社出版的再刷書，例如：內容不變的精裝本的平裝版。
(3)性質上為短暫性的出版品，例如：曆書、日誌、電話名錄、視聽資料、多媒體組件等。
(4)雜誌和期刊等。

　　收到 CIP 資料後，假如決定更改書名或其它書目項目，應主動告知 NLNZ，以更新書目資料庫，並且 NLNZ 會重新傳送修正版 CIP 資料予以印製。新書一但出版，應送存二份出版品到紐西蘭法定寄存單位，以履行身為一個出版者的法律義務。NLNZ 一旦收到送存出版品，CIP 紀錄是會被更新成完整編目紀錄。（National Library of New Zealand, 2012）

(五) 新加坡國家圖書館 CIP 編製範圍

　　新加坡 CIP 計畫，是由國家圖書館委員會（National Library Board，簡稱 NLB）為在新加坡出版的印製性出版品所提供的一項服務，在新加坡 CIP 計畫是出版者

與 NLB 之間合作關係的一項志願性免費服務。

在新加坡包含由商業性出版社、協會和機構、政府、法定委員會、或個人出版者等出版的出版品，並已經賦予編配新加坡 ISBN 號碼，皆可參與申請 CIP 計畫。CIP 計畫處理的內容語言可能包括：英語、中文、馬來語、與坦米爾語（tamil）等印製性出版品。

適用於 CIP 編製範圍者，包括：

(1)在新加坡出版的出版品，包含所有主題，不限年齡族群，並且已具有 NLB 所編配的 ISBN 號碼。

(2)展覽目錄和藝術書籍。

(3)屬於專題性系列或多冊性質的出版品。

不適用於 CIP 編製範圍者，包括：

(1)書名頁上未印有任何一家新加坡出版社出版該書的事項。

(2)該書未具有 NLB 所編配的 ISBN 號碼。

(3)期刊，例如：年刊（年鑑）、與其他在相同題名下定期發行的出版品。

(4)為短暫性的專門出版品，例如：商業目錄、電話名錄、曆書、年曆、時刻表、著色簿、剪貼書（cutout books）等。

(5)單張樂譜或音樂樂譜。

(6)從期刊抽印出的單篇文章。

(7)旅遊指南。

(8)點字書。

(9)連環漫畫冊。

(10)消耗性的教材，例如：教科書、練習簿、測驗卷、或者影印品。

(11)課程專門用具。

(12)有聲和卡式錄影帶。

(13)微縮複製品。

(14)CD-ROMs、電腦光碟、和電腦軟體等。

(15)成套或混合式媒體組件。

(16)掛圖。

(17)地圖與地圖集。

(18)字典、辭典、和百科全書。

　　NLB 也同樣強調，出版前任何變動，出版者應立刻通知 NLB CIP 計畫修改，以確保提供給書商、批發商和圖書館的 CIP 書目紀錄是正確和最新穎。（National Library Board Singapore, 2013）

(六) 臺灣地區 CIP 編製範圍

　　臺灣地區 CIP 計畫由書號中心所擔綱，中心一貫申請作業流程，實施 ISBN 編號完成，出版者若有意願繼續申請編製 CIP 資料，且出版品類型符合 CIP 編製範圍，則接續進行 CIP 預編作業，所以臺灣地區也是全球將 ISBN 編號與 CIP 預編作業結合在同一單位連貫進行的國家之一。

　　國圖於 1990 年 2 月正式成立書號中心，進行編配國內 ISBN 號碼，同時展開 CIP 申請作業。在臺灣地區出版發行的新書，出版者可在該新書出版前三個月內提出申請 ISBN/CIP 計畫。凡在中華民國境內出版圖書等出版品的公司行號、政府機關、團體會社、個人等均為適用對象。另外，代理進口在臺灣印製發行之出版品也是 ISBN 編號適用對象（書號中心，2006，頁 16）。

　　臺灣地區與澳洲、新加坡規定一樣，新書適合申請 CIP 的首要條件，應為事先已取得 ISBN 編號。所以申請 CIP 計畫最好與 ISBN 同時進行，若要單獨申請 CIP 編製，則必須是已經取得 ISBN 編號的圖書。對於 ISBN 編號也有編配範圍條件，而 ISBN 編號不適用範圍，包括：

(1)小冊子、未滿 20 頁的圖書。

(2)短暫性出版品，如：中小學教科書、考試題庫、筆記書、禮物書、習作本、習字簿、日記簿、行事曆、家計簿、日曆、農民曆、海報、散頁、戲劇和音樂會節目表、課程表、表格及著色畫、明信片、萬用卡等。

(3)音樂作品，如：錄音帶、唱片、光碟及單張樂譜。

(4)以宣傳為主的印刷品，如：簡介、導覽、展覽目錄、商品目錄、說明書、價目表、傳單等。

(5)連續性出版品，如：報紙、期刊、雜誌等。（適合申請 ISSN）

(6)無文字說明的藝術複製品。

(7)抽印本、手稿本。

(8)電子佈告欄、電子郵件及其他即時通訊軟體等。

(9)各類遊戲軟體及用品等。

　　所以臺灣地區若一出版品屬於以上 ISBN 編號不適用範圍，即未能取得 ISBN 號碼的編配，自然也就不在申請 CIP 編製範圍。

　　而 ISBN 編號適用範圍，包括：

(1)20 頁以上的圖書。

(2)地圖、盲人點字書。

(3)錄音帶或光碟版的有聲書。

(4)縮影型式出版品。

(5)公開發行電子出版品：磁片、機讀磁帶、光碟片等。

(6)混合型媒體出版品（以文字為主）。（國家圖書館，2009d）

　　臺灣地區若一出版品是在以上 ISBN 編號適用範圍，即能納入 ISBN 編號體系，但以上出版品即使取得 ISBN 編號，若為以下資料條件，則不在 CIP 編製範圍，包括如：

(1)用外國語文寫作的圖書。

(2)漫畫書。

(3)高中、國中、小學教科書及參考書。

(4)考試測驗題庫含解析。

(5)幼兒圖畫書。

(6)未滿 50 頁的小冊子。

(7)單張地圖、盲人點字書。

(8)樂譜、寫真集。

(9)圖書以外的其他媒體資料。（國家圖書館，2009a）

　　由以上可以觀察出臺灣地區 CIP 編製範圍與 ISBN 編號範圍具有前後關係。

　　臺灣 CIP 編製範圍適宜首要條件須先取得中華民國 ISBN 編號的圖書，所以 ISBN 編號不適用範圍，例如：未滿 20 頁的小冊子、短暫性出版品、音樂作品、以宣傳為主的印刷品、連續性出版品、藝術複製品、抽印本、電子郵件、各類遊戲等等都不屬於臺灣 CIP 編製範圍。

　　臺灣地區 CIP 不適用編製範圍的出版品類型如：漫畫書、教科書（參考書）、單張地圖、樂譜、盲人點字資料等，都是本研究個案取樣國家對象中，常將之納入不編製 CIP 的範圍條件，另外臺灣對於是否公開發行、或者印量數目倒沒有特別規定，頁數上則限制必須在 50 頁以上。

　　臺灣 CIP 編製不適宜範圍例如：高中、國中、小學教科書及參考書、幼兒圖畫書，頁數只要超過 50 頁，申請者提出申請，根據筆者實務經驗，這兩項資料已有不少筆 CIP 紀錄。至於未滿 50 頁的小冊子，主要基於這類出版品，在圖書館館藏作業，常視為小冊子作業原則，而不是一般性館藏編目處理作業，為節省 CIP 人力物力有限資源，所以未納入 CIP 適宜編製範圍。

　　而對於外國語文寫作的圖書，不論記述編目或主題編目，都與中文圖書作業方式不同，必須另備一套作業流程與規範工具書，以進行西文編目作業，限於人力物力資源不足，所以書號中心目前並未開放對這些少量的出版品編製 CIP 書目紀錄。

　　ISBN/CIP 新書書目收錄於書號中心所編印的《全國新書資訊月刊》「新書書目」單元內，其中 CIP 書目依類編排；未申請 CIP 的書目，即不具有分類號與主題分析的部分，在 ISBN 建檔時大致將之區分為：政府出版品、教科書及考試用書、兒童讀物、漫畫書、小說及雜文、和其他等六小類，以每月預告我國即將出版的新書資訊與報導最新出版圖書訊息概況，而 TPS 當然是每天提供更即時性、

需求性、新穎性的閱讀書目需求服務。

申請 ISBN/CIP 的新書在臺灣出版後,一般出版機構可依「圖書館法」第 15
條之規定送存一份、政府出版品送存二份至國圖作為國家文獻典藏之用。國圖將
圖書登錄後,依此修正書目資料,以傳真發送謝函、及送存圖書清單致謝(書號
中心,2006,頁 24)。同時相關各界可於「全國新書資訊網」抄編、下載、轉錄
已送存、修改過的 ISBN/CIP 新書書目資料。(國家圖書館,2009b)

四、 結論

對於 CIP 編製範圍制度,本研究主要透過選樣國家進行個案論述,詮釋以上
各國 CIP 編製範圍作業模式,對研究內容呈現實務現象之描述,並提出臺灣地區
ISBN/CIP 編製範圍內容。最後本研究歸納出以下結論要點:

(一) 各國 CIP 計畫皆採國內出版品免費志願申請服務模式,且維持出版前申請

各國 CIP 計畫模式,大致採行接受國內本地出版品免費志願申請服務模式,
而且維持出版前的申請。申請者要將 CIP 資料印製在新書上某一位置,並且各國
皆重視強調出版後,送存國家典藏的概念,以便利館員根據到館新書,修改 CIP
預編書目紀錄。

(二) 各國已制定 CIP 編製範圍條件

本研究內容個案研究對象,主要選定於介紹論述美國、加拿大、澳洲、紐西
蘭與新加坡等國 CIP 編製範圍。以上這幾個國家自 1970 年代即陸續展開 CIP 工
作計畫,而亞洲的新加坡,也後起直追,制度完善。其中只有紐西蘭在草創初期,
未定 CIP 不收錄的出版品類型。經過這 30 多年來出版品類型的演變發展,各國皆
已制定 CIP 編製適用與不適用範圍條件。

(三) 各國皆制定 CIP 編製不適用範圍作業處理原則

本研究取樣國家對象，對於 CIP 編製不適用範圍條件，茲整理彙編成表 7-3：
「各國 CIP 計畫編製不適用範圍比較一覽表」如下所示：

表 7-3　各國 CIP 計畫編製不適用範圍比較一覽表

國別	CIP 計畫不適用範圍
美國	1.圖書已經出版；2.不在美國出版；3.個人出版；4.隨選列印；5.該書由曾經出版少於三位不同作者作品的出版公司出版；6.該書已申請編配 LCCN；7.電子書；8.電腦檔；9.連續性出版品；10.禮物書；11.旅遊指南；12.平裝書；13.樂譜；14.微縮資料；15.特定教科書；16.袖珍型版本；17.含混合型媒體的視聽資料；18.套書；19.教學用材料；20.短暫消耗性材料；21.除了西班牙文與英文以外的翻譯書；22.從雜誌與期刊抽印出的單篇文章；23.重新包裝的版本；24.語音書籍；25.搭售品
加拿大	1.網站、部落格、維基百科；2.不在加拿大出版；3.中小學的學校教材；4.期刊/系列出版品；5.出版品為限制性質發行；6.音樂有聲錄音資料；7.樂譜；8.非原生電子書；9.短暫性出版品；10.遊戲器具之類；11.海報；12.地圖。
澳洲	1.不在澳洲出版；2.教室教材；3.短暫性出版品；4.雜誌、期刊或者連續性出版品；5 未具有 ISBN 號碼；6.重印書；7.視聽資料；8.抽印的單篇文章；9.地圖；10.掛圖；11.電腦程式。
紐西蘭	1.已經出版的作品；2.由同一家出版社出版的再刷書；3.短暫性出版品；4.雜誌和期刊等。
新加坡	1.不在新加坡出版；2.未具有 ISBN 號碼；3.期刊；4.短暫出版品；5.樂譜；6.抽印的單篇文章；7.旅遊指南；8.點字書；9.連環漫畫冊；10.消耗性教材；11.課程專門用具；12.有聲和卡式錄影帶；13.微縮複製品；14.CD-ROMs 和電腦光碟，電腦軟體等；15.媒體組件；16.掛圖；17.地圖與地圖集；18.字典、辭典和百科全書。
臺灣	1.未取得中華民國 ISBN 編號的圖書；2.用外國語文寫作的圖書；3.連環漫畫書；4.高中、國中、小學教科書及參考書；5.考試測驗題庫含解析；6.幼兒圖畫書；7.未滿 50 頁的小冊子；8.單張地圖；9.盲人點字資料；10.樂譜；11.寫真集；12.圖書以外的其他媒體出版品。

備註：作者彙整。

(四) 各國對於 CIP 編製不適用範圍條件各具特色

　　由表 7-3 可看出各國 CIP 計畫編製不適用範圍特色，已經出版、不在本國境內出版、連續性出版品、樂譜、微縮資料、視聽資料、音樂錄音資料、教材、盲人點字資料、短暫性出版品、連環漫畫書、地圖、抽印的單篇文章、電腦檔等項，是較易被各國納入 CIP 計畫編製不適用條件範圍。但以上也不一定為通則，各國還是有其主權制定其作業處理原則，例如「樂譜」一項，澳洲是將之納入 CIP 編製適宜範圍。

(五) 各國 CIP 申請大都限於本國出版品

　　各國 CIP 計畫不接受國外出版品申請的居多，像加拿大即申明：即使該出版品是在加拿大印製或經銷、即使該出版品是由加拿大人所撰寫，出版品非由任何一所加拿大出版者所出版，即會被排除在 CIP 計畫申請之外，臺灣地區也是規定限於中華民國境內出版者的申請。

(六) 各國對於申請 CIP 出版者對象，以設限於國內為主

　　因各國申請 CIP 幾乎都要在本國境內出版，所以出版者對象以設限於國內為主。紐西蘭對於國際性質的出版公司，在紐西蘭出版該書、而經銷地雖不只在紐西蘭一個國家內，也歡迎參加 CIP 計畫。美國對 CIP 申請對象有比較多限制，像書商、經銷商、印刷廠、製造所、或其他仲介機構，就不在 CIP 申請對象範圍之列，另外美國與紐西蘭規定，出版少於三位不同作者作品的出版社，或自行出版也不適宜申請 CIP。臺灣對於在中華民國境內出版圖書等出版品之公司行號、政府機關、團體會社、跨國出版公司，甚至個人等，都視為可申請 CIP 計畫的出版者，不至於像美國有諸多限制，而且每年「個人出版品」的申請案例不減反增。

(七) 各國 CIP 申請對於出版品發行狀況未特別規定

　　加拿大規定申請 CIP 的出版品，需供公開發行使用，且至少要有 100 份以上

拷貝的生產製作數量，若出版品為限制性質的發行，即不在 CIP 申請範圍，加拿大在這方面的規定，其他國家倒未必特別申明。至於 POD 版圖書，美國未將之納入 CIP 編製範圍，而臺灣採納入編製作業，並於書目紀錄中著錄標示「POD 版」。

(八) 關於出版品內容語文限制申請 CIP 計畫情形，各國狀況不一

例如新加坡 CIP 計畫處理的內容語言範圍包括：英語、中文、馬來語與坦米爾語等印製性出版品，這與新加坡為一多元種族國家、語言多樣化，採行多語政策應該息息相關，美國是比較採納編製內容譯為西班牙文與英文的翻譯書。臺灣對於以外國語文寫作的新書，限於人力物力資源等因素，未能進行 CIP 西文編目作業，目前是不納入 CIP 編製適宜範圍。

(九) 具備 ISBN 號碼以後，才能接續申請 CIP 計畫的國家

另外規定必須事先具備 ISBN 號碼之後，才能繼續申請 CIP 計畫的國家，除了臺灣的例子以外，在本研究個案對象內，還包括澳洲與新加坡兩個國家。所以在這些國家 ISBN 編號不適用範圍，也就都不屬於 CIP 編製範圍。

(十) 電子書是否為 CIP 編製範圍各國步調不一

資訊科技不斷進展，促成電子資源的興起，電子資源的範圍涵蓋各種形式電子出版品，與從網路上可獲得的各式各樣網路資源。其中以數位形式存在的書籍，即電子書，在美國是尚未將之納入 CIP 編製範圍，而澳洲已將電子書（包含自行出版的電子書）正式納入 CIP 編製範圍，隨選列印的圖書若有包含自行出版的電子書，也在 CIP 編製範圍。但臺灣對於圖書以外的其他媒體資料目前是採不適宜編製 CIP 範圍。根據 IFLA 2004 年 CIP 調查報告，原生數位形式電子書有 11 國納入 CIP 編製範圍；印刷圖書版電子書有 9 國納入 CIP 編製範圍，這兩種類型電子書納入 CIP 合格的編製範圍，皆包括加拿大、澳洲、紐西蘭等國。

五、 建議

本研究從各國 CIP 編製範圍制度層面，發現各國 CIP 計畫皆採國內出版品免費自願申請服務模式，並制定各具特色的 CIP 編製適用與不適用範圍條件與作業原則，茲提出以下幾點建議，酌供參考：

(一) 臺灣地區應維護更新制定 CIP 編製範圍條件，以達成利用 CIP 資源的最大效益

為保障本國新書出版者權益，與考慮圖書館取得境內館藏資源的優先性、便利性，並參酌世界各國編製 CIP 計畫理念和實務，與人力物力資源最佳化、極大化運用，臺灣地區 CIP 計畫，應維護更新制定參考各國 CIP 編製適用與不適用範圍條件，適時修訂 CIP 編製範圍，以因應出版品類型生態的演變。

(二) 擴編 CIP 編製範圍，需齊備專才與資源

臺灣對於以文字為主的混合型媒體出版品，只要具備 ISBN 號碼，仍在 CIP 編製範圍，至於圖書以外的其他媒體出版品如：錄影資料、有聲出版品、微縮資料、電子出版品等，國際上未納入 CIP 編製範圍者居多，臺灣地區若要考慮納入 CIP 編製範圍，書號中心則要齊備處理非書資料、視聽資料、與電子資源編目技能專才與資源，若加上要納編外文新書，則需具備西文編目作業資源與兼具多種語文主題分析素養的專業人員。

(三) 積極提昇電子預行編目 ECIP 施行效能

2008 年 LC「書目控制的未來工作小組」所提出總結報告"On the record"，針對 CIP 的申請處理程序，提出全面自動化方向，即電子預行編目 ECIP 的施行，期望書目紀錄記述性部分的資料，在早於編目前即已完成，提供資源分享，以提

昇書目建置效能。自 2007 年 1 月起，LC 也全面實施 ECIP 電子化申請，在美國 ECIP 已全面取代傳統申請方式。臺灣地區 CIP 線上申請，雖行之有年，若能擴大施行對象，則有助於直接引用修改出版申請者所提供的書目電子檔案，以節省重覆建檔資源，而在主題分析編目方面，申請者也較能利用 ECIP 機制，提供利於掌握該申請出版品的數位內容，以彌補未能見到全書原貌而進行 CIP 預編主題分析的作業缺失。

(四) 適時加強宣導鼓勵出版者申辦 CIP 計畫

出版申請者雖能透過申請 CIP 機制，廣佈周知相關各界自家新書出版資訊，與從下載加值利用 CIP 新書書目得到營業上的效益，但出版業申請 CIP 時，同樣需耗人力物力、申請文件傳輸費，再加上美工排版印製 CIP 在版權頁上的費用，而 CIP 不像 ISBN 可再轉製成條碼，方便書籍物流，CIP 的效益在這方面則不明顯。

再者，申請者對 CIP 的認知不像圖書館採編單位需求之殷切，所以這也是 20 餘年來，臺灣地區參與 ISBN/CIP 申請筆數雖歷年逐步成長擴增，但申請 ISBN 編號後、繼續申請 CIP 計畫的百分比平均值大致為 58.3%，雖然已經超過半數，但顯然仍存在著提高 CIP 預編申請的成長空間。為加強鼓勵申請者加入申請 CIP 計畫行列，書號中心可適時加強透過各種機制宣導業者申請 CIP 計畫，並盡專業諮詢輔導與教育訓練之責，如 CIP 表件填製說明、CIP 資料格式體例與印製注意事項等的解說，甚或補貼或獎勵申請者申辦 CIP 計畫過程之費用。

(五) CIP 計畫可透過與申請者合作建置分類號碼，以提昇 TPS 服務質量效能

臺灣地區 CIP 編製範圍，連動關係到 TPS 服務質量效能。為建置提高申請 CIP 比例的有效機制，除以上幾點建議外，對於未能納編 CIP 編製範圍，或申請者還是沒有主動申請 CIP 服務之意願，對於這些已具 ISBN 編號的書目，未能涵蓋分類號，以致遺漏於傳送 TPS 的部分，若為求全，書號中心可考慮擴編原 ISBN 建檔時粗分的六主題小類。建議書號中心可提供現行編目規範所使用的數位化分

類表內容，請申請者配合在填製 ISBN 申請表時，出版社編輯申請人員可根據該新書內容主題一併選出填入分類號，以方便 ISBN 建檔時的參考建置。一旦具備分類號，就可以納入 TPS 服務系統，進而依讀者所挑選的閱讀主題，傳送最新最全的每日臺灣新書訊息。

(六) 書號中心為一知識學習型組織，須加強提昇充實編目溝通專才

21 世紀為處於知識經濟（knowledge-based economy）時代，杜拉克（Peter F. Drucker, 1909-2005）認為不論是營利或非營利機構，企業組織最可貴的資產會是他們的知識工作者（knowledge worker）和知識工作者的生產力（杜拉克，1999/劉毓玲譯，2005，頁 180）。隨著知識型態的累積與資訊科技的進展，組織會隨著時代變遷做有機式調適，繼而建構一個融合尊重、相知相解、效率穩健、與終身學習的專業知識型顧客服務體系。基於龐雜、不確定情勢和變革需求，處在知識社會的知識工作者需要技術知識、專業知能、洞察力與氣度，才能航向變革管理浪頭，而依然站穩腳步，屹立不搖。面對當今瞬息萬變、競爭激烈的環境，尤其知識組織即產生需要不斷創新的螺旋架構。

CIP 計畫為處在第一線接受申請作業、直接面對民眾的知識服務型態，所有 CIP 預編作業人員皆具知識工作者的生產力。而書號中心底蘊為知識型組織，透過不斷創新，必須先成為學習型組織。但 CIP 業務處理人力之不足，尤其申請旺季時常面臨催件壓力，急趕出件情況下，對書目品質不無堪憂之處；而處理申請對象之出版品跨學科、主題新穎，常造成分編時的困難度與需耗時思考檢索；中文編目規範之推陳出新，CIP 編目人員須花時間接受教育訓練與研讀；而申請者、圖書館界與一般民眾之需求多元化與要求快速，快還要更快；面對出版業界需求日增，又不易瞭解圖書館專業技術服務規範，溝通耗時費力，除了以上幾種現象的存在，擴編 CIP 編製範圍的成長空間，與提昇 TPS 服務效能，在在都需要組織人力的自我學習配合與充實編目溝通專業人才。

參考文獻

江綉瑛（1989）。出版品預行編目（CIP）作業之探討。臺北市立圖書館館訊，6（3），9-18。

杜拉克（Drucker, P. F.）（2005）。典範移轉：杜拉克看未來管理（第二版）（Management challenges for the 21st century，劉毓玲譯）。臺北市：天下遠見。（原作 1999 年出版）

李莉茜（1996）。國際標準書號與出版品預行編目研究。臺北市：文華圖書館管理。

吳學峰（1978）。國內外 CIP 發展情形研究。圖書館學刊，7，27-39。

推行出版品預行編目制度研究小組（1991）。推行出版品預行編目制度（教育部圖書館事業委員會專題研究報告）。臺北市：教育部。

張君黛（1985）。CIP 計畫之研究。知新集，20，22-28。

陳和琴譯（1976）。何謂 CIP 計畫。教育資料科學月刊，9（2），16-17。

國家圖書館（2008）。每日預告書訊服務。上網日期：2013 年 7 月 15 日，檢自 http://tps.ncl.edu.tw

國家圖書館（2009a）。出版品預行編目準則。上網日期：2013 年 10 月 10 日，檢自 http://isbn.ncl.edu.tw/NCL_ISBNNet/main_ProcessMenuItems.php?PHPSESSID=c5bbu1m8gl0vndp0il70875g17&Ptarget=64&Pact=ViewContent&Pval=64&Pfld=Ffile

國家圖書館（2009b）。全國新書資訊網。上網日期：2013 年 7 月 28 日，檢自 http://isbn.ncl.edu.tw/NCL_ISBNNet

國家圖書館編（2009c）。國家圖書館 2009 至 2012 中程發展策略計畫。臺北市：國家圖書館。

國家圖書館（2009d）。國際標準書號準則。上網日期：2013 年 10 月 10 日，檢自 http://isbn.ncl.edu.tw/NCL_ISBNNet/main_ProcessMenuItems.php?PHPSESSID=c5bbu1m8gl0vndp0il70875g17&Ptarget=134&Pact=ViewContent&Pval=134&Pfld=Ffile

國家圖書館年報編輯小組編著（2009）。CIP 啟用新版分類法 啟航傳播每日書訊服務。在國家圖書館年報. 2008：75 周年禮讚。臺北市：國家圖書館。

國家圖書館國際標準書號中心編輯（2006）。中華民國國際標準書號與出版品預行編目手冊（第二版）。臺北市：國家圖書館。

簡秀娟（2008）。從知識型組織的整合管理策略探討 ISBN/CIP 計畫模式。全國新書資訊月刊，111，17-23。

Cataloging in Publication Division, Library of Congress. (2009). The cataloging in publication program, Library of Congress. Retrieved June 17, 2011, from http: //cip.loc.gov/

Cataloging in Publication Division, Library of Congress. (2012). *These categories of material are ineligible for CIP*. Retrieved October 10, 2013, from
http://www.loc.gov/publish/cip/about/ineligible.html

Davis-Brown, B., Fineberg, G., Sayers, J., & Dalrymple, H. (2008). The future of bibliographic control: Library Convenes Advisory Group to look forward. *Library of Congress Information Bulletin, 67*(12), 212-215.

IFLA. (2004). *Survey of CIP programs report*. Retrieved January 5, 2012, from
http://www.loc.gov/catdir/cipsurvey/IFLA_CIP_Survey_ Report.pdf

IFLA International Office for UBC ed. (1983). *Proceedings of the International Cataloging-in-Publication Meeting, Ottawa, 16-19, August 1982*. London: the editor.

Library and Archives Canada. (2009). *CIP (Cataloguing in Publication)*. Retrieved October 12, 2013, from http://www.collectionscanada.gc.ca/cip/index-e.html

National Library of Australia. (2012). *Cataloguing in Publication (CIP)*. Retrieved June 22, 2013, from http://www.nla.gov.au/cip

National Library Board Singapore. (2013). *About CIP*. Retrieved June 25, 2013, from
http://deposit.nl.sg/LDNet-web/CIPUserGuide.pdf;jsessionid=AAC04355B4AC3E9E20B FA6BF54785F62

National Library of New Zealand. (2012). *Cataloguing in Publication (CIP)*. Retrieved June 30, 2013, from http://natlib.govt.nz/publishers-and-authors/cataloguing-in-publication

Staff of the Bibliographic Access Divisions of the Library of Congress. (2007). *CIP poised for change: survey findings and recommendations of the 2006 CIP Review Group*. Retrieved July 10, 2009, from http: //cip.loc.gov/2006cipsurveylist.html

Working Group on the Future of Bibliographic Control. (2008). *On the record: report of the Library of Congress Working Group on the future of bibliographic control*. Retrieved July 8, 2009, from
http: //www.loc.gov/bibliographic-future/news/LCWGRptResponse_DM_053008.pdf

第八章　加拿大出版品預行編目（CIP）機制之探討

一、　前言

　　出版品預行編目（Cataloging in Publication，簡稱 CIP）計畫是圖書館界與出版業界通力合作，對新書以預先編目方式，在出版前即掌握、傳載書目訊息，嘉惠相關各界。CIP 計畫思考與發展的源頭，與國際圖書館學會聯盟（International Federation of Library Associations and Institutions，簡稱 IFLA）提倡的國際書目控制（Universal Bibliographic Control，簡稱 UBC）息息相關。UBC 推動的重點落實到各國則為國家書目控制（National Bibliographic Control，簡稱 NBC）的建置。（陳源蒸，2003，頁 1）

　　揆諸世界各國圖書館界向來十分重視 CIP 計畫，19 世紀中葉，英、美等國就有了在圖書出版前先行編目（pre-publication cataloging）的構想，歷經 1850-1950 年代萌芽期、1950-1970 年代試驗期，之後正式進入實施期。（李莉茜，1996，頁 95-100）依據 2004 年的全球調查，約有 25 個國家積極推動 CIP 計畫，尤其歐美的 CIP 計畫往往為各國所仿效。各國實際負責執行 CIP 編目單位幾乎是國家圖書館，共享書目資源以達節省人力物力效益。（IFLA, 2004）

　　加拿大自 1976 年 1 月即開始實施 CIP 計畫，目前由加拿大國家圖書館暨檔案館（Library and Archives Canada，簡稱 LAC）統籌負責協調管理執行，為出版業者與圖書館界合作的一項自願性計畫（voluntary program）。近年來 LAC 更進一步

將 CIP 資源延伸推行新書資訊服務（New Books Service，簡稱 NBS）[註]（Library and Archives Canada [LAC], 2005），進而充實國家書目（national bibliography）服務體系，提供使用者更完善的預編新書資訊瀏覽、檢索、與利用機制。

國家書目是國家出版文獻的紀錄，其編製通常由國家圖書館所承擔。負責館藏發展的館員除藉助國內外國家書目以分析可獲得的出版品，再根據館藏發展標準（collection development criteria）進行選擇外，還可透過使用如 CIP 紀錄以瞭解未來出版品狀況。（Zumer, 2009, p.21）來自於大英圖書館（British Library）的 Danskin（2009）甚至認為：國家書目也可包含 CIP 作業程序所建立的即將發行出版品紀錄。（Danskin, 2009, p.38）

LAC 強調，CIP 作業的特點在於「出版前」編目紀錄的建立與傳送，並將預編資料印製在新書上。藉由提供即時性相關新書書訊予書商、零售商和圖書館，作為選購、編目與其他加值利用之參考，以促進新書發行銷售觸角，也為加拿大出版業者的合法出版品增進曝光機會。而多年來加拿大 CIP 新書預報也透過不同方式傳播，例如：《加拿大現刊出版圖書目錄》（*Canadian Books in Print*）、《加拿大國家書目》（*Canadiana: the National Bibliography of Canada*）、「加拿大國家書目資料庫」（AMICUS）與 NBS 等。（LAC, 2009e）

承全球書目資源分享風氣趨勢，中華民國國際標準書號中心（簡稱書號中心）亦自 1990 年 2 月正式實施 CIP 計畫，藉由預編書目內容，為讀者傳播書目最前線，建構新書主題所需服務。雖然書號中心 CIP 申請逐年呈數倍成長，但也存在著許多挑戰，例如：現行 CIP 流程從接續 ISBN 作業起，3 個工作天的時效性編目出件，讓預編人員時時處於與時間競賽的工作壓力情境；CIP 編製範圍與印製格式的訂定不易；未能看到原書全貌及申請表件所提供資訊的不全，解讀資源不足，易致

[註] LAC 於 2005 年 1 月建置的 NBS 新書資訊服務網，主要在於進一步提昇 CIP 作業功能。出版者如欲加入這一項服務功能，首要的條件是已經申請過 CIP 書目，然後填寫 NBS 服務申請單（New Books Service Form），並準備相關數位附件以利上傳申請。（參見：Library and Archives Canada. *New Books Service*. Retrieved January 15, 2012, from http://www.collectionscanada.gc.ca/newbooks/index-e.html）

主題編目解析方向錯誤；出書前後書目異動頻繁，增加維護預編書目的人力負荷；申請者普遍欠缺對圖書館技術與書目控制的認知，溝通編目觀念不易；新書資訊傳播內容可再優化；旺季申辦件數激增，考驗應變作業能力，再加上近年來因行政組織普遍精簡，人力縮編等等因素，導致臺灣地區 CIP 計畫也存在著許多一般性的困難。（簡秀娟，2010，頁 83）

　　加拿大實施 CIP 計畫超過 30 餘年，已樹立完善作業規範與體制，雖國情版圖不同，但在申請表的豐富項目、CIP 書目維護、及新書內容服務等甚值參考借鏡。本研究希望能具體瞭解 LAC CIP 計畫管理機制與服務概況，研究目的主要有以下四點：

(1)探討 LAC 早期施行 CIP 概況、問題與效益。

(2)瞭解 LAC 現今 CIP 作業實務：包括管理機制、編製範圍、申請條件、印製格式、書目維護、與新書預告等。

(3)前瞻數位環境興起下 CIP 所面臨的挑戰。

(4)分析加拿大 CIP 計畫機制特色。

　　加拿大現行 CIP 計畫模式，具有其多年累積的成果與效益，值得探究的問題包括：

(1) LAC CIP 計畫整體管理機制。

(2) LAC CIP 作業編製範圍與申請條件。

(3) LAC CIP 計畫網頁宣導方式。

(4) LAC CIP 書目維護措施。

(5) LAC CIP 新書資訊傳播途徑。

　　本研究範圍只限於題目所擬訂的「加拿大」一國境內 CIP 計畫實施情況，囿於時間、空間等限制因素，未能親臨現場作更進一步的實地考察或調查訪談，以便提供更完整詳盡的實施情況。又限於篇幅、人力、時間也未能列舉世界上其他同樣施行 CIP 計畫完善的國家，以作為本研究內容主體的比較對象，或為改善我

國 CIP 與相關作業之參考。

本研究方法主要以文獻內容分析法（content analysis）為主，針對所蒐集的中英文獻、調查報告、網頁資源等進行整理、組織歸納、與論述分析，以及藉由顯示部分網頁畫面功能，陳述本研究論題內涵，對加拿大 CIP 過去作業概況與實務現況做說明與分析，最後並提出幾點實務建議，以供相關各界參考。

二、 回顧 LAC CIP 施行概況

早期國內外 CIP 發展情況，吳學峰（1978）早年曾為文簡介美、英、加、西德、巴西、澳洲等國與當時臺灣地區 CIP 計畫施行情形。文中提到當時加拿大 CIP 施行狀況，主要由 LAC 前身的加拿大國家圖書館（National Library of Canada，簡稱 NLC）居於協調角色，當時約有 300 家出版商參與 CIP 計畫。其他如編目的標準化、擴大編製範圍，亦為該館之任務。當時 CIP 紀錄中主題標目大致採用美國國會圖書館標題表（Library of Congress Subject Headings，簡稱 LCSH），參以自製之補編，分類號採用杜威十進分類法（Dewey Decimal Classification，簡稱 DDC），加拿大史地部分則予以調整而另編有 LC 類號。（吳學峰，1978，頁 29）

中國大陸研究館員武二偉（2009）認為，對於加拿大出版者來說，CIP 計畫解決新書出版前目錄編製問題、使圖書資訊得以在圖書銷售和圖書館中快速傳播、參與 CIP 計畫的出版者可免費宣傳新書；又加拿大 CIP 收錄於大多數圖書索引中，有助於圖書銷售利用，或作為圖書館選擇文獻之依據。（武二偉，2009，頁 19）

以下茲以初期發軔、正式實施的問題、初期施行效益、近期施行概況，回顧 LAC CIP 計畫施行說明如下：

(一) 初期發軔

回溯到 1971 年，加拿大 CIP 計畫開始於非正式的加拿大編目共享團體

（Canadian Shared Cataloging Group）。此團體當初由多倫多約克大學（York University, Toronto）和溫哥華卑詩大學（University of British Columbia, Vancouver）兩所大學圖書館員代表所組成，以共同分享編目資訊。至 1974 年始由館員與出版界雙方代表成員，向 NLC 提議申請設置正式的 CIP 計畫。（Gislason, 1986, p.413）

當時加拿大的出版商不像美國出版社不看好 CIP 作業，反而十分熱心參與，可歸因於當時一般社會大眾對加拿大新書出版訊息的欠缺，繼而殷望書訊的預告，同時出版業界也認知到發展圖書館市場版圖的重要性。（Audley, 1976, p.164）

至今歐美圖書館界也一致認為，出版商的積極參與對 CIP 編目的成功至關重要。參與 CIP 是自願式、無償的，不向出版商索取任何費用，並避免對出版商正常工作造成影響。國家書目機構必須將 CIP 編目的好處告知出版商或出版商組織，且須確認該計劃有充足的資源支持。（Clavel-Merrin, Danskin, Knutsen, Parent, & Varniene-Janssen, 2009, p.97）

(二) 正式實施與面臨問題

1976 年 1 月 1 日終於在加拿大境內正式開始實施 CIP 計畫，基於國土廣闊與語言多元化的考量，各方對 CIP 計畫採分散式系統（decentralized system）運作方式達成協議。首先由三所主要代理圖書館：英屬哥倫比亞大學（University of British Columbia）、約克大學（York University）（1982 年合約對象改為 University of Toronto）、及位於蒙特婁的魁北克國家圖書館（Bibliothèque Nationale du Québec in Montreal）分別代理所屬地域 CIP 作業的申請。就成本核算而言，分散方法不免比集中式管理昂貴，例如 NLC 不只要吸收代理圖書館進行 CIP 業務所產生的費用，也需付出修正預編資料的人力及時間、與訓練和聯繫代理圖書館館員等的其他支出。（Gislason, 1986, p.414）

加拿大實施 CIP 計畫後，編製 CIP 資料的館員常會面臨不同於一般編目館員的困境，例如出版者提出申請時，常會遺漏清樣本（proofs）中主要著錄來源重要的部分，即書名頁；或為了標題標引、作者生卒年、和排除第四位作者的人名著錄型式等問題，而需與申請者說明，忍受爭論過程，以及背負 CIP 資料出件的工

作時效壓力，接受各方對 CIP 預編內容的批評，與根據國家標準程序，可能與本身圖書館原有的作法有些差異，所帶來的作業壓力。（Gislason, 1986, p.414）

CIP 資料一旦完成，出版資訊即能在實際出書前顯示在國家書目內容上，例如：Canadiana Database，也能透過「加拿大機讀磁帶」（CAN MARC Tapes）、「美國國會圖書館機讀紀錄傳遞服務」（LC MARC Records Distribution Service）、與印刷式書評雜誌 *Quill & Quire Review* 的「預告書訊」（Forthcoming Books）專欄發行，透過各項機制傳播加拿大各界出版品預編書訊。而該書一旦出版送達至NLC，相關部門即能據以核對修正 CIP 資料。（Gislason, 1986, p.414）

正式實施 CIP 計畫時，加拿大圖書館界並不認為 CIP 是確定的編目紀錄，因為它並非依據正式出版時的資料來進行編目，基本上 CIP 資料為簡略紀錄，所以省略許多著錄。（推行出版品預行編目制度研究小組，1991，頁 23-24）

由於 CIP 資料只是「一本未來圖書的預告」（prediction of the future of a book），因此，早期加拿大許多館員對於 CIP 資料的利用心懷困惑與懷疑，而多採保留態度。CIP 編目以當時收到的出版品申請資料為著錄依據，故如為叢書、多冊書、或連續性出版品之一冊，即以該冊之內容與外表特徵為著錄來源，此點可說明為何 CIP 書目不能直接套用為館藏目錄，而必須經過一定的修改程序。（江綉瑛，1989，頁 9）

又 CIP 作業編製範圍通常有條件上的限制，例如排除對非書資料、單張樂譜、短暫性出版品、期刊、平裝大眾版，甚或大部分的政府出版品等的預編。Gislason（1986）總結分析加拿大 CIP 計畫認為，容易導致 CIP 作業引起批評，主要因素為作業編製範圍的限制選擇性，與出書前預編資料的不完整性。但編目效率問題總成為維繫 CIP 計畫於不墜的最大關鍵，尤其是技術作業常緩不濟急、與編目成本過高兩項因素之影響。

(三) 初期施行效益

1982 年 NLC 曾執行一份 CIP 資料利用情形的研究，報告中指出：有 261 個出版機構參加申請，另大約有 60%的加拿大圖書館使用 CIP 資料，Gislason（1986）

認為實際比例可能應該更高些，因為有些圖書館並不知道他們運用的資源正是 CIP 資料。

其中 CIP 使用率最高的是大學圖書館，反之，使用率最低的是專門圖書館，因後者的編目通常採異質性（idiosyncratic）作業居多，但 Gislason 認為他們不使用 CIP 資料最簡單的原因是：當時加拿大專門圖書館通常並未進行自己的編目作業，在這類案例中 CIP 資料可算非直接被使用的情形。若採外包製編目模式，故不知本身的編目作業有些是抄錄自 CIP 資料，也是有此可能性。而學校圖書館最仰賴 CIP 資料，但在標題上必須轉換為「席爾斯標題表」（Sears List of Subject Headings）。

1982 年研究中也指出，超過半數的加拿大圖書館利用 CIP 資料處理 25%以上的加拿大出版品。而當新書印有 CIP 資料時，高達 72.6%的圖書館員在編目時，不需等待修正過的完整書目紀錄。（Gislason, 1986, pp.414-415）

(四) 近期施行概況

2003 與 2004 年間，由 IFLA 發起並由 LC 執行的全球性「CIP 計畫調查」，調查結果明顯揭櫫 CIP 作業的價值性。線上問卷共有 42 所圖書館回覆，仍維持 CIP 計畫的圖書館計有 25 所。LAC 在回覆的 42 所圖書館中相當具有代表性，亦持續參與 CIP 計畫，茲簡擇其所填報施行 CIP 概況如表 8-1：（IFLA, 2004）

表 8-1　近期加拿大 CIP 計畫施行概況一覽表

CIP 計畫分項	加拿大 CIP 施行概況	備註說明
CIP 計畫使命	加拿大 CIP 計畫強調，藉由提供相關新書書訊予書商、零售商和圖書館，作為利用與選購圖書參考，以促進出版者新書發行。而印在書上的 CIP 資料，則有助於館員進行徵集新書相關的採訪、編目作業。	該調查顯示各國執行 CIP 計畫目的與價值的多元性樣貌。
CIP 計畫管理方式	分散制	計有 9 國 CIP 計畫採分散制。

CIP 計畫分項	加拿大 CIP 施行概況	備註說明
每年編製 CIP 筆數	約 1 萬筆	大英圖書館每年約 6 萬筆，居冠；美國國會圖書館約 5 萬 7 千筆，次之。
CIP 處理的語文	英文佔 70%、法文佔 25%、其他佔 5%	該調查顯示 CIP 處理的語文種類超過 24 種。
CIP 資料維護與否	持續維護 CIP 紀錄的正確性，並於出版後根據新書修正預編內容。	根據調查有高達 24 所執行 CIP 計畫的圖書館進行預編資料維護。
CIP 紀錄傳遞方式	CIP 紀錄透過機讀編目格式傳遞。	計有 18 所圖書館透過機讀編目格式傳送 CIP 資料。
參與 CIP 出版者數量	約 1 千 5 百家	大英圖書館約有 1 萬 4 千家出版者參與 CIP 申請，居冠。
CIP 資料印在書上的比例	75%	National and University Library in Ljubljana (Slovenia)印製 CIP 資料比例高達 100%。

資料來源：IFLA. *(2004). Survey of CIP programs report*. Retrieved January 5, 2012, from
　　　　http://www.loc.gov/catdir/cipsurvey/IFLA_CIP_Survey_ Report.pdf
備註：作者彙整。

三、 LAC CIP 作業實務

　　加拿大 CIP 計畫已建立相關體系與流程。茲從管理機制、編製範圍、申請表格與附件、印製格式、共同出版時的申請、出版前書目資訊的變更通知等項目，綜述現今 LAC CIP 作業實務。

（一）CIP 計畫採分散式管理機制

　　由於加拿大幅員遼闊，版圖東西跨越六個時區，是世界上僅次於俄國的第二大國，從地理位置上劃分，包括南部的十個省及北部的三個地區。（Canada, 2003）因應前述國土廣大之特性，加拿大 CIP 計畫模式遂由 LAC 協調運作，而實際作業則透過申請者於所在區域所屬 CIP 服務代理圖書館（CIP agent library）的網絡來進行，並依出版者性質的不同劃分成：商業性出版（trade publishing）、省府出版（provincial government publishing）、與聯邦政府出版（federal government publishing）三部分。例如：馬尼托巴省（Manitoba）政府出版品向「馬尼托巴省立法圖書館編目辦公室」（Cataloging Office, Manitoba Legislative Library）、加拿大國家美術館出版品則向「加拿大國家美術館出版部」（Publications, National Gallery of Canada），分別提出 CIP 代理申請作業。（參見表 8-2）

　　加拿大是雙語國家，官方語言為英語和法語。大多數母語為法語的居民集中在魁北克省（Québec，簡稱魁省）。魁省佔地廣袤，但省內大部分地區人口稀少，官方語言為法語，北美法語人口主要集中在此。（魁北克，2011）為因應魁省法語居民的需求，位於魁省的出版者要申請 CIP，由魁北克國立圖書檔案館（Bibliothèque et Archives nationales du Québec, BAnQ）受理。對於 CIP 作業說明，在 BAnQ 官網開宗明義為：免費提供給加拿大出版社的一項自願性政府計畫，更進一步詳細解說則導引到 LAC CIP 網頁。BAnQ CIP 資源除呈現在 AMICUS 國家書目與現刊書目（The Books in Print directory）外，也傳播於法文媒介上如：《魁北克新書預告》（Livres québécois à paraître）、《魁北克書目》（Bibliographie du Québec）、與網路版的《圖書周刊》（Livre d'ici Internet）等。（Bibliothèque et Archives nationales du Québec, 2006）法文版 CIP 書目資料內容格式範例，也全以法文內容標示，以利魁省當地法語人口參閱辨識印製之需。

　　出版者在申請過程中，若有任何問題應該與所屬區域的 CIP 服務代理單位聯繫詢問。全國性 CIP 辦公室，則設立在 LAC 的「出版品預行編目協調中心」（CIP Coordinator）。（LAC, 2009d）

表 8-2　加拿大 CIP 服務代理圖書館名錄一覽表

出版單位性質	申請 CIP 服務代理圖書館	通 訊 資 料
商業性出版者	National CIP Office： **CIP Coordinator** **Library and Archives Canada**	395 Wellington Street,Ottawa, ON K1A 0N4, CANADA Telephone: 819-994-6881 Toll free number in Canada: 1-866-578-7777 Fax: 819-997-7517 Email: cip@lac-bac.gc.ca Website:www.collectionscana da.gc.ca/cip
	French language publishers located in Quebec or outside of Quebec： **Responsable CIP** **Bibliothèque et Archives nationales du Québec**	2275, rue Holt, Montreal, QC H2G 3H1, CANADA Toll free: 1-800-363-9028 Telephone: 514-873-1101, ext. 6521 Fax: 514-873-7290 Email: cip@banq.qc.ca Website: www.banq.qc.ca
省府出版者	For Manitoba Government publications: **Cataloguing Office** **Manitoba Legislative** **Library**	100-200 Vaughan Street,Winnipeg, MB R3C 1T5, CANADA Telephone: 204-945-5771 Fax: 204-948-1312
	For Ontario government publications: **Legislative Library** **Legislative Assembly of Ontario**	99 Wellesley Street West Room 3330 Whitney Block Toronto,ON M7A 1A9, CANADA Telephone: 416-314-8500

出版單位性質	申請 CIP 服務代理圖書館	通 訊 資 料
		Fax: 416-314-8541
聯邦政府出版者	For Federal Government publications (unless otherwise specified below): **Federal Team** **Library and Archives Canada**	395 Wellington Street Ottawa, ON K1A 0N4, CANADA Telephone: 819-994-6898 Fax: 819-997-7517 Email: cipfed@lac-bac.gc.ca Website:www.collectionscanada.gc.ca/cip
	For National Gallery of Canada publications: **Publications** **National Gallery of Canada**	380 Sussex Drive P.O. Box 427, Station A Ottawa, ON K1N 9N4 CANADA Telephone: 613-990-0532 Fax: 613-990-7460
	For Statistics Canada publications: **Library** **Statistics Canada**	2nd Floor R.H. Coats Building Ottawa, ON K1A 0T6 CANADA Telephone: 613-951-5852 Fax: 613-951-0939

資料來源：Library and Archives Canada. *List of CIP Agents for Canadian*. Retrieved February 2, 2012, from http://www.collectionscanada.gc.ca/cip/041003-4000-e.html
備註：作者彙整。

(二) CIP 合格的編製範圍

　　加拿大 CIP 作業目的是為即將出版的加拿大出版品提供標準化的編目，所以

包含範圍廣泛的主題內容、印刷式出版品和其他媒體形式，也包括來自各界的參與，例如：商界、政府單位、個人、大學、協（學）會等。但申請加拿大 CIP 作業，首須符合以下四項最基本的標準條件：

(1)考慮即將出版中的出版品，必須在加拿大所在地出版，即具有加拿大地址的出版者。
(2)該出版品尚未正式印製出版。
(3)對於即將出版和其他實體的媒體（tangible media），至少要有 100 份拷貝的生產製作數量。
(4)提供公開發行使用。

所以，加拿大 CIP 作業編製範圍，強調服務國內出版品，而且是出版前的申請，而此申請的出版品未來必須計劃正式出版公開發行，可為市面流通取用。除了必須符合以上四要件，出版品類型或內容形式若屬於以下幾種情況，也會被排除在加拿大 CIP 申請範圍之外，包括：

(1)網站（websites）、部落格（blogs）、維基百科（Wikis）。
(2)出版品非由任何一所加拿大出版者所出版，即使該出版品預計在加拿大當地印製或經銷。
(3)出版品非由任何一所加拿大出版者所出版，即使該出版品是加拿大人所撰寫。
(4)中小學的學校教材，包括學生教科書、老師資源教材與輔助教材，也包含讀者所閱讀的出版品在內。
(5)期刊/系列出版品，以及更新式活頁出版品。
(6)出版品為限制性質的發行，例如：只限發行於家庭成員、朋友、事件、會議、研討會的成員或參與者、公司的客戶等。
(7)音樂有聲錄音資料。
(8)音樂樂譜和單張樂譜。
(9)該出版品曾以印刷或其他格式出版過的電子版。
(10)短暫性出版品，例如：傳單、日曆、日誌、商業目錄、電話簿、遊戲書、

　　　　著色簿、填字謎書、空白書等。

(11)遊戲器具之類（games）。

(12)海報。

(13)地圖。（LAC, 2009b）

（三）申請 CIP 時需填寫申請表格與備妥相關附件

　　在加拿大雖然 CIP 服務代理機構服務對象分為商業、省府、聯邦政府出版等三種性質，但申請 CIP 作業時所需填寫的線上申請表格，依出版者屬性的不同分為二種，即：

(1)商業型出版者 CIP 申請單（CIP Application Form for Trade Publishers）（LAC, 2010b）（參見圖 8-1）

(2)政府單位出版者 CIP 申請單（CIP Application Form for Government Publishers）（LAC, 2010a）（參見圖 8-2）

　　出版者申請時，除了要選擇適宜的線上申請連結畫面，完整填寫申請表格外，另需附上書名頁、目次、導言與序文等相關資料。CIP 編目資料根據以上出版者所提供相關附件內容事項為基礎而著錄，例如書名、副書名、作者、出版地、預計出版時間與內容主題等，所以 LAC 強調：所交付的附件內容正確性是相當重要，關係到 CIP 預編資料內容的呈現。

　　商業型出版者申請過程如需進一步資訊，或遇到任何困難，除了服務代理機構外，也可以與位於渥太華市（Ottawa）的「CIP 協調中心」聯繫。大多數屬於聯邦和省級政府的出版單位，則直接以線上申請方式向 LAC 申請聯繫，但屬於馬尼托巴省的政府出版品則應向馬尼托巴省立法圖書館編目辦公室提出 CIP 申請；屬於安大略省（Ontario）的政府出版品則向安大略省立法議會立法圖書館（Legislative Library, Legislative Assembly of Ontario）提出 CIP 申請。政府單位出版者申請過程如需進一步資訊，也可以與 LAC「政府 CIP 協調中心」（Government CIP Coordinator）洽詢。

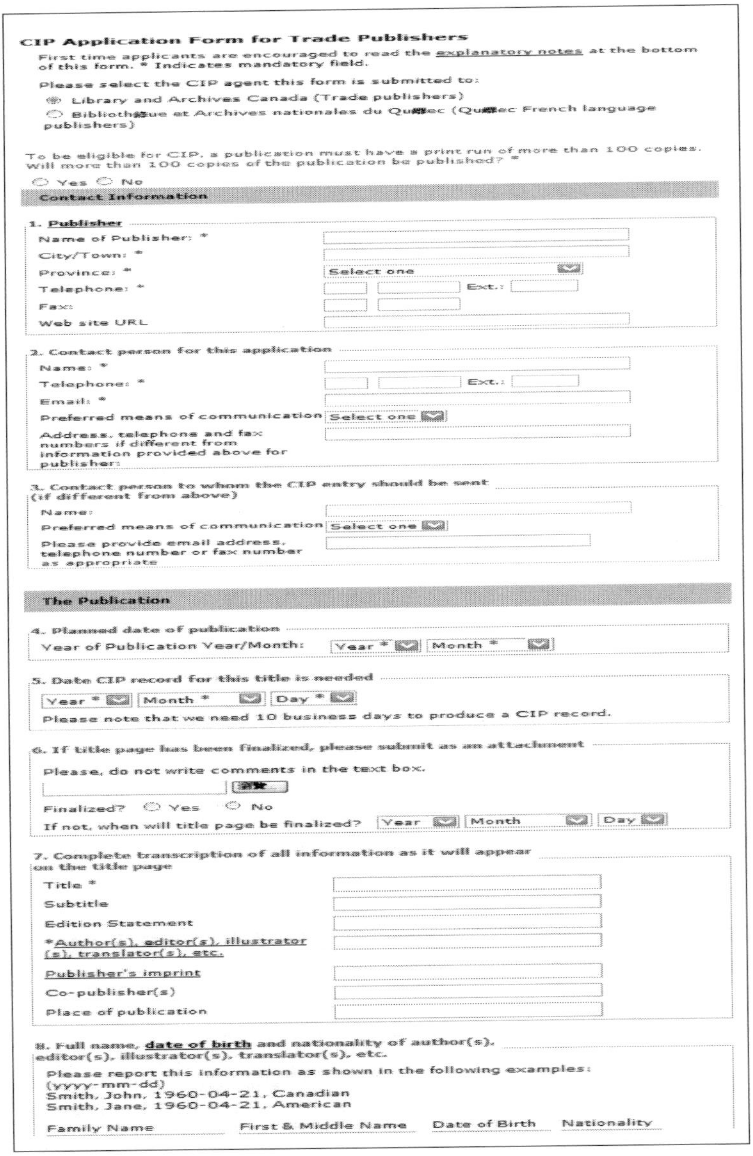

圖 8-1　LAC 商業型出版者 CIP 申請單（部分圖例）

資料來源：Library and Archives Canada. *CIP Application Form for Trade Publishers*. Retrieved January 19 , 2012, from http://www.collectionscanada.gc.ca/cip/041003-5020-e.php

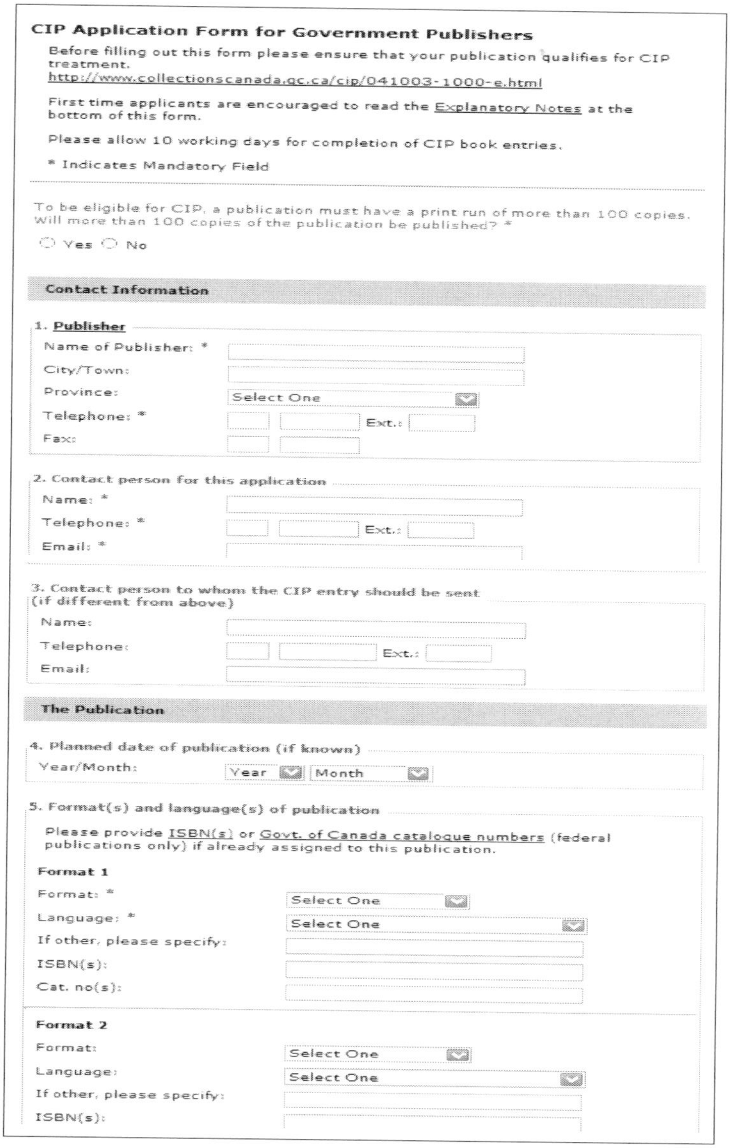

CIP Application Form for Government Publishers

Before filling out this form please ensure that your publication qualifies for CIP treatment.
http://www.collectionscanada.gc.ca/cip/041003-1000-e.html

First time applicants are encouraged to read the Explanatory Notes at the bottom of this form.

Please allow 10 working days for completion of CIP book entries.

* Indicates Mandatory Field

To be eligible for CIP, a publication must have a print run of more than 100 copies. Will more than 100 copies of the publication be published? *
○ Yes ○ No

Contact Information

1. Publisher
Name of Publisher: *
City/Town:
Province: Select One
Telephone: *   Ext.:
Fax:

2. Contact person for this application
Name: *
Telephone: *   Ext.:
Email: *

3. Contact person to whom the CIP entry should be sent (if different from above)
Name:
Telephone: Ext.:
Email:

The Publication

4. Planned date of publication (if known)
Year/Month: Year   Month

5. Format(s) and language(s) of publication
Please provide ISBN(s) or Govt. of Canada catalogue numbers (federal publications only) if already assigned to this publication.

Format 1
Format: *   Select One
Language: *   Select One
If other, please specify:
ISBN(s):
Cat. no(s):

Format 2
Format: Select One
Language: Select One
If other, please specify:
ISBN(s):

圖 8-2　LAC 政府單位出版者 CIP 申請單（部分圖例）

資料來源：Library and Archives Canada. *CIP Application Form for Government Publishers*. Retrieved January 26 , 2012, from http://www.collectionscanada.gc.ca/cip/041003-5010-e.php

另外，LAC 也提供"CIP Application Form" RTF (Rich Text Format)與 PDF 兩種文字檔申請表供離線下載，並於表格下方提供每一欄位的扼要說明，可以郵寄、傳真或電子郵件的方式提出申請。申請者一旦發送完成，會接收到一個確認號碼。

CIP 申請表格內容大致可分成二大部分，包括：

(1)出版申請單位與申請人的連絡資訊（第 1 項至第 3 項），例如：出版者名稱與通訊資料、申請人姓名與連絡方式，與完成的 CIP 資料發送連絡人姓名與連絡方式（與申請連絡人不同時才需填寫）

(2)該申請出版品的相關資訊（第 4 項至第 21 項），例如：預計出版年月、所需該筆 CIP 資料的時限、書名頁定稿與否的聲明、書名頁上相關出版事項、作（譯、編）者項、再版（刷）資訊、叢書項、ISBN、是否屬於多冊書的一部分、是否屬於某會議名稱的資訊、是否包含參考書目或索引、出版品所屬類型、主要適讀對象、內容主題簡述、註明書內各語文名稱與所佔比例情況等，並將所含導言、序文、目次等相關資料的檔案上傳。

首次申請者應詳閱申請表下方所提供的解釋性說明，出版者要儘可能在出版前遞送 CIP 申請相關完整表件到 CIP 服務代理圖書館，申請件轉遞到 CIP 總辦公室，再據以申請表與附件內容編製 CIP 預編資料，LAC 編目完成後回傳給申請者，出版者後續作業則需將 CIP 資料印在書名頁背面。在整個申請過程中，LAC 強調要求出版社配合事項如下：（LA C, 2009c）

(1)為完成預編作業所需資訊，出版社必須填寫 CIP 申請表格所要求的強制性資訊與提供另外的附件資料。

(2)必須考慮到完成 CIP 預編作業時間，至少約需 10 個工作天（但不包括週末和法定假日）。

CIP 編目紀錄的製程產出，是根據出版者所提供出版前的書名頁和出版品本身所含主題事項來編製，因此強調申請時遞交正確資料文件是相當重要。LAC CIP 中心所提供申請 CIP 服務為完全免費，並儘可能會在出版前提供 CIP 資料以供印

製，以免影響新書出版進度。LAC CIP 服務網頁並設置評論交流頁面（LAC, 2009a），以與申請者作互動意見交流（參見圖 8-3）。

圖 8-3　LAC CIP 申請服務交流網頁示意圖

資料來源：Library and Archives Canada. *CIP: Cataloguing in Publication: Comments*. Retrieved January 22, 2012, from
http://www.collectionscanada.gc.ca/cip/041003-120.01-e.php?title=CIP (Cataloguing in Publication.)

(四) CIP 資料印製方式與格式

CIP 書目資料被要求印在書上，不論以經過排版的版本或全本、縮小的影本

印製，位置即在書名頁的背面。印製時在最上方即第一行應標示"Library and Archives Canada Cataloguing in Publication"字樣，以標明書目性質屬於 CIP 資料。

　　CIP 編目紀錄是出版品的一個簡要說明，就 CIP 項目而言，沒有固定的模式。每一個國家書目機構都不同，並且這些項目都在逐漸演化以滿足本地的需要。（Clavel-Merrin, et al., 2009, p.97）而 LAC CIP 資料內容載錄要項包括：

(1)作者項
(2)題名項
(3)叢書題名項
(4)主題項
(5)國際標準號碼

　　分類號 CIP 資料的編製與排列是根據通行於世、便於資訊傳播的相關國際性標準建置，例如：美國國會圖書館分類法（Library of Congress Classification，簡稱 LCC）、DDC 等。茲列 LAC CIP 書目資料印製格式如圖 8-4 所示：

```
              Library and Archives Canada
               Cataloguing in Publication

McCrank, Jennifer
    Nanotechnology applications in the forest
sector / Jennifer McCrank.

Issued also in French under title: Les
applications de la nanotechnologie dans le
secteur forestier.
Includes bibliographical references.
ISBN 978-1-100-12065-2

    1. Forest products--Technological
innovations. 2. Nanotechnology.
I. Canadian Forest Service. Science and
Programs Branch II. Title.

SD387 M33 2009   634.9'8   C2009-980079-9
```

圖 8-4　LAC CIP 書目資料印製格式

資料來源：Library and Archives Canada. (2009, February 19). *User's guide. how to print the CIP data*. Retrieved January 29, 2012, from
　　　　http://www.lac-bac.gc.ca/cip/041003-3000-e.html#print

　　上述 CIP 書目內容主要款目是作者名稱，其次依序為：書名、作者項、附註項（參考書目、索引等資料說明）、ISBN 號碼、與追尋項，最後一行則依序標示 LCC、DDC、與加拿大書目控制號（Canadian Control Number）。

　　印製 CIP 書目內容必須完整呈現，出版者須以 CIP 服務代理圖書館所回傳的書面形式印製，款目次序、標點符號、大小寫、或者空格間距等，不能做任何改變。前述標點符號、大小寫的編製是根據國際標準書目著錄（International Standard Bibliographic Description，簡稱 ISBD）原則，以利有效達成國際書目交換與傳播，LAC 在這方面特別提出聲明，以教育灌輸一般社會大眾對圖書館技術服務標準規範的瞭解與達成共識。（LAC, 2009e）

(五) 出版品若為共同出版（Co-published）情況時的申請

　　出版品由兩個或多個加拿大出版者所共同出版時，通常由主要負責的出版者提出申請，且應知會 LAC CIP 辦公室，以利後續預編作業。如果其他出版者有另外的 ISBN 號碼，也應將 ISBN 顯示於出版品適當位置。

　　若出版品由加拿大和國外出版者共同發行時，每位出版者應在自己的國家境內申請 CIP，在這種情況下，加拿大和國外兩種 CIP 書目皆應印製在書上。（LAC, 2009e）

(六) 出版前書目資訊的變更（Pre-publication changes）通知

　　如果在出書前有任何書目異動，包括當初遞交申請 CIP 時的原始資訊異動，出版者被要求應立即通知所在區域的 CIP 辦公室，執行主動通知修改 CIP 書目作業程序，則較能保證傳遞給書商、批發商和圖書館的 CIP 資料是保持正確性與新穎度。（LAC, 2009e）

(七) 加拿大 CIP 新書資訊的預告傳播

　　資訊媒介技術上的革新帶動國家書目機構不斷更換傳播媒體，從印刷品到唯讀光碟，再到最受歡迎的線上傳播。一個國家選擇使用何種傳播媒介，正可以反

映出該國的資訊素質，這類資訊政策不免也受到商業模式和可用資源的影響。
（Clavel-Merrin, et al., 2009, pp.97-98）

　　加拿大 CIP 新書資料可透過傳遞機制，預告在各式各樣書目產品和書目公用
事業，為出版者即將上市新書提供有利的免費宣導，包括：（LAC, 2009e）

(1)NBS 新書資訊服務網：建置於 2005 年 1 月的 NBS 新書網頁，主要陳列展示
　　加拿大最新出版品的線上服務機制，進一步提昇 CIP 作業功能，協助出版者
　　行銷新書，也幫助讀者發現所需新書。（簡秀娟，民 99，頁 110-118）

(2)《加拿大國家書目》（*Canadiana: the National Bibliography of Canada*）：自 1950
　　年出版以來，即收錄加拿大所出版書籍、期刊、錄音、縮微資料、樂譜、小
　　冊子、政府文件、論文、教材、錄影資料和電子出版品等全面性國家出版書
　　目資源。

(3)加拿大國家書目資料庫（AMICUS: Library and Archives Canada's
　　Bibliographic Database）：涵蓋全加拿大超過 1,300 所圖書館、3,000 萬筆的國
　　家型書目資料庫。

(4)書目磁帶：通常作為與其他國家圖書館進行書目交流之用。

(5)《加拿大現刊出版圖書目錄》（*Canadian Books in Print*）：即報導加拿大新書
　　出版的目錄。

四、 LAC CIP 計畫前瞻

　　2006 年 11 月 LC 曾召集成立「書目控制未來工作小組」（Library of Congress
Working Group on the Future of Bibliographic Control），小組成員來自公部門和私人
機構代表，研討軸心在於考慮書目控制如何運用於愈趨廣泛的數位環境。由於新
科技成長與各館面臨降低編目成本的壓力，造成編目共享制度的快速成長，致使
不同圖書館在同一本書編目所重覆使用的時間精力，希望能減到最低。（IFLA

Study Group on the Functional Requirements for Bibliographic Records, 1998／徐蕙芬、戴怡正譯，2007，頁 2） 2008 年書目控制未來工作小組最終總結報告所提出的 100 餘項建議中，首要任務為：透過書目紀錄合作與分享、並運用整個供應鏈（supply chain）中各階段製程產出的書目資料，以提昇所有圖書館書目生產效率。（Davis-Brown, Fineberg, Sayers, & Dalrymple, 2008, p.212）

　　在強調合作編目與國際交流持續發展的書目控制潮流模式下，Maxwella 從書目控制觀念歷史演變提出 CIP 計畫，快速地變成很受歡迎的一項服務，並通行於許多國家圖書館。而數位技術帶動電子預行編目（Electronic Cataloging in Publication，簡稱 ECIP）的興起，不僅加速 CIP 作業效率，同時也讓實施 CIP 的圖書館考慮可以擴展合作夥伴關係，例如大學圖書館可為校內出版品、學科專家可為專業出版社編製 ECIP 資料。（Maxwella, 2010）

　　LAC 在創造加拿大歷史文化遺產的網絡中一向擔任領導角色，並且在政府資訊管理組織中擔任中心機構。現今使用者產生資訊需求時，線上搜尋已成為主要的尋求途徑，LAC 也明確認知到數位化是主流，並將數位化視為組織發展的另一項機會，若能提供更具實用性與便利性的使用者線上服務，則能吸引更多的使用者運用 LAC 所提供的服務。但同時 LAC 也清楚瞭解數位化所帶來的衝擊，所要面對的現實包括：電子訂購、數位保存、數位化館藏管理、線上參考服務、與電子文件交換等。（邱子恆、楊美華，2010，頁 69-70）

　　數位資源的興起與電子科技輔助下，擴大了 LAC 館藏發展所有接觸的面向，包括出版業、政府機構、研究及文化機構等。對於國家書目的編製， LAC 這幾年也認知到與積極對外尋求任何合作模式的可能性機會，不再侷限於圖書館界，而獲取與利用由出版社、作者群、學生族群、圖書零售商等所提供詮釋資料（medadata）的各種型式文件項目，例如來自加拿大出版社線上資訊交換標準（Online Information eXchange，簡稱 ONIX）紀錄，展望未來將可導入到 CIP MARC 作業系統進行電子資料交換，以利新書出版品相關書目資源的介接轉換共享與相關資訊結構建置利用。（McKeen, 2009）

五、 結論：LAC CIP 機制評析

　　保存加拿大文獻資產是 LAC 身為國家級圖書館責無旁貸的天職，而開創 NBS 新書資訊服務，是 LAC 延續 CIP 作業提供持續性知識來源、並方便所有人查閱新書資訊的一道源頭活水。本研究目的在於具體瞭解 LAC CIP 作業與服務，根據前述文獻分析內容，茲歸納加拿大 CIP 機制特色如下：

(一) 計畫採分散式管理機制，以適應國加拿大 CIP 土廣袤與語言多元化國情實際需求

　　加拿大 CIP 計畫總管理調度歸屬於 LAC 協調運作，實際 CIP 申請手續管理則透過區域性 CIP 服務代理圖書館的體系來分擔進行。加國採分散式收、送件管理，集中式建置預編書目，一方面可減輕 LAC 總管理處 CIP 服務的負擔，代理機構對當地出版者在地化情境指數也較能掌握，以利對具多語言族群性質的加拿大申請者提供適宜的輔導與服務。根據本研究對 LAC CIP 作業實務綜述，整理 LAC CIP 與後續 NBS 申請作業整體服務分散式管理機制流程如圖 8-5 所示。

　　2004 年 CIP 計畫調查顯示，共有 25 個國家積極推動 CIP 計畫，其中有 9 所圖書館亦採分散式管理，比例實不低，如大英圖書館、俄羅斯國立圖書館（Russian State Library）、與韓國國家圖書館（National Library of Korea）等。（IFLA, 2004）CIP 作業集中或分散模式究竟孰優孰勝，端視國情地緣、地域行政體系、資源分佈等不同決策條件而異。

(二) 加拿大 CIP 作業明訂出版品編製範圍，以服務境內出版者，並維持出版前提出申請

　　CIP 預編作業雖有節省人力物力之效，但考慮預編部門資源有限等諸多因素，各國在其 CIP 作業，皆詳列明訂 CIP 編製範圍之合格（eligibility）與不合格

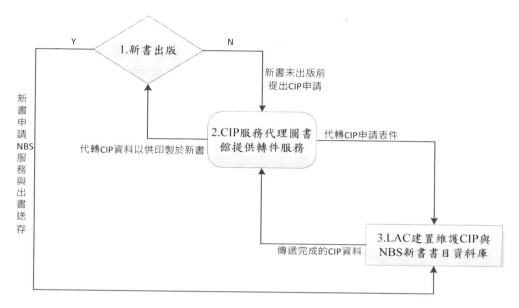

圖 8-5　LAC CIP 與 NBS 申請服務分散管理機制流程圖

備註：作者繪製。

（ineligibility）對象，在適度選擇範圍內預編其本國新書出版品。經過 30 多年來出版品類型的演變發展，加拿大也適時修訂 CIP 編製範圍。目前明列不編入 CIP 作業的出版資源包括：網站、學校教材、期刊、非原生性電子資源等 13 種出版品類型，而此申請的出版品必須預計公開出版發行。

　　預編書目共享之餘，也考慮到人力物力支出的成本資源。揆諸各國新書申請 CIP 條件，以在本國境內出版居多，所以出版者對象以設限於國內為主，另外也多採國內出版品免費自願申請、且維持出版前的申請作業，以符合 CIP 資料必須印製在新書上的需求。

(三) 加拿大 CIP 申請者必須提供該出版品本身的詳實資訊與備齊申請附件

　　在加拿大申請 CIP 以線上申請為主，並朝向建立 ECIP 機制介接書目資源，另輔以離線填寫申請表，彈性方便以郵寄、傳真或電子郵件等方式提出申請。LAC

籲請首次申請者,詳閱申請表下方所提供的解釋說明,以瞭解圖書館預編作業方式,同時需配合填寫表中關於出版品本身的資訊與必填項目。這些申請上的要求,更可見 CIP 服務代理機構在加拿大所扮演 CIP 服務前導諮詢的重要角色。

CIP 編目紀錄的製程產出,是根據出版者所提供出版前的書名頁和作品本身所含主題事項來編製,因此強調申請時遞交正確附件資料的重要性。這些程序的落實與否會影響 CIP 預編資料內容呈現的正確性與詳細度,可提高使用者對新書出版訊息的使用率與信賴感。

(四) 加拿大對 CIP 作業在網頁提供詳細解說並編製使用指南,與交流平台,以教育使用者對 CIP 的瞭解及增進互動機制

LAC 服務網頁對於 CIP 意義、如何申請、(非)編製範圍、表格填寫、作業時間等提供解說,並彙整常見問題集與發行網路版 CIP 指南,以宣導一般社會大眾對 CIP 申請流程與圖書館預編技術服務的瞭解,所設評論交流頁面,也可促進彼此意見交流。

其中為民眾釋疑 CIP 資料的編製與排列是根據 ISBD、AACR II 等標準建置,以有效達成國際書目交換,例如有兩位以上作者只選首位作為主要款目、書名大小寫與慣例的不同、和標點符號的呈現方式等。另外在網頁上提醒申請者必須考慮到 LAC 完成 CIP 預編作業,至少約需 10 個工作天,但不包括例假日,以利出版者核算印製 CIP 的時間。教育灌輸申請者對各方面細節的掌握與瞭解,以達成圖書館界與出版業界雙方共識是合作推行 CIP 計畫成功不可或缺的要素。

(五) 加拿大重視 CIP 書目維護,建立執行 CIP 申請前後書目品質管理觀念

加拿大強調出版者在出書前任何 CIP 資訊的變更,若涉及到當初提交申請作業的原始資料,應主動通知 CIP 服務代理處來做進一步知會處理更改。同時該書一旦出版送達 LAC,相關部門即能據以核對修正增補該筆書目相關項目。

此自提交 CIP 申請預編書訊問世,即產生預編書目一貫化、全程化、完整化維護流程鏈結體系,以利提供圖書業者市場營銷、與圖書館界採編部門抄編書目

內容加值利用，以減少人力重覆修改書目紀錄的支出，執行 CIP 書目的正確性與新穎度，增益「一館編目、多方利用」的分享機制。

(六) 加拿大 CIP 預編書訊透過多方媒介，建置全面性書目傳遞機制，引導各界加值利用新書訊息

加拿大 CIP 作業執行書目品質維護，並藉由各種實體目錄的發行與虛擬網路資料的傳遞，如國家書目、現刊出版圖書目錄、國家書目資料庫、新書資訊服務網，以跨媒介系統方式傳遞、分享與交流 CIP 書目資源，並推展成數位化 NBS 新書內容服務，強化與延伸 CIP 預編書目的加值利用機制，引導全國人民、乃至世界各地的閱讀社群都能更方便使用到 LAC 的新書資源，拓展其服務對象自由、公平、適時地獲取便利圖書資訊的權益，也促進加拿大相關社群在知識徵集、保存、傳播過程中的合作關係與書目加值效能。

六、　建議

迄今 CIP 計畫也正式在臺灣地區實施逾二十餘年，參與申請 CIP 出版者家數與筆數雖歷年逐步成長，但精進書號中心 CIP 效能、增益預編質量、及維護書目紀錄正確性等，仍為各方期待。而面臨知識內容多樣性不斷推陳出新，資訊社會求新求變，預編人員也需不斷與時俱進、終身學習。依據本研究結論茲提出以下幾點建議供參：

(一) 迎向出版類型變化潮流，適時修訂 CIP 編製範圍

參酌各出版品類型的演變發展，適時修訂 CIP 編製範圍，以適應出版者出版需求，與利於掌握國內各種最新出版前書目計量與學科主題性內容動態。

(二) 增加 CIP 申請表項目與落實申請者應備齊相關申請表件

為增益預編書目製程品質及正確性，可參考 LAC CIP 申請表項目內容，和設

計必備欄位的填寫，與要求申請者落實備齊相關申請附件等作業程序。

(三) 拓展與普及宣導 CIP 書目編製與作業認知教育

利用各項機制教育，宣導一般社會大眾對 CIP 資料標準化、國際化的書目編製內容、排列格式、與作業時間等的瞭解，例如網頁設置詳細書目解（圖）說、問題集及意見回饋，並編製與適時更新線上 CIP 使用指南。

(四) 持續精進 CIP 出版前後書目維護

應建立掌握出版前更詳實資訊的暢通流程，並強化出版送存後 CIP 線上書目的查核與維護，以提昇新書預編內容的著錄描述，促進臺灣地區整體新書預編內容的品質與效益。

(五) 善加利用 ECIP 機制，介接參考來自於申請者的書目資源

為顧及數位時代上游書目紀錄製作應更符合效率，應持續善加利用全面數位化機制，介接 CIP 線上申請資料，包括描述性與主題性資訊，實現 ECIP 互動服務效益，挹注解決人力不足的問題與提昇書目著錄來源的品質。

(六) 申請者應主動多加配合與瞭解書號中心 CIP 作業的相關措施

CIP 的發想本為圖書館界與出版業界通力合作的一項自願性計畫，出版者的積極參與，對 CIP 編目的成功與否是關鍵起源。不論出版前提出申請、申請表件的填寫提供、CIP 資料的印製、與書訊變更的通知等，都要出版者一方主動進行，配合 CIP 預編作業，以達建置與傳布正確的新書出版訊息。

(七) 優化新書資訊內涵服務，強化書目加值內容建置

建議參考仿效 LAC NBS 作業，建構出版者主動自願申請新書加值資訊服務機制。在兼顧尊重智財權考量下，除了 CIP 出版資訊外，書目紀錄也可以包括一些增補資料，例如：封面、目次、內文樣張、作者介紹、序文說明和得獎紀錄、

書評等書訊，以提供加值內容服務（content service）範疇，拓展讀者預覽新書資訊範圍，邁向數位多媒體現刊出版圖書目錄（Books in Print, BIP）國際交流平台的開發，深化書目內涵服務，串連起新書個人化閱讀、出版產業書目供應鏈、與圖書館採編模式一氣呵成，以詮釋知識經濟時代出版文化加值體系互動合作、共生多贏之體質。

參考文獻

IFLA Study Group on the Functional Requirements for Bibliographic Records. （2007）。*書目紀錄功能要件最終報告（Functional requirements for bibliographic records: final report*，徐蕙芬、戴怡正譯）。臺北市：文華圖書館管理。（原作 1998 年出版）

江綉瑛（1989）。出版品預行編目（CIP）作業之探討。*臺北市立圖書館館訊，6*（3），9-18。

李莉茜（1996）。*國際標準書號與出版品預行編目研究*。臺北市：文華圖書館管理。

吳學峰（1978）。國內外 CIP 發展情形研究。*圖書館學刊，7*，27-39。

邱子恆、楊美華（2010，4 月）。國家圖書館中長程發展策略規劃之探究。*臺灣圖書館管理季刊，6*（2），59-81。上網日期：2011 年 10 月 5 日，檢自 http://www.ntl.edu.tw/public/Attachment/04279471926.pdf。

武二偉（2009）。國外圖書在版編目（CIP）現狀分析及對我國的啟示。*現代情報，29*（3），18-22。

推行出版品預行編目制度研究小組（1991）。*推行出版品預行編目制度（教育部圖書館事業委員會專題研究報告）*。臺北市：教育部。

陳源蒸（2003）。*中文圖書 ECIP 與自動編目手冊*。北京市：北京圖書館出版社。

魁北克（2011，12 月 21 日）。在維基百科。上網日期：2012 年 1 月 5 日，檢自 http://zh.wikipedia.org/zh-tw/%E9%AD%81%E5%8C%97%E5%85%8B

簡秀娟（2010）。臺灣地區出版品預行編目（CIP）作業近十餘年來的回顧與前瞻。*佛教圖書館館訊，51*，81-88。

簡秀娟（民 99 年）。加拿大國家圖書館與檔案館新書資訊服務管窺。*臺灣圖書館管理季刊，6*（4），110-118。

Audley, P. (1976). Why Canadian publishers support cataloguing in publication. *Ontario Library Review, 60*, 164-165.

Bibliothèque et Archives nationales du Québec. (2006). *CIP program*. Retrieved January 5, 2012, from http://www.banq.qc.ca/services/services_professionnels/editeurs/programme_cip/index.html

Canada. (2003). In *Funk & Wagnalls New World Encyclopedia*. Retrieved August 3, 2011, from http://web.ebscohost.com/ehost/ detail?vid=4&hid=108&sid=d59b33a4-c911-4803-a2c0-570c2ae229ca%40sessionmgr113&bdata=Jmxhbmc9emgtdHcmc2l0ZT1laG9zdC1saXZl#db=funk&AN=CA024000

Clavel-Merrin, G., Danskin, A., Knutsen, U., Parent, I., & Varniene-Janssen, R. (2009). Organisation and management of national bibliographies. In IFLA Working Group on Guidelines for National Bibliographies (Ed.), *National bibliographies in the digital age: guidance and new directions* (pp.79-102). Munchen: Saur.

Danskin, A. (2009). Cataloguing. In IFLA Working Group on Guidelines for National Bibliographies (Ed.), *National bibliographies in the digital age: guidance and new directions* (pp.37-53). Munchen: Saur.

Davis-Brown, B., Fineberg, G., Sayers, J., & Dalrymple, H. (2008). The future of bibliographic control: library convenes advisory group to look forward. *Library of Congress Information Bulletin, 67* (12), 212-215.

Gislason, T. (1986). CIP: how it's being used. *Canadian Library Journal , 43*(6), 413-416.

IFLA. (2004). *Survey of CIP programs report*. Retrieved January 5, 2012, from
    http://www.loc.gov/catdir/cipsurvey/IFLA_CIP_Survey_ Report.pdf

Library and Archives Canada. (2005, November 29). *New Books Service*. Retrieved January 15, 2012, from http://www.collectionscanada.gc.ca/newbooks/ index-ehtml

Library and Archives Canada. (2009a, February 19). *CIP: cataloguing in publication: comments*. Retrieved January 22, 2012, from
    http://www.collectionscanada.gc.ca/cip/041003-120.01-e.php?title=CIP

Library and Archives Canada. (2009b, February 19). *CIP: cataloguing in publication: scope and coverage*. Retrieved January 29, 2012, from
    http://www.collections canada.gc.ca/cip/041003-1000-e.html

Library and Archives Canada. (2009c, February 19). *How to apply for CIP*. Retrieved January 19, 2012, from http://www.lac-bac.gc.ca/cip/041003-1000-e.html

Library and Archives Canada. (2009d, February 19). *List of CIP agents for Canadian publishers*. Retrieved February 2, 2012, from
    http://www.collectionscanada.gc.ca/cip/041003-4000-e.html

Library and Archives Canada. (2009e, February 19). *User's guide*. Retrieved January 2, 2012, from http://www.lac-bac.gc.ca/cip/041003-3000-e.html

Library and Archives Canada. (2010a, March 23). *CIP for government publishers*. Retrieved January 26, 2012, from http://www.collectionscanada.gc.ca/ cip/041003-5005-e.html

Library and Archives Canada . (2010b, March 23). *CIP for trade publishers*. Retrieved January 19 , 2012, from http://www.collectionscanada.gc.ca /cip/041003-5000-e.html

Maxwella, Robert L. (2010). Bibliographic control. In *Encyclopedia of Library and Information Sciences (3rd ed.)*, *1*(1). Retrieved May 10, 2012, from

http://www.informaworld.com/smpp/content~db=all~content=a917620538~frm=titlelink?
words=cip

McKeen, L. (2009). Canadiana, the national bibliography for Canada, in the digital age. *International Cataloguing and Bibliographic Control, 38*(2). Retrieved June 25, 2012, from http://archive.ifla.org/IV/ifla74/papers/162-McKeen-en.pdf

Zumer, M. (2009). Value of national bibliographies: use and users. In IFLA Working Group on Guidelines for National Bibliographies (Ed.), *National bibliographies in the digital age: guidance and new directions* (pp.19-28). Munchen: Saur.

第九章　加拿大國家圖書館暨檔案館新書資訊服務探討

一、 前言：加拿大國家圖書館的設立與任務

　　加拿大是位居於北美洲最北緣的一個國家，就國土總面積來說，是世界上僅次於俄國的第 2 大國。加拿大得天獨厚擁有傲人的天然資源，具有現代化工業與科技水準發達的國家。（Canada, 2003）但由於資源分佈不均的因素，造成各地區經濟發展的不平衡現象，而加拿大圖書館事業的推展，也因此深受地理、經濟、政治、人口、與歷史等因素所牽制。（莊道明，1994，頁 24-25）

　　根據 1953 年 1 月 1 日生效的「加拿大國家圖書館法」（National Library Act），加拿大國家圖書館（National Library of Canada，簡稱 NLC）也同時正式設立。加拿大共有兩個國家圖書館，另一所為成立於 1974 年的加拿大科學技術資訊中心（Canada Institute for Scientific and Technical Information，簡稱 CISTI），以收藏科技及醫學資訊文獻為主。而專門典藏社科、文史哲資源的 NLC 是合併成立於 1950 年的加拿大書目中心（Canadian Bibliographic Centre）與擁有 15 個會員的加拿大國家圖書館評議會（National Library Advisory Council）所共同組成。（莊道明，1994，頁 25、28）

　　電腦網路技術帶動數位化虛擬館藏概念的發展，興起非營利知識典藏館所整合管理趨勢。由於「加拿大國家圖書館暨檔案館產生法」（Legislation Creating Library and Archives Canada Proclaimed）此一新法案的誕生，2004 年 5 月 21 日

NLC 與加拿大國家檔案館（National Archives of Canada，簡稱 NAC）直接合併，正式命名為加拿大國家圖書館暨檔案館（Library and Archives Canada，簡稱 LAC）。（Library and Archives Canada[LAC], 2005a）

　　整合理論（integration theory），或譯為統合理論、融合理論，原是 1950 年代，當時西方系統性社會科學界為了研究區域整合而建構的理論體系。（吳新興，2001，頁 45）而所謂「融合」是持續協調、超越彼此相反事物的動態過程。（野中郁次郎、竹內弘高，2004／胡瑋珊譯，頁 10）

　　透過融合過程，可望不斷創造新的知識出來。在國際間將圖書館與檔案館兩種不同類型的知識機構家族整合為一個機關，加拿大此例可稱為樹立了創新典範。（薛理桂、王麗蕉，1998，頁 3-4）知識領域整合模式，可說是所有知識組織面對 21 世紀知識經濟社會的嚴肅課題之一。

　　加拿大國家體制上是由 10 個省和 3 個地區所共同組成的聯邦政府。LAC 是隸屬於加拿大資產部（Department of Canadian Heritage）之下，是該部 5 個直屬的部會層級單位之一，其地位等同於政府的一個部門，直接向議會負責。整併後的 LAC 是直接整合原有兩館的所有資源，包括館藏、服務與人員。根據現今「加拿大國家圖書館暨檔案館法」（Library and Archives of Canada Act）內容，LAC 擔負的主要職責範圍，可歸納為以下四項指標範疇。

(1)為今後世代設想，保存加拿大文獻資產。

(2)提供持續性知識來源，並方便所有人查閱，以貢獻於促進加拿大的文化、社會和經濟發展。

(3)促進加拿大相關社群在知識徵集、保存、傳播過程中的合作關係。

(4)擔負起加拿大政府與其組織永續性記憶（continuing memory）的角色。

（LAC, 2013a）

　　為履行國家法令所賦予該館的任務與實現願景，該館成立了包括組織管理、資訊技術服務、政府資訊管理、文獻資產館藏、計畫方案及服務、策略計劃與公共關係等部門，以提供知識管理與多元化服務，工作項目如：書刊資料（含數位

出版品）送繳制度、編製加拿大國家書目（Canadian National Catalogue）、參考資訊服務、聯合目錄及發展整體性書目資訊檢索服務系統、書刊交換、多語文書目服務、編製加拿大論文目錄（Canadian Theses）、資訊維護及文化活動服務，其中也包括實施出版品預行編目（Cataloging in Publication，簡稱 CIP）服務。（LAC, 2013b）

二、 LAC NBS 新書資訊服務內涵

加拿大 CIP 作業自 1976 年 1 月即開始實施，是出版業者與圖書館界合作的一項自願性計畫，目的強調在促進出版者提供相關新書書訊予書商、零售商和圖書館界，以作為利用與選購新書參考，便利書訊廣為周知。印在書上的 CIP 資料，也有助於圖書館員進行新徵集圖書的編目作業，作為選書、買書和編目新書的基礎書目。

而多年來加拿大 CIP 預報新書資訊，也透過不同產品與設施多方傳播，例如：《加拿大現刊出版圖書目錄》（*Canadian Books in Print*）、《加拿大國家書目》（*Canadiana: the National Bibliography of Canada*）、加拿大國家書目資料庫（AMICUS）與新書資訊服務（The New Books Service，簡稱 NBS）等。（LAC, 2009a）

建置於 2005 年 1 月的 LAC NBS 新書資訊服務網，以提供相關新書出版品線上預告服務為主，其資料庫主要收納在過去半年內，數以萬計在加拿大當地出版的英語和法語的新書書目資訊，書目資訊來源是透過 LAC 的 CIP 作業，直接從申請 CIP 預編紀錄的出版者獲得並依圖書館技術服務規範建置相關預報書訊。

(一) 申請 NBS 適用條件

LAC NBS 服務主要在於進一步提昇 CIP 作業功能，協助出版者行銷新書，也幫助讀者發現所需新書。出版者如欲加入這一項服務功能，首要的條件當然是已

經申請過 CIP 預編書訊，然後填寫 NBS 服務申請單（New Books Service Form），並準備相關數位附件以利上傳申請。（參見圖 9-1）

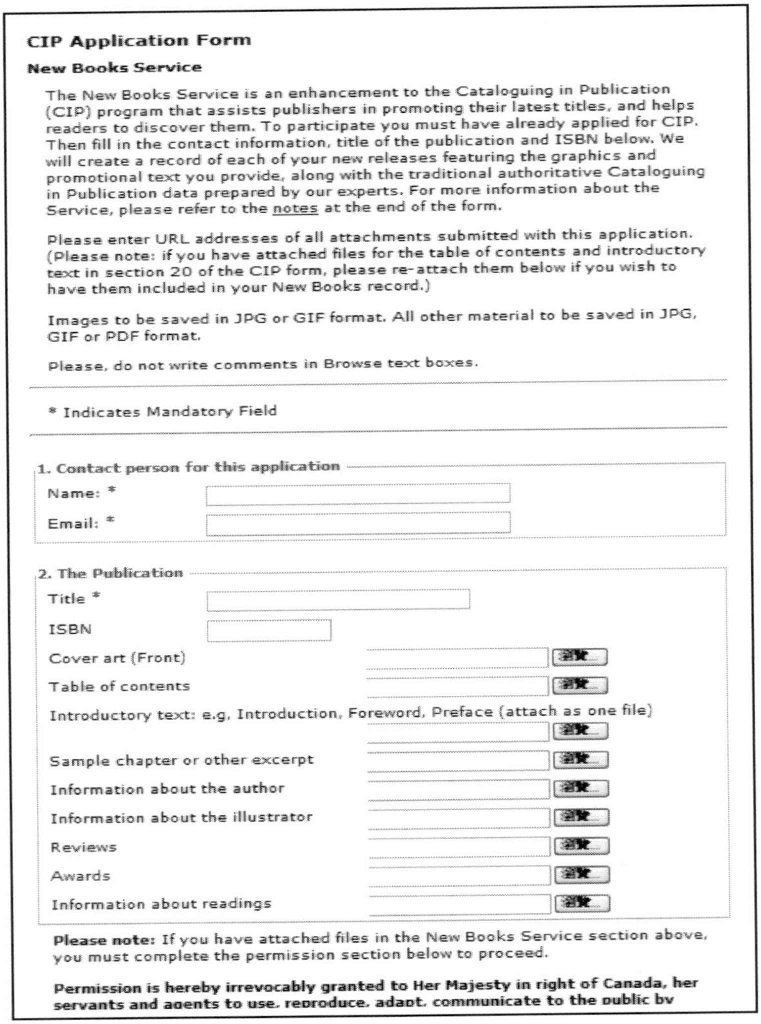

CIP Application Form

New Books Service

The New Books Service is an enhancement to the Cataloguing in Publication (CIP) program that assists publishers in promoting their latest titles, and helps readers to discover them. To participate you must have already applied for CIP. Then fill in the contact information, title of the publication and ISBN below. We will create a record of each of your new releases featuring the graphics and promotional text you provide, along with the traditional authoritative Cataloguing in Publication data prepared by our experts. For more information about the Service, please refer to the notes at the end of the form.

Please enter URL addresses of all attachments submitted with this application. (Please note: if you have attached files for the table of contents and introductory text in section 20 of the CIP form, please re-attach them below if you wish to have them included in your New Books record.)

Images to be saved in JPG or GIF format. All other material to be saved in JPG, GIF or PDF format.

Please, do not write comments in Browse text boxes.

* Indicates Mandatory Field

1. Contact person for this application

Name: *

Email: *

2. The Publication

Title *

ISBN

Cover art (Front)

Table of contents

Introductory text: e.g, Introduction, Foreword, Preface (attach as one file)

Sample chapter or other excerpt

Information about the author

Information about the illustrator

Reviews

Awards

Information about readings

Please note: If you have attached files in the New Books Service section above, you must complete the permission section below to proceed.

Permission is hereby irrevocably granted to Her Majesty in right of Canada, her servants and agents to use, reproduce, adapt, communicate to the public by

圖 9-1 LAC NBS 新書資訊服務申請單（部分圖例）

資料來源：Library and Archives Canada. *CIP Application Form: New Books Service*. Retrieved August 5, 2012, from http://www.collectionscanada.gc.ca/cip/041003-5030-e.php

　　申請表的內容大致是要求填寫申請者、與新書出版品等相關資訊。可供選擇附傳檔案包括：封面、目次、序（導、前）言、內文樣張（或其他摘錄）、作者資料、書評訊息、得獎紀錄、或任何與該書相關的資訊。申請表的最後必須有出版者代表人授與智慧財產權的聲明簽署，以便完成整個電子化上傳申請作業。（LAC, 2010）

（二）上傳 NBS 新書資訊檔案規格

　　NBS 對於申請者上傳數位檔案，對於影像、文件、聲音、解析度、像素、色彩、與檔案大小等規格有如下規定：

- ・影像檔：JPG 或 GIF 檔
- ・文件檔：JPG、GIF 或 PDF 檔
- ・聲音檔： RealAudio 與 MP3 檔
- ・解析度為 72 像素/英寸
- ・最長邊為 648 像素（9 inches at 72 dpi）
- ・色彩模式為 8 bits/channel
- ・PC 或 Macintosh 格式
- ・圖像應為無邊框完整的封面正視圖
- ・檔案不要超過 200KB 大小。（LAC, 2010）

（三）NBS 新書資訊加值內容

　　LAC NBS 服務系統接收到申請附傳檔案，即會產生一筆新的新書資訊紀錄，包括 CIP 書目與所附傳的相關圖文檔。除了出版資訊外，該出版品書目紀錄也可能包括一些增補資料，例如：封面、目次、內文樣張、作者介紹、序文說明和得獎紀錄、書評等資料，以提供新書書目加值內容服務（content service）範疇（參見圖 9-2）。

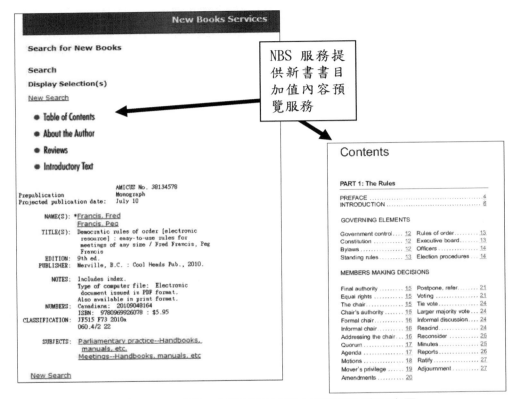

圖 9-2　「NBS 新書資訊服務網」新書書目加值內容預覽服務示意圖

資料來源：Library and Archives Canada. *Search for New Books*. Retrieved August 12, 2012 , from
http://amicus.collectionscanada.ca/g4-bin/Main/ItemDisplay?l=0&l_ef_l=-1&id=984142.
1440531&v=1&lvl=1&coll=13&rt=1&rsn=S_WWWmaaTSobKW&all=1&dt=AN+|381
34578|&spi=-&rp=1&vo=1

三、 LAC NBS 新書資訊服務功能

　　歸納 NBS 資訊網服務項目包括：使用者可以透過主題瀏覽每月最新書訊；提
供查詢最近新書書目；搜尋加拿大零售商地址以方便訂書；查詢加拿大出版者資
料庫與連線到加拿大國家書目 AMICUS 資料庫，以方便擴大查詢加拿大國家圖書

館更完整的線上書目。進一步綜述 LAC NBS 新書資訊系統所提供服務功能包括如下：（LAC, 2005b）

(一) 瀏覽新書（Browse New Books）

「每月新書（New This Month）」服務單元，提供依主題編排的每月新書目錄，每筆書目內含一個可能從 000（總類）到 900 號（地理、旅遊、歷史類）的杜威十進分類法（Dewey Decimal Classification，簡稱 DDC）號碼。除了 DDC 十大分類類名，對於「兒童讀物類（juvenile）」、「加拿大文學類（英文、法文）」也特別列出以供選閱（參見圖 9-3）。

圖 9-3　「NBS 每月新書服務（New This Month）」主題分類示意圖

資料來源：Library and Archives Canada. *New Books Service*. Retrieved August 19, 2012, from http://www.collectionscanada.gc.ca/newbooks/g4-1000-e.html

　　過期刊期（previous issues）紀錄也可在這一網頁點選 12 期份的過期回溯瀏覽。「兒童讀物類」特別再按 DDC 十大分類次序，於類名前加上英文母「j」資料類型識別碼，依類別列出兒童讀物新書書目（參見圖 9-4）。

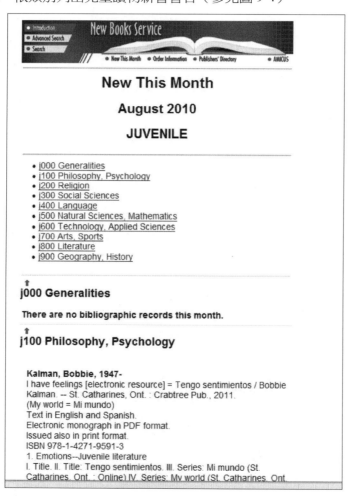

圖 9-4　「NBS 每月新書服務（New This Month）兒童讀物」分類示意圖

資料來源：Library and Archives Canada. *New Books Service*. Retrieved August 19, 2012, from
　　　http://www.collectionscanada.gc.ca/newbooks/g4-j00-e.html

　　透過點選主題分類表最上層的字母索引表（alphabetical index），則可提供按主題類名字母排序點選瀏覽更詳盡的相關主題新書書目服務。此主題類名於右另標注可能超過一組的 DDC 參考類號（參見圖 9-5）。又當期某類若沒有任何新書書目，則在該類類名下直接註明：“There are no bibliographic records this month”，而不是直接以刪除類名的方式作處理。

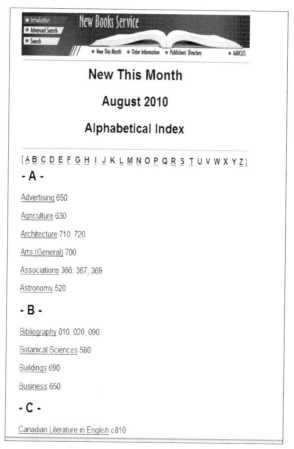

圖 9-5　「NBS 每月新書服務（New This Month）」主題名稱字母檢索表示意圖

資料來源：Library and Archives Canada. *New Books Service*. Retrieved August 12, 2012, from http://www.collectionscanada.gc.ca/newbooks/g4-j00-e.html

瀏覽主題新書書目內容依國際標準書目著錄（International Standard Bibliographic Description，簡稱 ISBD）的格式呈現，著錄的項目包括：題名及著者敘述項、版本項、出版項、集叢項、附註項、ISBN（含價格）、主題項（含標題與分類號）、檢索款目與書目系統號等（參見圖 9-6）。

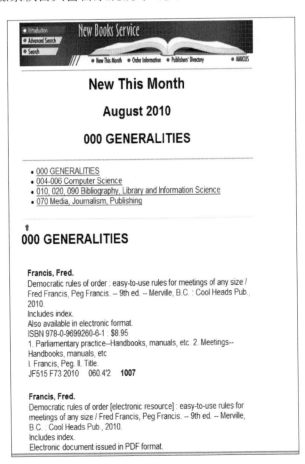

圖 9-6 「NBS 每月新書服務（New This Month）」瀏覽主題新書書目內容示意圖

資料來源：Library and Archives Canada. *New Books Service*. Retrieved August 12, 2012, from http://www.collectionscanada.gc.ca/newbooks/g4-j00-e.html

(二) 查詢新書（Search Recent Titles）

　　透過「簡易查詢與進階查詢（Search and Advanced Search）」服務單元，可由書名、人名、出版者、主題詞、AMICUS 國家書目系統號，或者任何關鍵詞作查詢。進階查詢功能可提供同時三種查詢值的模式，簡易查詢則只限定單一查詢值的方式。搜尋所得新書書目結果清單，可選擇依書名或作者名再作排序呈現。以單筆點選或多筆勾選後則可直接進入書目內容層，以標籤條列格式顯示書目。書目上端則註記「出版前」（prepublication）、與「預計出版日期」（projected publication date），為查詢新書功能中書目資訊內容特點（參見圖 9-7）。在此同層網頁可作重新查詢或結果清單顯示的切換功能。

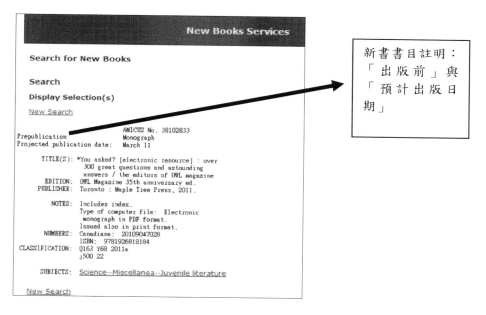

圖 9-7　「NBS 新書資訊服務網」查詢新書書目內容資訊示意圖

資料來源：Library and Archives Canada. *Search for New Books*. Retrieved August 27, 2012, from http://amicus.collectionscanada.ca/g4-bin/Main/ItemDisplay?l=0&l_ef_l=-1&id=142903.1482680&v=1&lvl=1&coll=13&rt=1&rsn=S_WWWfaaL3ajDp&all=1&dt=AN+|381028 33|&spi=-&rp=1&vo=1

(三) 尋找零售商（Find a Retail Outlet）

「訂購資訊（Order Information）」服務單元，主要是提供連結到加拿大書商協會（Canadian Booksellers Association）（Canadian Booksellers Association, 2013）和魁北克圖書館協會（Association des Libraires du Québec）（Association des Libraires du Québec, 2013）資料庫，前者主要提供以英文為主的書店資料，後者則以在魁北克的書商資料為主。

(四) 尋找出版者（Locate a Publisher）

「出版者名錄（Publishers Directory）」服務單元，主要是提供連結到「加拿大 ISBN 出版機構名錄」（The Canadian ISBN Publishers' Directory）（LAC, 2009b）和加拿大法語編輯者名錄（Bottin des Éditeurs Francophones Canadiens）（Bottin des Éditeurs Francophones Canadiens, 2010）資料庫，這兩者主要提供加拿大英語與法語為主的出版者資料。

(五) 擴大搜尋資料庫（Search a Larger Database）

若在 NBS 找不到所需相關書目，也可直接連結到 AMICUS 書目資料庫，搜尋涵蓋全加拿大超過 1,300 個圖書館、3,000 萬筆的國家書目資料。（LAC, 2008）AMICUS 系統是由 LAC 統籌負責發展與維護，是屬於國家型書目資料庫。AMICUS 在拉丁文中意謂為「朋友」之意，希望達成查詢書目資料的好幫手，其服務時間一週 7 天、24 小時全天候免費開放服務。（LAC, 2004）

四、 LAC NBS 新書資訊服務特色分析

擔任 LAC 首任館長、即前國家檔案館館長的 Ian E. Wilson 先生，對於 LAC 新局面的職責所在曾經陳述：「我們將建立在之前我們兩館穩固的基礎之上，其館

藏、其傳統、尤其是其專業。基於此，我們將準備好迎接面對 21 世紀所有的挑戰、可能、與期望。我們將繼續努力建置與維護保存我們的館藏，並確保它們都是加拿大人民經驗中活生生的一部分，並確保加拿大人民無論身居國內何處皆能容易獲取使用。」（LAC, 2008）

　　保存加拿大文獻資產是 LAC 身為國家級圖書館責無旁貸的天職，而開創 NBS 新書資訊服務，是 LAC 延續 CIP 作業 30 餘年來「提供持續性知識來源、並方便所有人查閱」的一道源頭活水，將功能齊全、介面可親、簡易服務的理念落實於適用所有加拿大人民樂讀新書資訊之所趨。茲分析 NBS 新書資訊服務特色如下：

(一) NBS 新書資訊內容除了 CIP 新書預報書目，更透過申請機制與尊重智財權考量下深化書目加值內涵服務

　　除了新書預報書目外，NBS 進一步提供顯示更多新書訊息預覽內容服務，包括：封面、目次、序言、內文樣張（或其他摘錄）、作者資料、書評訊息、得獎紀錄或任何與該書相關的資訊，可協助使用者瞭解更多具有版權新書基本背景的完整頁面與小部分內容片段，使用者或可據以決定是否要將該書納入採購範圍。

　　藉由深化加值型書目內容，創造讀者領航探索及進一步選擇購買新書的機會，從而協助作者和出版者建立新書銷售管道。NBS 新書資訊服務，不啻在保護並提高創造性作品的價值、確保作者和出版者的權益、與提昇所有加拿大人民閱讀氛圍上締造了多贏局面。

(二) 新書主題瀏覽服務功能簡單易用，適應各界使用者依閱讀興趣所需加以資訊利用

　　新書主題經過 DDC 十大分類體系整理呈現，或透過按字母排序提供年度回溯瀏覽服務，線上立即點選閱讀，可方便輕鬆掌握未來即將在加拿大出版的新書資訊。而「兒童讀物類」再依十大分類排列，建立兒童閱讀書目區隔，方便此類讀物使用者瀏覽搜尋。對於已有閱讀興趣方向的使用者而言，由類別瀏覽新書書目不失為一快速且便捷的檢索方式。

(三) 多重檢索介面設計，方便使用者進行新書查詢，與可以更快速、更精確地選擇取得所需的相關資源

簡易與進階兩種查詢畫面設計，可適應加拿大各階層使用者資訊檢索需求，協助搜尋及探索新書書訊。搜尋所得新書書目結果清單（search result），可直接點選進入書目內容查閱，或再作勾選所需閱讀書目清單。不同檢索設計方向，可適用於不同閱讀人口資訊搜尋行為需求。

(四) 超連結出版機構或零售商資訊，使讀者與業者互蒙其利，串連產業供需端

CIP 作業提供出版前標準化的圖書館編目，其中當然也包括對該出版品出版單位的資訊通報。由 NBS 系統直接關聯書商（店）資料與出版者資訊，讓使用者在找到所需書訊之餘，能立即輕鬆上手查詢到這些出版書商資訊，方便其進一步處理訂購出版品等相關事宜，而出版品供應端也能蒙受提高曝光率的市場行銷佔有率的效益。提供書商的連結關係，讓使用者在購買新書時更容易，以及讓出版者能有更多管道輕鬆地銷售新產品。

(五) 超連結國家級書目資料庫，搜尋資源更具完整性與全面性

LAC 身為加拿大國立圖書館，首要任務就是收集本國及有關本國方面的出版品，典藏國家文獻，並依據豐富的館藏資源，提供書目資訊服務，建立全國性出版品目錄或書目資料庫，擔任起國家級的書目資訊中心。

加拿大自頒佈國家圖書館法以來，即開始實施國家送存制度，出版機構應在出版品發行一週內完成送存作業，且需送存二份出版品納入國家典藏。因 LAC 同時肩負 ISBN 申請業務，較易進行催徵作業。自 2007 年 1 月起數位出版品也正式納入送存法令規定範圍。（McKeen, 2009）該國文獻送存比率將近 90%，每年收到將近 30,000 種送存出版品。對於送存的出版品皆收錄在 AMICUS 系統內，並開放線上檢索利用。（林巧敏，2006）

AMICUS 是加拿大最大書目資料庫之一，書目記錄已超過 3,000 萬筆，書目

內容涵蓋圖書、期刊、報紙、政府文獻、論文、視聽資料、地圖、電子資源、點字大印刷字體讀物等。（LAC, 2008）NBS 系統使用者可連結 AMICUS 擴大延伸查詢，除了新書資訊外，以獲取所需更具完整性的國家級書目資源。

五、 結論與建議

　　隨著電子技術、數位變革建構了網路書業興起的優質條件，其發展對實體書店帶來的衝擊不僅是在臺灣地區，而是全球化同步的現象。（張卉君，2009）網路書店改變了閱讀者的購書消費行為與閱讀習慣，以及電子出版型態的技術成熟化，傳統書業出版的市場影響力，可預期在未來將會逐漸降低。（晏國政、曹健、葉建平，2006）而圖書館服務也藉由網路化突破了傳統環境的藩籬，將新書出版資訊透過網路傳播作最即時性（just in time）的呈現，甚至提供查詢、瀏覽、與連結服務，即是知識經濟時代知識機構以書目核心價值為主體對外服務的有力表現。

　　LAC 以行之有年的 CIP 作業為基礎，延伸推展成數位化 NBS 新書內容服務，以強化提高預編書目的加值機制，與網路書業所提供的文創產業書訊內容相較，就因資訊來源、任務目標、與服務對象的不同，有其更全面性、快速化、整體性、專業性與標準化的新書資訊意涵，也為讀者在搜尋網路書店資源外，另闢一閱讀全國性新書出版資訊的選擇新視野。

　　臺灣的國際標準書號中心（簡稱書號中心）除了於 1990 年 2 月已實施 CIP 申請作業，為迎向網路化潮流，提供更多元化服務，於 1998 年 7 月建置推出「全國新書資訊網」，除提供相關各界檢索即將出版的 ISBN/CIP 新書書目資訊下載服務外，網頁同時建置「得獎記錄」與「新書介紹」兩單元。前者註記臺灣地區優良得獎與推薦好書的書目資訊，以提供完整的得獎圖書目錄，目前收錄範圍，以政府機構所選出之優良出版品為主，如「金鼎獎」、「小太陽」、「好書大家讀」等，同時收錄報章雜誌於每年年底所選出之年度好書，如《中國時報》「開卷好書獎」、《聯合報》「讀書人」等，以供各界瀏覽下載之用；後者則以刊載於《全國新書資

訊月刊》上「新書介紹」專欄為範圍，提供書目外，另登載封面圖像、內容簡介與延伸查詢功能，分別可用類別、出版機構、月份、適讀對象等方式查詢。（國家圖書館，2009）

　　「全國新書資訊網」自建置以來，提供了各界檢索、瀏覽、與轉載國內新書資訊的暢通門徑，但為對各級圖書館、出版業界、學術界、與讀者拓展更具多元化的應用服務，進而提昇出版品的能見度與國際競爭力，書目加值服務之深度與廣度仍有待加強的空間。建議可參考仿效 LAC NBS 制度，在網路書業體系外，提供各界新書內容服務更完整平台，建構出版者在申請 CIP 新書預編之後，主動自願申請新書加值資訊服務機制，以擴大讀者預覽與開放取用（open access）新書資訊範圍，在兼顧尊重智財權考量下，深化書目加值內涵服務，邁向數位多媒體現刊出版圖書目錄（Books in Print，簡稱 BIP）國際交流平台的開發，優化與強化新書書目加值服務管理建置，以樹立新書資訊知識管理優質服務。

參考文獻

王梅玲、王錫璋（1998）。加拿大、澳洲、與挪威書刊資料送繳制度。*國家圖書館館刊*，87（2），93-112。

吳新興（2001）。整合理論：一些概念性的分析。*中國事務*，5，41-55。

林巧敏（2006）。世界重要國家圖書送存及新書出版資訊服務。*全國新書資訊月刊*，96，7-10。

晏國政、曹健、葉建平（2006）。*在電子閱讀的衝擊下，傳統書業出版的市場影響力將會逐年降低*。上網日期：2013 年 7 月 20 日，檢自 http://www.wretch.cc/blog/libnews/5016341

莊道明（1994）。加拿大兩大國家圖書館的發展與挑戰：加拿大國家圖書館（National Library of Canada）與加拿大科學技術資訊中心（Canada Institute for Scientific and Technical Information）。*國立中央圖書館臺灣分館館刊*，1（2），24-37。

張卉君（2009）。*晃蕩，在書店*。上網日期：2013 年 7 月 14 日，檢自 http://chiaur333.pixnet.net/blog/post/25267241

野中郁次郎、竹內弘高（2004）。*企業創新的螺旋：全球競爭下的知識創新架構*（胡瑋珊 譯）。臺北縣汐止市：中國生產力。

國家圖書館（2009）。*全國新書資訊網*。上網日期：2013 年 7 月 28 日，檢自 http://isbn.ncl.edu.tw/NCL_ISBNNet/

薛理桂、王麗蕉（2006）。檔案館、圖書館與博物館三大知識領域在新資訊時代的整合趨勢：以加拿大與英國為例。*檔案季刊*，5（4），1-16。

Association des Libraires du Québec. (2013). *Mission et historique*. Retrieved July 21,2013, from http://www.alq.qc.ca/_a-propos/mission-et-historique.html

Bottin des Éditeurs Francophones Canadiens. (2010). Retrieved July 21, 2012, from http://www.banq.qc.ca/portal/dt/ressources_en_ligne/bottin_des_editeurs/i-r_bottin.jsp

Canada. (2003). In *Funk & Wagnalls New World Encyclopedia*. Retrieved August 3, 2011, from http://web.ebscohost.com/ehost/detail?vid=4&hid=108&sid=d59b33a4-c911-4803-a2c0-570c2ae229ca%40sessionmgr113&bdata=Jmxhbmc9emgtdHcmc2l0ZT1laG9zdC1saXZl#db=funk&AN=CA024000

Canadian Booksellers Association. (2013). *Who we are*. Retrieved June 20, 2013, from http://www.cbabook.org/who-we-are.html

Library and Archives Canada. (2004). *About AMICUS*. Retrieved August 5, 2012, from http://www.collectionscanada.gc.ca/amicus/006002-122-e.html

Library and Archives Canada. (2005a). *Introducing Library and Archives Canada*(LAC). Retrieved January 15, 2012, from http://www.collectionscanada.gc.ca/legislation/index-e.html

Library and Archives Canada. (2005b). *New Books Service*. Retrieved August 5, 2012, from http://www.collectionscanada.gc.ca/newbooks/index-e.html

Library and Archives Canada. (2008). *AMICUS*. Retrieved July 2, 2013, from http://www.collectionscanada.gc.ca/amicus/index-e.html

Library and Archives Canada. (2009a). *Benefits of the CIP Program*. Retrieved May 21, 2013, from http://www.collectionscanada.gc.ca/cip/041003-3000-e.html

Library and Archives Canada. (2009b). *The Canadian ISBN Service System (CISS)*. Retrieved March 2, 2013, from http://www.collectionscanada.gc.ca/ciss-ssci/041002-2000-e.html

Library and Archives Canada. (2009c). CIP：*Cataloguing in Publication*. Retrieved April 2, 2013, from http://www.collectionscanada.gc.ca/cip/041003-1000-e.html

Library and Archives Canada. (2010). *CIP Application Form: New Books Service*. Retrieved July 2, 2013, from http://www.collectionscanada.gc.ca/cip/041003-5030-e.php

Library and Archives Canada. (2013a). *Our Mandate*. Retrieved June 21, 2013, from http://www.bac-lac.gc.ca/eng/about-us/Pages/our-mandate.aspx

Library and Archives Canada. (2013b). *Services and programs*. Retrieved June 21, 2013, from http://www.bac-lac.gc.ca/eng/services/Pages/services-programs.aspx

McKeen, L. (2009). Canadiana, the national bibliography for Canada, in the digital age. *International Cataloguing and Bibliographic Control, 38*(2). Retrieved June 25, 2012, from http://archive.ifla.org/IV/ifla74/papers/162-McKeen-en.pdf

第十章　臺灣地區出版品預行編目（CIP）計畫近十餘年來的回顧與前瞻

一、 前言：1990 年 2 月臺灣地區 CIP 預編計畫正式實施

　　承全球書目資源分享風氣趨勢，國家圖書館（簡稱國圖）於 1990 年 2 月正式成立「國際標準書號中心」（簡稱書號中心），除積極實施國際標準書號（International Standard Book Number，簡稱 ISBN）編號制度（國家圖書館國際標準書號中心，2006，頁 6），更承一貫申請作業流程，編製出版品預行編目（Cataloging in Publication，簡稱 CIP）計畫，成為全世界將 ISBN 編號與 CIP 預編計畫結合在同一單位連貫進行的國家之一。

　　CIP 計畫藉由圖書館編目技術規範所建置的預編書目內容，為讀者傳播書目最前線，建構新書即時主題所需服務，串連起個人化閱讀、出版產業、與圖書館採編模式一氣呵成，詮釋知識經濟時代出版文化加值體系互動合作、共生雙贏之體質。數位環境蓬勃時代，資訊傳播流速奔騰，CIP 計畫儼然已是圖書出版產業鏈與圖書館知識管理之上游，扮演為每一本新書誕生預先宣告的火車頭角色。

二、 二十年（1999-2009）來 CIP 預編計畫優質服務成效

　　雖然 CIP 預編書目是出版前的新書資訊，僅能提供書目初步建置基礎，但書

號中心 ISBN/CIP 服務作業，多年來在出版界體系與圖書館作業系統間，擔負著新書書目知識服務管理價值鏈角色，深耕在地新書出版資訊服務。20 年來臺灣地區參與 CIP 申請的出版者家數與筆數逐年遞增，詳見圖 10-1：「臺灣地區申請 CIP 之出版者家數成長圖（1990-2009）」所示：

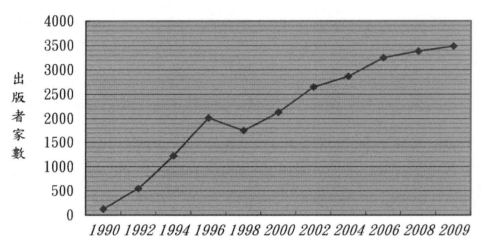

圖 10-1　臺灣地區申請 CIP 之出版者家數成長圖（1990-2009）

備註：作者繪製

2009 年參加 CIP 之出版者家數多達 3,481 家，而書號中心成立之初，僅 123 家出版者申請 CIP 計畫，出版者主動自願申請 CIP 計畫呈 20 餘倍成長力。而歷年參加 CIP 申請筆數，詳見圖 10-2：「臺灣地區申請 CIP 筆數成長圖（1990-2009）」所示：

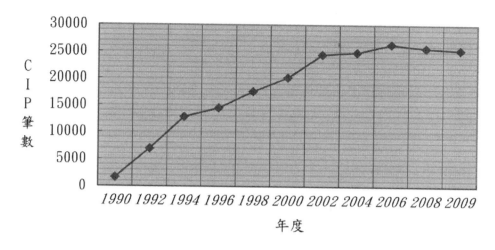

圖 10-2　臺灣地區申請 CIP 筆數成長圖（1990-2009）

備註：作者繪製

　　截至 2009 年底，CIP 申請總筆數達 363,200 餘筆。多年來 CIP 書目紀錄廣為各界所下載參考加值利用，成效卓著，在臺灣地區與華文世界實現了抄錄編目（copy cataloging）、合作編目（cooperative cataloging）與資源共享（resourse sharing）的基礎性理想目標。

　　在申辦 CIP 手續流程服務面，書號中心為方便民眾申請，接受來件收件多元化服務，可以傳真、郵寄、或親自臨櫃申辦方式送件申請，並藉助 e 化方式，提供線上申請平台。總之，20 年來書號中心從傳統模式走向數位化平台，建構種種發展創新措施，藉以標準化、數位化、分級化、與個人化，提昇快速化、精簡化、國際化，達成華文新書優質競爭力的預編服務效益。

三、 近十餘年來 CIP 預編計畫回顧：大事窮影

　　回顧臺灣地區 CIP 計畫實施 20 年來，雖然 CIP 申請呈數倍成長，但也存在

著許多挑戰，例如：現行 CIP 計畫流程，從接續 ISBN 作業 3 個工作天，時效性作業讓預編人員時時處於與時間競賽的工作壓力情境；未能看到原書全貌，解讀資源不足，易致主題解析方向錯誤；知識內容多樣性不斷推陳出新，社會求新求變，預編人員需不斷與時俱進、終身學習；出書前書目異動頻繁，增加維護預編書目的人力負荷；申請旺季申辦件數激增，考驗著組織應變管理能力；申請者普遍上對於圖書館書目品質控制之價值性觀念欠缺，溝通編目作業不易；再加上近年來因行政組織普遍精簡，人力縮編等等因素，導致臺灣地區 CIP 計畫也存在著許多一般性的困難，但畢竟 20 年一路走來，也算是在緊湊工作氛圍中，秉持一貫服務精神，屹立不搖。謹述 CIP 計畫在臺灣地區近十餘年來的大事翦影回顧如下：

(一) 1999 年 1 月 1 日起，CIP 書目新增資料每月收錄於《全國新書資訊月刊》

原 CIP 新書書目通報在於每月發行的《中華民國臺灣地區國際標準書號中心通訊》，以供各採購圖書的單位參考，囿於經費的不足，自第 78 期起改為電子形式出版。鑑於圖書新出版訊息與動態報導的重要性，國圖自 1999 年 1 月起新策劃出版《全國新書資訊月刊》（簡稱《月刊》）。（莊芳榮，1999，頁 1）《月刊》所呈現的「新書分類目錄」係收錄上個月書號中心受理申請 CIP 之圖書目錄，按類編排，大類下可細分為百餘個小類。至 2010 年 4 月止，《月刊》已全球發行至第 136 期，屆滿 11 週年。容或新書出版之前不免常有突發狀況，部分新書會變更原出版計畫，如終止出版、書名或作者改變等，致使《月刊》所收錄的新書書目或有虛目（ghost titles）產生，但 CIP 新書分類目錄終以迅速、完整、且有系統地通告臺灣地區每月新書出版訊息，以資參考利用。

(二) 1997 年 1 月起，發行「中華民國預行編目書目光碟系統」（SinoCIP CD-ROM）與 1999 年 6 月起發行「全國新書資訊光碟系統」（NewBooks CD-ROM）

CIP 書目資料，原於 1995 年加入「中華民國出版圖書目錄光碟系統」（Chinese

national Bibliography on CD-ROM，簡稱 SinoCat）。自 1997 年 1 月起，因顧及二者使用對象之不同，與 CIP 新書資訊之新穎性與急需性，乃將 SinoCIP 系統分出 SinoCat 獨立發行。SinoCIP 發行至 1998 年，每單月出版。至 1999 年 6 月易名為「全國新書資訊光碟系統」（NewBooks CD-ROM），發行至 2003 年 9 月止，一年共發行 6 次。（林偉龍，2004，頁 4-5）

(三) 2006 年 7 月 1 日起，CIP 書目資料著錄 ISBN 號碼由 10 碼改為 13 碼

ISBN 總部為因應國際間圖書出版量大幅增長、及與商品條碼（EAN-13 碼）相結合，宣佈自 2007 年 1 月 1 日起，正式全面實施 13 碼 ISBN。書號中心為因應此項新措施，自 2006 年 7 月 1 日至 12 月 31 日止，採 ISBN「10 碼」與「13 碼」並行期。為配合此項 ISBN-13 碼新制，CIP 資料上印製、顯示 ISBN 號碼自 2006 年 7 月 1 日起，即全面改為 13 碼。而於「全國新書資訊網」之「書目資料庫」提供 ISBN 9、10、12、13 碼書目自動對應檢索。

(四) 2007 年 2 月底起，進行更改標題有關「臺灣」、「中國」回溯改編作業

因時空環境及政治生態之演變，編目作業相關主（標）題詞之標引必然走向「涇渭分明、甲乙立判」的要求。所以 CIP 計畫配合國圖編訂之「有關『臺灣』『中國』等主（標）題詞之使用法」（國家圖書館，2010a），於 2007 年 2 月起進行逐筆查核修改 CIP 書目標題中有關「臺灣」、「中國」回溯作業。改編資料建檔時限為 1990 年 2 月至 2006 年 6 月 6 日止，經系統搜尋須要修改之 CIP 書目筆數達 10,708 筆，整個作業約耗時 2 個月執行完畢，以利相關各界檢索、瀏覽與下載書目之參考。

(五) 2007 年 7 月 1 日起，啟用《中國編目規則》第三版，著錄相關書目資料

中華民國圖書館學會於 2005 年 10 月修訂出版《中國編目規則》第三版，CIP 計畫配合國圖「國家圖書館使用《中國編目規則》（第 3 版）注意事項」（國家圖書館，2010a），於 2007 年 7 月 1 日起開始啟用《中國編目規則》第三版，主要用於記述編目（descriptive cataloging）作業，著錄描述相關書目資料。

(六) 2007 年 7 月 1 日起，啟用《中文主題詞表. 2005 年修訂版》

國圖於 2005 年 10 月修訂出版《中文主題詞表. 2005 年修訂版》（簡稱《詞表》），是臺灣地區第一部採後組式的詞語控制工具詞表。CIP 計畫配合國圖「國家圖書館使用《中文主題詞表》（2005 年修訂版）注意事項」（國家圖書館，2010a），編目人員於 2007 年 2 月參與使用《詞表》講習會，3 月 1 日起開始試行《詞表》標引作業，並於 7 月 1 日起正式採用。CIP 預編標引作業期望藉由主題詞法在文獻檢索方面之靈活性、直觀性與適應性的優點，幫助讀者迅速瞭解該書主題內容，方便查詢完整的新書資訊，為圖書資訊資源分享注入新的活力。

(七) 2007 年 7 月 1 日起，啟用《中文圖書分類法》（2007 年版）中「臺灣」相關類目

CIP 預編分類號取號作業，原使用的規範主要為《中國圖書分類法》（增訂 7 版）（簡稱《中圖法》）。國圖新編訂完成的《中文圖書分類法》（2007 年版）（簡稱《中文分類法》），係以賴永祥教授之《中圖法》為藍本加以增補，同時參考國內外重要分類法，並斟酌分類實務加以增補修訂，並將臺灣自中國類下分衍而出，以齊列亞洲各國的方式排序分類。自 2007 年 7 月起國圖分二階段開始啟用《中文分類法》：第一階段自 7 月 1 日起啟用「臺灣」相關類目部分；第二階段自 2008 年 1 月 21 日起開始全面啟用新版分類法。CIP 計畫配合國圖編訂之「國家圖書館使用《中文圖書分類法》（2007 年版）注意事項」與「國家圖書館臺灣相關類目新舊類號對照表」（國家圖書館，2010a），自 2007 年 7 月 1 日起先行啟用新分類表中「臺灣」相關類目部分，以分類與「臺灣」主題內容相關新書文獻。

(八) 2007 年 10 月起，進行臺灣相關類號目錄回溯改編作業

另 2007 年 10 月起，CIP 計畫配合國圖編訂之「國家圖書館臺灣相關類目目錄改編作業步驟」，進行臺灣相關類號目錄回溯改編作業，其中主要針對有關臺灣史地、臺灣傳記、臺語、臺灣文學等類進行全面回溯加號作業。書目紀錄之改號

作業於書目檔分類號欄位 681 重複產生新的欄位 681，以便於$a 記錄新的分類號，並於$v 註明「2007 年版」《中文分類法》的版本註記。改編資料建檔時限為 1990 年 2 月至 2007 年 6 月 30 日止，經系統搜尋須要修改的 CIP 書目筆數達 7,026 筆，整個作業於 12 月中旬執行完畢。所以形成 CIP 書目檔中「臺灣」相關類號目錄具有雙重分類號對照情形。

(九) 2008 年 1 月 21 日起，開始全面啟用《中文圖書分類法》（2007 年版）

《中文分類法》新版內容，頗能反映當代學術文化發展與臺灣社經變遷，國圖於 2008 年元月 21 日起，全面啟用新版分類法以標引文獻。CIP 計畫配合國圖政策，除「臺灣」相關類目部分已先行啟用，亦自當日起同步全面實施，以進行預編分類號取號作業，爾後並定期參與國圖「編目規範討論會」，對規範工具書內容持續維護增衍。

(十) 2008 年 9 月起，配合國圖中程發展策略規畫，參與「書目骨幹核心管理計畫」，以整合共享書目資源

鑑於書目乃是一館核心必備要項，編目資源的運用亦隨著館藏多元化及分級化、與數位環境的興起，而走向迅速傳播與共享建置目標。國圖 2009 至 2012 四年中程發展策略計畫著眼於此趨勢潮流，遂建置書目骨幹系統平台發展，利用資訊科技，整合各個流程作業，提高書目作業效率，並以滙合書目資源，增進檢索功能，延伸書目的知識加值服務，做為編目作業的指引方針。（國家圖書館，2009，頁 9-10）自 2008 年 9 月起，CIP 計畫即積極配合書目骨幹核心計畫，持續參與小組議題研討、執行書目骨幹核心計畫年度工作計畫、完成填製書目分級管理書目特性描述、書目著錄內容分析與臺灣書目控制未來回應問卷。

(十一) 2009 年 1 月 1 日起，配合「國圖服務年」啟航傳播每日預告書訊服務（Taiwan Publication Services，簡稱 TPS）

國圖自 2009 年元月起，正式啟航推出 TPS 個人化服務，以為學者專家、圖

書館界、出版業界與一般民眾，實施每日預告臺灣最新的圖書出版訊息。（國家圖
書館，2008）TPS 服務系統會依讀者所挑選的閱讀主題，由前一天書號中心 CIP
建檔完成的臺灣最新新書預編訊息，以電子郵件傳送方式，為讀者定期、定時預
告出版訊息，以為業界掌握出版先機，並提供海內外圖書館界與一般民眾閱讀選
購新書的參考依據。（顧敏，2009，頁 7-9）

(十二) CIP 計畫系統與新書資訊服務網歷年來不斷更新，以提昇 e 化服務效能

　　書號中心自作業起始，即以自動化方式建置 ISBN/CIP 書目資料庫。實施初
期先在王安 VS100 主機上開發程式，以進行 ISBN 編配作業。1990 年 2 月書號中
心成立，重新在天登（Tandem）主機上設計 ISBN 系統並與 CIP 計畫結合，於 1990
年 8 月正式上線。1992 年元月開始接受政府出版品申請，書目資料量逐漸增加。
1993 年 9 月起轉入國圖「全國圖書資訊網路系統」（即全國圖書書目資訊網 NBInet
前身），供全國各大圖書館及時分享新書預編資料。

　　1995 年為因應國圖第二期自動化計畫，ISBN/CIP 建檔改以 URICA 系統作
業，1997 年 4 月再次更換成 NCR 主機，採開放式 UNIX 作業系統，透過國圖全
球資訊網（WWW），便利民眾隨時檢索獲得新書出版資訊。1998 年 7 月網頁正式
更名為「全國新書資訊網」，同年 10 月起提供書目下載服務功能。2000 年起為更
加豐富書目資訊內容，與強化 CIP 書目檢索下載功能，持續進行網頁改版作業，
並開發 ISBN/CIP 線上申請功能。（李莉茜、蘇雅玲，2000，頁 16）為配合數位環
境興起與發展，更於 2008 至 2009 年度規劃建置「全國新書/數位資源 e 化服務平
台」，期望全新一代的數位化服務，全面提昇 ISBN/CIP 網路申請比例，以達成節
能減碳、提昇 e 化服務的行政效能新目標。

四、 結語：臺灣地區 CIP 預編計畫的未來前瞻

　　20 年來臺灣地區 CIP 預編計畫，在書目服務第一線，利用各種媒介建置，提供相關各界新書簡目資料檢索下載，俾便傳播分享新書資訊，也配合技術規範的修訂，因應政策面之施行，啟動相關書目控制措施。展望未來臺灣地區 CIP 預編作業，仍會持續「每日接受申請 每日預編建檔 每日預告書訊」。另由 CIP 申請量的成長，也可欣見臺灣地區研究寫作出版的精進創發力。回顧既往，瞻首未來，以下幾點方向，期盼 CIP 預編服務，在數位環境風起雲湧的年代，保持「苟日新，日日新，又日新」向上提昇的動能：

(一) 啟用 CIP 計畫新一代 e 化系統與資訊服務網

　　建置數位化申請平台，期望業者透過線上申辦，提供書目資源分享，以積極提昇電子預行編目（Electronic Cataloging in Publication，簡稱 ECIP）施行效能，達成節能省紙環保化、及公開作業快速化。透過平台並可提供技術規範工具內容模式，以利申請者填製申請表單時選詞填類之參酌，建立主題分析數位化雙向溝通管道，全面提昇 e 化互動服務效益。

(二) 優化每日預告書訊服務個人化創新服務

　　自 2009 年元月起所正式啟航推出的 TPS 服務，目前功能與服務僅現於平面式新書宣告周知，為優質化新書服務特點，建議可從編製主題、瀏覽查詢、個人化新書書單、與實書書訊超連結，以提昇書目最前線服務新書書訊多重、多面再升級讀者延伸服務。從臺灣地區新書書目需求服務，建置華文新書書目知識基底，啟動個人化需求書目友善管理系統功能與服務。

(三) 深化書目加值服務管理建置

　　建議可透過利用各界所提供的 CIP 申辦資料為基礎，予以審視查證後，公開建置於網頁內，除了書名、作者、分類號、與主題詞等書目資料外，進一步提供書影目次、作者介紹、摘要（或前言、序論），對全國民眾、各級圖書館、出版業界提供更具多元化的應用服務，以深化書目資訊內容服務（content services），進而提昇我國圖書出版品的競爭力與國際能見度。

(四) 鼓勵業者積極參與申辦 CIP 申請

　　20 年來臺灣地區參與 CIP 申請筆數雖歷年逐步成長擴增，但申請 ISBN 編號後、繼續申辦 CIP 計畫的比例仍有待提高的成長空間。環視各國 CIP 制度，雖皆採國內出版品免費自願申請，且維持出版前申請，並制定完善的 CIP 編製適用與不適用範圍條件，臺灣地區情形亦不例外。（簡秀娟，2009，頁 49-50）但適時宣導鼓勵業者申辦 CIP 計畫、擴編 CIP 編製範圍，書號中心則需齊備專才與資源，並加強提昇充實編目溝通專才，以增益服務品質於不墜。

(五) 出版送存後，應強化 CIP 書目查核的維護

　　在美國申請 CIP 編製過程是完全免費，但參與申請的出版社，一旦出書應即刻送存完整一本（份）給國會圖書館作後續編目處理與典藏，出版社若未能履行這項義務，即可能會被暫停 CIP 申請的權利，直到出版社送存新書，也才算完成整個 CIP 申請程序。（Library of Congress Cataloging in Publication Division, 2010）臺灣地區新書出版後，出版社依「圖書館法」送存國圖，書到館後會對出版前的書目再次維護確認，其中對更新電腦書目檔重新下載尤其重要。CIP 書目資料為各圖書館採編作業參考源頭，與出版界圖書市場發行之基礎，若未更新則各單位需個別一一更改出版前異動頻繁的 CIP 書目。

(六) CIP 計畫與圖書館編目互動的未來發展

　　有鑑於數位時代圖書館的書目紀錄製作必須更符合效率，增益書目紀錄產出及效能維護，CIP 的申請處理程序，除朝向全面自動化機制，以更便捷接收申請資料外，並應持續善加利用圖書館界合作編目供應鏈（supply chain）已經產出的書目紀錄，回饋 CIP 複本編目，援以為抄錄編目（copy cataloging）資源共享，以更符合書目控制、書目品質經濟效益。而數位環境的興起，帶動圖書館編目規範未來整合於 Web 環境架構的思考，例如：資料格式（ISO2709、XML 等）、內容架構（如：MARC、MODS、DC 等）、內容規則（RDA、AACR、中國編目規則等）、內容模式（FRBR 等）、語彙清單（控制語彙、權威名稱等）。（國家圖書館，2010b，頁 86）CIP 是圖書館界編目的源頭，為一互動式、申請式編目模式，CIP 書目未來建置與管理勢必密切關注編目新技術的發展與運用。

參考文獻

李莉茜、蘇雅玲（2000）。許你一個 2000 年新書資訊網。*國家圖書館館訊*，*84*，16-21。

林偉龍（2004）。中華民國出版圖書目錄光碟系統（SinoCat）新貌。*全國新書資訊月刊*，*65*，4-7。

莊芳榮（1999）。[全國新書資訊月刊]發刊辭。*全國新書資訊月刊*，*1*，1。

國家圖書館（2008）。*每日預告書訊服務*。上網日期：2009 年 7 月 15 日，檢自 http://tps.ncl.edu.tw

國家圖書館編（2009）。*國家圖書館 2009 至 2012 中程發展策略計畫*。臺北市：國家圖書館。

國家圖書館（2010a）。*國家圖書館編目園地*。上網日期：2010 年 2 月 22 日，檢自 http://catweb.ncl.edu.tw/index.php?sso_sn=1

國家圖書館編（2010b）。*臺灣書目控制的未來報告書（稿）*。在 *2010 現代圖書館學術研討會會議手冊*（附錄）。臺北市：國家圖書館。

國家圖書館國際標準書號中心編輯（2006）。*中華民國國際標準書號與出版品預行編目手冊*（第二版）。臺北市：國家圖書館。

簡秀娟（2009）。*出版品預行編目（CIP）編製範圍比較研究*（國家圖書館自行研究報告）。臺北市：國家圖書館。

顧敏（2009）。國家圖書館書目資訊服務 2009 年現況與展望。*國家圖書館館刊*，*98*(1)，1-22。

Cataloging in Publication Division, Library of Congress. (2009). *The cataloging in publication program, Library of Congress*. Retrieved June 6, 2010, from http: //cip.loc.gov/

第十一章　知識管理時代 ISBN/CIP 服務資源整合之研究

一、 前言

　　管理大師杜拉克（Peter F. Drucker, 1909-2005）曾斷言 21 世紀是知識經濟（knowledge-based economy）時代，知識經濟繼農業經濟、產業經濟、管理經濟而發展。組織居於轉型的世代中邁向知識型社會，知識是後資本主義社會中最有價值的資源。但知識一旦被創造出來隨即產生「過時」的事實是其一大特點，面對當今瞬息萬變、競爭激烈的環境，組織即產生需要不斷創造新知識的螺旋架構。基於龐雜、不確定情勢和變革需求，處在知識社會的知識工作者（knowledge worker）需要技術知識、專業知能、洞察力與氣度才能航向變革管理（change management）浪頭，而依然站穩腳步，屹立不搖。為追求組織成長與創新，知識管理（knowledge management，簡稱 KM）儼然已成為管理階層必須面對的核心問題。（杜拉克等，2000／張玉文譯，頁 1-10）

　　知識的分類分為內隱知識（tacit knowledge）與外顯知識（explicit knowledge），可存在於個體與團體。組織內部內隱與外顯知識兩者交互作用，使組織不斷產生新的知識，身處競爭日趨劇烈的知識經濟時代，組織若藉由施行知識管理，將「內隱知識」轉化成為「外顯知識」，組織將更能有效地因應外在環境之變遷。（陳書梅，2002，頁 68）

　　圖書資訊服務知識管理亦涵蓋內隱與外顯兩大知識區分。組織的知識管理是

組織內的累積經驗、專業知識可以有效地被記錄、分類、儲存、擴散下來，進而革新的過程。業界認為，未來的企業一定要有效管理組織內各項專業知識與經驗傳承，改善是永無止境的，不能像過去只將經營的目光放在有效管理人員、資金、設備、與產品等。

知識管理是組織在面對 21 世紀知識經濟社會，所應建立的一個將資料、資訊、專業知識技術、智慧資本與整體工作作業流程、組織精神與文化加以融合的過程。所謂「融合」是持續協調、超越彼此相反事物的動態過程。透過融合過程，可望不斷創造新的知識出來。面臨此一變局考驗，不僅企業體組織有此認知，政府公部門自宜因應調整，強化組織效能，促進提昇國家整體競爭力。（李嵩賢，2006，頁 79）

隨著知識型態的累積與資訊科技的進展，組織也會隨著時代變遷做有機式、互動式調適，因為在人心中有一種隨時契合於外圍環境的基本需要，繼而建構一個融合尊重、相知相解、效率穩健、與終身學習的專業知識型顧客服務體系。中華民國國際標準書號中心（簡稱書號中心）ISBN/CIP 服務作業，在出版界體系與圖書館作業系統間，多年來擔負著新書書目知識服務管理價值鏈角色，深耕在地新書出版服務。

本研究希望能具體瞭解與分析 ISBN/CIP 作業模式，援引資源整合理念運用於書號中心知識管理，研究目的主要有以下五點：

(1)探討 ISBN/CIP 新書資訊服務意涵。

(2)研析 ISBN/CIP 服務資源分立問題。

(3)探討資源整合理念及其相關應用。

(4)分析豐田精實管理與 ISBN/CIP 即時性作業。

(5)ISBN/CIP 作業資源整合之 SWOT 分析。

本研究方法主要以文獻探討法（literature review）為主，針對所蒐集的中英文獻、調查報告、網頁資源等進行整理、組織歸納、與論述分析，以及藉由作者繪製或整理出流程圖、示意圖、對照表、或分析表，說明與研析本研究論題內涵，

並經 ISBN/CIP 作業資源整合模式 SWOT 分析後，最後提出 ISBN/CIP 作業檢視與進行最適化項目整合改善調整建議，以供相關各界參考。

二、 ISBN/CIP 新書資訊服務意涵

　　圖書館資訊服務之上游作業以技術服務（technical service）為主要範圍，ISBN/CIP 新書資訊服務則是圖書館生產與作業機能上游之上游服務。為推行發展國際統一的圖書編號管理制度，開創臺灣圖書出版品標準化、統一化、資訊化、與國際化的新格局，1988 年 7 月行政院正式核備國立中央圖書館（即國家圖書館前身，簡稱國圖）為臺灣地區國際標準書號（International Standard Book Number，簡稱 ISBN）權責單位，1989 年 6 月完成相關準備工作，7 月起我國正式實施新書編配 ISBN 制度。1990 年 2 月正式成立「書號中心」，隨即積極實施 ISBN 編號與出版品預行編目（Cataloging in Publication，簡稱 CIP）作業制度。1999 年 1 月依據國家圖書館組織條例第 11 條第一項規定，教育部核定發布「全國出版品國際標準書號及預行編目作業要點」，其中第六條規定出版品之國際標準書號及預行編目資料由國圖建檔及維護，並提供查詢、轉錄及下載等服務。（國家圖書館國際標準書號中心，2006，頁 6-7；胡歐蘭，2006，頁 5-6）此作業要點順應國圖新組織法之頒布，於 2013 年 4 月已另行訂定相似內容。（國家圖書館，2013）

　　根據以上辦法，凡是在中華民國臺灣地區出版發行的新書，出版者可在該書出版前三個月內，將毛裝本（清樣本）或正文前的書名頁、版權頁、目次、序、摘要等相關資料，與填具相關申請表，先送到書號中心辦理 ISBN/CIP 作業的申請。其中業者可根據 ISBN 13 碼轉換成圖書條碼（ISBN Bookland EAN Barcode），納入全球國際商品條碼系統，以強化出版品的資訊管理，提高出版品的銷售流通作業，而與國際編碼系統接軌。而 CIP 作業則是對新書以預編方式，依據圖書館相關技術服務作業規範，從記述編目（descriptive cataloging）與主題編目（subject cataloging）兩方面對資料作形體的描述，與內容主題分析的標引，申請者再將 CIP

預編資料印在版權頁等相關位置上。

ISBN 制度於 1972 年經由國際標準組織（International Organization for Standardization，簡稱 ISO）審核通過，正式納入國際標準 ISO-2108 號。隨電腦技術應用之進展與書目控制之需求，各國自 1960、1970 年代起紛紛成立書號中心，以執行相關編號業務職掌。大多數國家的書號中心選在國家圖書館設立，以便利落實施行圖書呈繳制度，兼達收集編印國家書目之責。（李莉茜，1996，頁 29-35）至今，全球參加 ISBN 制度的國家（或地區）總計 200 餘個，包含超過 800,000 家出版單位參與，900,000 個 ISBN 前綴號（ISBN prefixes）的核發編配。（International ISBN Agency，2013）

CIP 制度在 19 世紀中葉，英美等國就有了在出版前圖書先行編目（pre-publication cataloging）的構想，經過 1850-1950 年代萌芽期、1950-1970 年代試驗期，之後即正式進入實施期。負責執行 CIP 編目者幾乎是國家圖書館，作業方式多採集中方式。（李莉茜，1996，頁 95-100）由於 CIP 制度資源共享效益，的確加速了圖書館作業流程、降低編目成本、節省人力、促進書目資料標準化、與提昇服務質量，在歐美國家一些大型出版社積極參與下，樹立圖書館編目與出版商合作典範，共創圖書館與出版界受惠雙贏局面。（IFLA, 2004）

總而言之，ISBN/CIP 書目資訊是圖書館界與出版業界通力合作建置的成果，為新書預告（forthcoming books）訊息與圖書自動化管理的基本要素，也可說是圖書館生產與作業管理（production & operation management in librarianship）之上游，並可加之利用發揮書目加值效果，與配合讀者主題性資訊需求，每日傳遞最新出版訊息。

三、 ISBN/CIP 服務資源分立問題研析

自 1989 年 7 月書號中心成立，相繼施行 ISBN/CIP 作業，臺灣地區參加 ISBN/CIP 申請之出版者家數與筆數皆逐年遞增，成效卓著，實現了抄錄編目、資

源共享的理想目標。雖然 ISBN/CIP 申請件數呈數倍成長，但檢視多年來現行作業 ISBN 三個工作天，流程上再接續 CIP 計畫三個工作天，呈現垂直型兩階段分立作業型態，再加上因近年來行政組織普遍精簡，人力未擴充，ISBN/CIP 作業也存在著一般性的困難。茲立圖 11-1：「ISBN/CIP 作業分立流程圖」說明。

　　為增益 ISBN/CIP 服務效率，提昇簡編書目資訊服務品質，非常值得相關各界與同道關切，甚至共商對策，以利 ISBN/CIP 作業制度益臻完善。以下茲從全面品質管理（total quality management，簡稱 TQM）3Q 品質的角度，即人的品質、系統及流程的品質、產品及服務的品質，（全面品質管理發展中心公司，2000-2012）可以發現 ISBN/CIP 作業服務資源分立而產生以下幾個關鍵點：

(一) 作業流程分立問題

　　現行作業 ISBN 三個工作天，流程上再接續 CIP 作業三個工作天。同一申請來件，兩項製程，雙工流程，再加上收件、整件、補件與最後審核人力，一筆書目的建置，所耗人力相當多重。

(二) 前後接續補申請問題

　　出版者取得 ISBN 號碼，可事後再補申請 CIP 預編，出版者資料重覆傳送，易造成 ISBN 作業人員誤判，重覆建檔給號，或申請單位須重傳申請附件，極易造成人力物力資源的重覆浪費。

(三) 前後電話諮詢申請問題

　　同一本書申請 ISBN/CIP 資料，在不同作業時間點，申請單位承辦人可能接到書號中心 ISBN、CIP 兩個作業階段不同人員的多次電話，對於同一本新書因不同書目作業點而產生的問題，多次公務諮詢極易被誤解為煩瑣擾民，而 CIP 作業人員由於未能看到全書原貌，更因解讀內容資訊的不足，契待電話詢問，以彌補書目虛與實之間的鴻溝差距。反之，從申請者角度思考，一本書申請 ISBN/CIP 作業的相關問題電話詢問，是希望在最短時間內得到最滿意的答覆。

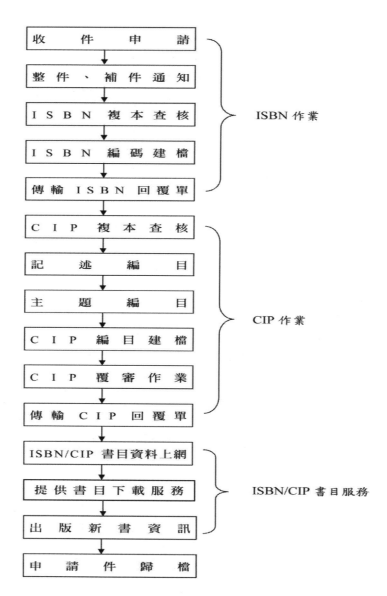

圖 11-1　ISBN/CIP 作業分立流程圖

備註：作者繪製

(四) 書目建檔格式分立問題

現行編配 ISBN 號碼的書目建檔格式為條列式，編製 CIP 預編資料格式則依據《中國機讀編目格式》（第三版）內容，以圖書館界編目作業所採用的 ISO 2709 機讀編目格式（Machine Readable Cataloging Format，簡稱 MARC）書目建檔。編配 ISBN 號碼所建立的相關欄位資料項目是直接可以透過電腦程式轉換成 MARC，作為下一步驟編製 CIP 資料之加值利用，如：書名、作者、版次、裝訂、出版單位、預計出版時間等項目，即同一新書之書目切割成兩部分作業建檔及存檔，不同的建檔格式再透過程式統一轉換，以利下游單位下載轉錄、與全國新書資訊服務查詢加值利用。建檔格式分立，就建檔環境熟悉度而言，是不利於提昇建檔作業效能。

(五) 下載書目品質問題

書號中心所建置的「全國新書資訊網」（ISBNnet）書目資料庫，收錄國內出版單位在圖書出版前申請 ISBN/CIP 的書目資料，並隨時依出版機構回報單及送存圖書作更新，編製全國現刊書目（Book in Print，簡稱 BIP），以提供讀者大眾迅速而希望正確的出版訊息，俾便於社會大眾在網站上查詢利用。（國家圖書館，2009）但出版單位若未能及時回報修正書目，或依法送存文獻予國圖典藏，以致各界下載 ISBN/CIP 新書書目時，極易對 ISBN/CIP 作業根據「ISBN/CIP 申請表單與申請附件」製程所編製而成的書目品質產生困擾與詬病。

(六) 人力資源更迭問題

近年來因政府人力精簡，組織縮編，書號中心也與全球各類型圖書館組織一樣，面臨人力短缺與資源不足的經營困境，但 ISBN/CIP 申請量卻呈數倍成長，因而採取委外服務（outsource service）做為因應之道。（朱碧靜，1998，頁 107-108）但臨時派遣人力，因缺乏工作安全感、專業素質不齊、組織認同向心力不足、與招標母公司之更迭等因素，極易造成人員流動頻繁，而對書號中心組織知識管理、

創新傳承、與書目品質形成另一項危機。

自 1990 年代起，臺灣許多產業開始面臨到成長的瓶頸，經濟成長率開始趨緩，值此同時，國際經濟也走向全球化（globalization）型態，加上新興國家的崛起，臺灣經濟面臨嚴苛的考驗，讓政府開始思索如何提昇產業競爭力與產業轉型等議題。在生活型態快速變異時代，政府各部會因應之道希望積極建設臺灣為一個優質網路社會（ubiquitous network society），也計畫推動國際性共通標準，如：資料格式、傳輸協定，以強化與國際接軌能力，並積極整合連結各產業間電子化資訊，以及促成供應鏈（supply chain）體系上下游的協同合作。（鄒淑文，民 96，A8 版）建構種種發展創新措施，藉以網路化、標準化、整合化，提昇快速化、國際化、精簡化，達成優質競爭力的效益。

書號中心處在此內外大環境嚴竣考驗下，也積極思考創新服務新模式，整合有限資源，希望全面打造由數位化（e 化）到優質化（u 化）的全國新書資訊服務，如：擴大電子出版品編號服務範圍、連結 ISBN 國際溝通平台、加深內容服務（content service）、參考 Web 2.0 在圖書館服務之應用、與傳遞每日新書出版訊息，並規劃評估資源整合管理策略在 ISBN/CIP 作業模式適用性與最佳化。

四、 資源整合理念及其相關應用

資源（resource）是系統單位或組織管理賴以維生、活動的工具，能夠啟動創新開展或擴充實現願景之基礎，其內涵應可概括有形與無形兩種型態。來源又可分為內部資源與外部資源，分別包括組織策略、人力、財政、物力、資訊、應用效益、與期待願景等。資源的時間效能則有有限與無限兩種生命周期性。（丁一顧、馬世驊，2007，頁 22）

「整合」則具有整體的意義，意及將部分統整為一。在組織分工日益精細下，常導致資源使用分化、意識型態分歧，組織功能過度分化易致資源相對匱乏，長久下來易導致對立、甚或分離。因此，如能藉互補互賴整合原有資源與期待獲得

更大資源，以維繫存在與競爭優勢，當是知識管理之組織綜效（organizational synergy）與組織價值（organizational value）的雙贏願景。杜拉克亦認為管理最特殊的功能就是整合所有資源，以獲得組織外部的績效。（杜拉克，2005/劉毓玲譯，頁 50）

　　整合理論（integration theory），或譯為統合理論、融合理論，原是 1950 年代當時西方系統性社會科學界為了研究區域整合而建構的理論體系。（吳新興，2001，頁 45）知識整合的理論架構，所取面向為科際整合（interdisciplinary integration）。20 世紀初期管理學者佛萊特（Mary Parker Follett，1868-1933），即強調管理上的人為因素（human elements），創導動態管理的新思想，奠定整合管理的基礎。（林榮模，2003，頁 203）

　　第二次世界大戰後，西歐各國為謀求建立一個統一的歐洲大陸，而開始推動一連串西歐的整合體制，例如：歐洲共同市場（European Economic Community，簡稱 EEC）、與歐洲聯盟（European Union，簡稱 EU）、歐洲議會等相關主題的研究理論架構，無不深受整合理論的影響，（衛民，2007，頁 72-73）爾後中東、非洲、拉丁美洲區域個案研究上，也援引此理論模式。

　　資源整合理論的研究可運用許多不同的方法與技巧，特別是系統分析、功能分析、決策理論，以及學習過程的電腦模擬分析，進行相關研究，學者應用上並累積了相關的社會、經濟以及政治方面的數據資料與個案。整合理論不但研究成功的案例，也有失敗的個案，因此整合理論亦有非整合（disintegration）的內涵。當然個案整合成敗，內部組織與外部環境變數因素不一，其核心概念原則例如：耐心漸進、和平自願、創意尊重等，自是整合過程（integration process）中彼此相互適應學習過程（learning process）免於功虧一簣之共通精神內涵。（吳新興，2001，頁 45-46）

　　除原則性共通概念，以秩序（order）為整合本質，相當對等、層面、目標等條件自是整合過程之骨幹精髓。（林榮模，2003，頁 204）例如國體之結合，自然就歷史淵源、民族發展、文化模式、思想觀念、社經政體等客觀相當條件之謀合，基於共同的目的與需要，較有逐步培養出融為一體的共同價值與共識的整合基

礎。除此之外,政治領袖(political leadership)強而有力的支持與承諾決策,才是整個整合工程的持續性關鍵因素。

資源整合管理概念也普遍應用於各項資訊管理系統,隨著資訊技術的進展與網際網路普及化,不論公私立機構皆積極導入各項資訊應用系統,以提昇效率與競爭力。就單一的管理系統來說,只針對某一領域,如品質、環境、職業健康安全等等;整合性管理資訊系統(Integrated Management Information System,簡稱IMIS)則將企業所建立的各項管理機能(functions)與資訊(information)相互銜接。

整合營運資訊系統有助於業務的全面而持續的發展,讓公司的管理系統通過整合性管理機制驗證,避免公司內部管理系統的多頭化,充分利用現有資源,以節省時間和成本,全面地提高內部流程,同時增進效率,由無紙化(paperless)提昇到無程序書化(procedureless)。(黃國寶,2000,頁80)例如Google公司於2004年11月18日在美國發表「Google Scholar」,在於導入整合檢索系統於圖書館服務之應用,幫助使用者檢索到期刊論文、圖書、學術文獻與技術報告等,其所提出相關的解決方案,均指出數位圖書館一項重要的指標:把散佈在各地、獨立運作的系統和資源整合,透過一個很簡潔並具能量的平台,提供使用者運用,其最終目的是建構數位圖書館成為一個「沒有垃圾資訊的Google」。(陳慧鈴,2006)

其他學科領域之整合性管理資訊系統應用如:基層機關公文整合系統、數位管理整合行銷、整合性健康照護體系(Integrated Delivery System,簡稱IDS)、圖書館館藏目錄整合查詢系統、圖書館電子資源整合系統、圖書館華文資源整合查詢等。

五、 豐田精實管理與 ISBN/CIP 即時性作業

圖書館作業為提供蒐集、整理、保存圖書資訊、組織文獻資源、方便讀者檢索閱覽之種種設施服務,所以圖書館事業機能(business functions)是以連續性生

產（continuous production）方式，提供滿足使用者不間斷需求服務。

　　ISBN/CIP 服務包括從接受相關各界新書出版前申請 ISBN 國際編碼與 CIP 預編資料、建置新書出版前相關書目資訊、提供圖書館採編單位購書與編目參考、商業機制書目加值利用、與華文世界各書目中心之書目建置資源分享。茲以圖11-2：「ISBN/CIP 書目資料建置與流向示意圖」說明如下：

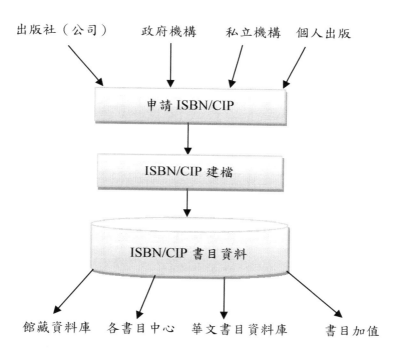

圖 11-2　ISBN/CIP 書目資料建置與流向示意圖

備註：作者繪製

　　創立於 1933 年的豐田汽車公司（Toyota Motor Corporation）推動豐田式生產管理系統，形成所謂管理上的豐田學，即舉世聞名的豐田模式（Toyota way），其主要是以即時制度（Just in Time，簡稱 JIT）為基礎，縮短前置作業時間（lead time）最適化流程，以接單後生產、降低庫存風險，重建改善配銷、採購管理，透過企

業資源規劃（Enterprise Resource Planning，簡稱 ERP）與供應鏈管理（Supply Chain Management，簡稱 SCM）排程等電子化資訊系統整合運用，及建立學習組織，發揮止於至善信念，締造整體競爭力優勢。構築豐田公司精實化產品開發系統模式（lean product development system）的核心，主要可歸納包括：產品開發流程、培育高技能人員、簡單且具效果的工具與技能運用等。（黃廷彬、邱婉晴，民 96，C5 版）

所以豐田公司能夠持續締造豐碩的成績，可歸因於卓越的作業流程所創造出來的直接成果，豐田已經將作業流程的卓越性變成其決策性武器。（萊克，2008／李芳齡譯，頁 31）豐田管理也十分強調資源整合式生產體系，以促進經營效益，提供顧客多樣化產品與服務。

ISBN/CIP 即時性（real time）作業方式對照豐田精實生產流程，可謂有異曲同工之妙，由接受新書申請服務、書目資料建置、與書目加值資源共享，整體作業模式包含：接受申請（訂單）、書目建檔（接單後生產）、零庫存作業（即時生產）、書目供應鏈（bibliography supply chain）應用等，作業過程需運用專業人員、專業規範工具、作業系統技能與注重流程運作效能，並強調縮短前置作業時間、書目品質控制、團隊協作，建立學習組織，落實 JIT 方式之即時快速完善、與關注顧客需求服務，例如：申請疑難問題諮詢、急件需求服務、接受書目更改補送件、註銷申請、編目技術服規範解析、ISBN 轉製條碼、CIP 資料格式與印製、與出書送存等問題。茲列表 11-1：「ISBN/CIP 作業與豐田生產模式對照表」如下：

表 11-1　ISBN/CIP 作業與豐田生產模式對照表

ISBN/CIP 作業	豐田生產模式
接受申請	接受訂單
書目建置	接單後生產
零庫存作業	即時生產
書目供應鏈	產銷供應鏈

備註：作者整理。

六、 ISBN/CIP 作業資源整合之 SWOT 分析與建議

所謂 SWOT 分析即優劣強弱危機綜合分析法，是一種企業競爭態勢分析方法，是市場營銷的基礎分析方法之一，通過評價組織內部的優勢（strengths）、劣勢（weaknesses）、外部環境上的機會（opportunities）和威脅（threats），用以在制定組織發展策略前，對組織進行深入全面的分析以及競爭優勢的定位。（SWOT 分析，2013）茲援引 SWOT 分析方式，解析 ISBN/CIP 整合作業模式之優劣得失，酌參表 11-2：「ISBN/CIP 作業資源整合模式 SWOT 分析表」說明如下：

表 11-2　ISBN/CIP 作業資源整合模式 SWOT 分析表

	有助於達成目標 （Helpful to achieving the objective）	無助於達成目標 （Harmful to achieving the objective）
內部(組織)分析 (Internal Analysis)	**優勢（Strengths）** • 作業一貫單純化，精實流程 • 收件、整件、補件的專人諮詢服務 • 線上申辦一體化，書目直接轉檔修正引用，節省人工逐字建檔時間 • 線上申辦一體化，可供 CIP 作業主題分析來源較多元化 • 線上申辦一體化，全自動回覆系統，減少話務 • 實施全面線上申辦，提昇流程 e 化效益與組織形象 • 節省部分建檔重疊人力 • 系統設計需考量整合需求 • 重覆的欄位資料整合 • 作業責任更明確、整合 • 同一人作業建檔，須更高專業度與專注力	**劣勢（Weaknesses）** • 記述編目、主題編目作業性質不同難以兼顧 • 同一人建檔欄位資料增加、資料判斷的次數增加 • 同一人作業建檔，有時錯誤很難看出 • 須兼備熟悉 ISBN 給號原則與主題分析、分類編目技術規範、查詢解讀各項編目資源資料庫、網路資源 • 若 ISBN/CIP 整合作業完全審核不能達到縮減多重作業程序，更增加人力成本 • 個人話務量與諮詢層面增加 • 急件出件壓力增加 • 專業不能分工 • 由分工至整合作業變革過渡時期員工之心理壓力與工作調適

	• 縮短單筆整體鍵檔時間 • 諮詢答覆流程簡單化、整合化 • 節省物力資源（節能） • 學習熟悉 ISBN 給號原則與主題分析、分類編目技術規範、查詢各項編目資源資料庫、網路資源之搜尋與解讀 • 全方位教育訓練與人才養成多元化 • 知識型組織創新、學習、再造實踐化	• 需適應新系統整合化作業 • 線上申請系統需維持 24 小時穩定性與回覆系統 • 作業時間須重新調整 • 找申請件較困難 • 委外制度須重新調整（筆數計價與計量） • 委外人員流動影響書目品質 • 多元養成全方位人才之不易 • 員工對組織變革再造心理排斥
	機會（Opportunities）	**威脅（Threats）**
外部(環境)分析 (External Analysis)	• 收件、整件、補件的專人諮詢服務 • 諮詢答覆一體完整化，減少電話轉接困擾 • 縮減多重建檔作業程序，縮短申請作業時程 • 線上申辦一體化，書目直接轉檔，減少書號中心人工逐字建檔時間，縮短申請作業時間 • 若書號中心全方位引進專業經驗豐富作業人員並降低人員流動風險，亦可進一步考慮儘量減少再次審核程序，更縮短申請作業時間 • 申請該書專人服務，增加全方位顧客滿意服務之親切感與熟悉度	• 若待 ISBN/CIP 一體完成作業才收到申請回件，不能優先轉製 ISBN 條碼 • 查件、補件、催件、相關業務諮詢，因不知該書資料由何人承辦，則可能增加電話轉接困擾與查詢等候時間 • 若 ISBN/CIP 整合作業完全審核，多重增加申請作業時程 • 線上申辦一體化，書目直接轉檔錯誤太多，增加書號中心人工改字困擾，徒耗費申請時間 • 線上申請，軟硬體設施需齊備與熟悉操作人員 • 若書號中心人員流動頻繁，減低全方位顧客服務之親切感與熟悉度

備註：作者分析彙整

　　SWOT 分析為本身實力與外在機會的自我分析，由企業競爭的角度來觀察，所謂的優勢與劣勢，是企業與競爭對手的比較結果，是一種相對關係，因此優、劣勢是互為表裡；而外在環境的機會和威脅，亦是互為表裡，一方的機會即可能是另一方的威脅。（國家實驗研究院科技政策研究與資訊中心資訊服務處科技產業

資訊室，2006）如何善用每個優勢？如何儘量減少甚或停止每個劣勢？如何成就每個機會？如何抵禦甚或完善每個威脅？SWOT 分析內容僅當成自身與外在客觀環境的瞭解，最後還是須回歸到組織本身策略規劃與執行，終究分析、瞭解與真正落實還是會存在許多主客觀因素的條件配合。

　　而整合 ISBN/CIP 作業模式主要管理機能，建議可從以下幾個項目檢視與進行最適化項目整合改善調整：

1. 申請表單的整合

　　有助於申請者填寫 ISBN/CIP 申請表的便利性，繼而提高申請 CIP 的意願。

2. 諮詢服務的整合

　　諮詢答覆流程簡單化、整合化、專人化，減少電話轉接困擾與減輕話務，並有助於申請者快速釐清疑難。

3. 線上申辦的整合

　　有助於申請者網路一體化填寫 ISBN/CIP 申請，同樣可提高申請 CIP 意願，也提昇流程 e 化效益與組織形象。

4. 書目建檔人員的整合

　　節省 ISBN/CIP 建檔重疊人力，縮短單筆整體鍵檔時間，作業責任也更明確。

5. 書目格式的整合

　　可整合重覆的欄位資料，書目直接轉檔，節省轉換程式建置與維護。

6. 出件格式的整合

　　有利申請者統一管理印製 ISBN/CIP 等事務，並節省印務流程。

7. 出件時間的整合

　　有利申請者掌握一次性的收件時間和規劃後續印務，並節約傳輸費用。

8. 書目資料庫的整合

　　整合建構 ISBN/CIP 書目主檔，支持進行後階段所有新書資訊服務。

9. 書目下載的整合

　　有利使用者一次性地掌握與快速獲取整合型新書預告資源。

10. 委外招商案的整合

精簡重覆性的委外服務管理，並整合人力資源，以提高服務專業度與全方位人力。

11. 組織學習的整合

知識型組織創新、學習、與再造實踐化，多元養成全方位人才，實現學習型組織整合效益。

以上建議檢視修正及調整製程關鍵品質因素項目，期對 ISBN/CIP 書目之穩健品質及書目供應鏈之附加價值具有正面的提昇效果，並藉分類編目技術規範以建立 ISBN/CIP 標準化作業流程（Standard Operating Procedure，簡稱 SOP），營造顧客滿意度與企畫品質競爭力。

七、 結論

從圖書館地位與角色功能的演進觀察，一部圖書館經營史幾乎可說是知識管理的變遷史。（廖又生，2003，頁 52）圖書館事業（library bussiness）位居知識產業核心，屬於典型的學習型組織（learning organization）或知識型組織（knowledge organization），圖書館專業人員則是杜拉克所謂的「知識工作者」最佳代言人。杜拉克認為在 21 世紀，不論是營利或非營利機構，企業組織最可貴的資產會是組織內部的知識工作者和知識工作者的生產力，所以提高知識工作者的生產力是 21 世紀管理學最大挑戰。要提高知識工作者的生產力，所需要改變的不只是個別知識工作者的態度，而是整個組織的態度。（杜拉克，2005／劉毓玲譯，頁 180、210-211）

處在全球化知識經濟時代，知識管理的重要性被許多行業視為其核心的觀念，即所謂「新經濟」的崛起，係以知識管理為新型態經濟發展條件與生產能力，並以建立知識為發展資本。（顧敏，2007）現代組織經營者逐漸重新評估運用知識型組織管理，進行組織體系的變革、組織學習能力的培養、組織文化的形塑、與組織共同願景的領導，掌握五項修練模式的精神，應用學習型組織整合管理理論

與模式，從體系整合、學習整合、文化整合、與領導整合的組織策略，非僅僅追求效率業績（efficient performance）的目標管理，進而建構一個有機式、互利共生的全球化知識型組織優勢。

　　一個知識型組織要不斷創新，必須先成為一個學習型組織。圖書館是一個不斷成長、開放性、有生命的有機體（organism）。成長的歷程須對外適應、對內整合；開放的組織即須不斷地與外在環境互動溝通、內部組織不斷學習調整；有生命的組織特徵則在於不斷迎接變革、接受挑戰。所以圖書館事業處於不斷變動的知識經濟時代，唯恐有效順應潮流，強調學習、再造、精實的知識管理，面臨危機亦是轉機，組織方是生機重現。

　　誠如所言，管理最特殊的功能就是整合所有資源，以獲得組織外部的績效。ISBN/CIP 服務分立的整合，涵蓋 3Q 品質的角度，即人的品質、系統及流程的品質、產品及服務的品質。由分工至整合作業變革過渡時期，知識工作者不免產生心理或調適工作的壓力，並且需要適應新系統整合化作業，甚或對組織變革再造產生排斥心理等，所以強調秩序為整合本質，其他核心概念例如：和平自願、耐心漸進、創意尊重等，自是整合歷程中彼此相互適應學習之共通精神內涵。而決策領導者強而有力的支持與承諾，才是整個整合過程的持續性關鍵因素。當然個案整合成敗，內部組織與外部環境變數因素不一，沒有零故障、零缺點的組織模式，整合理論不但研究成功的案例，也有失敗的個案，因此整合管理亦有非整合的內涵，著實考驗決策者的耐心、協調、與實力。

參考文獻

SWOT 分析（2013，9 月 5 日）。在維基百科。上網日期：2013 年 9 月 13 日，檢自 2008.8.20
　　http://zh.wikipedia.org/w/index.php?title=SWOT%E5%88%86%E6%9E%90&variant=zh-
　　tw

丁一顧、馬世驊（2007）。教育資源整合的另一章：策略聯盟模式理念與實務。*教師天地*，
　　147，22-28。

江春琦（2004）。人類知識整合理論：純粹理論建構與推論檢證。*復興崗學報*，*82*，241-
　　257。

朱碧靜（1998）。圖書館館務委外之決策與管理探討。*大學圖書館*，2（2），107-119。

全面品質管理發展中心公司（2000-2012）。*全面品質管理（TQM）*。上網日期：2013 年
　　9 月 20 日，檢自 http://www.tqc.com.hk/big5/consulting/tqm.htm

杜拉克等（Drucker, P. F. et al.）（2000）。*知識管理*（*Harvard business review on knowledge
　　management*，張玉文譯）。臺北市：天下遠見。（原作 1998 年出版）

杜拉克（Drucker, P. F.）（2005）。*典範移轉：杜拉克看未來管理*（第二版）（*Management
　　challenges for the 21st century*，劉毓玲譯）。臺北市：天下遠見。（原作 1999 年出版）

李莉茜（1996）。*國際標準書號與出版品預行編目研究*。臺北市：文華圖書館管理。

李嵩賢（2006）。公務機關對知識管理的實踐與應用：國家文官培訓所之經驗分享。*考詮
　　季刊*，*48*，77-98。

吳新興（2001）。整合理論：一些概念性的分析。*中國事務*，*5*，41-55。

林榮模（2003）。學習型組織的整合管理策略。*中華技術學院學報*，*29*，201-222。

胡歐蘭（2006）。邁入 13 位數碼的 ISBN 新里程：回首我國國際標準書號的來時路。*全國
　　新書資訊月刊*，*96*，5-6。

黃廷彬、邱婉晴（民 96，12 月 16 日）。豐田成功解碼：精實產品開發落實 13 大原則，
　　經濟日報，C5 版。

黃國寶（2000）。以 ISO9001 要求為觀點，認識企業整合管理資訊系統。*品質管制月刊*，
　　36（8），76-80。

黃偉宏（2003）。行政支援系統整合作業簡介。*人事月刊*，*37*（1），49-52。

陳忠誠（2007）。建構整合性立法資訊系統：立法關係文書及相關部門作業系統整合管理
　　的探討。*檔案與微縮*，*84*，10-20。

陳書梅（2002）。知識管理與圖書館組織文化。*中國圖書館學會會報*，*69*，66-81。

陳慧鈴（2006）。整合檢索系統於圖書館服務之應用。*傳技電子報*，*40*。上網日期：2008
　　年 8 月 12 日，檢自 http://www.transtech.com.tw/e-paper/e-paper40/e-paper40-5.htm

野中郁次郎、竹內弘高（2004）。*企業創新的螺旋：全球競爭下的知識創新架構*（胡瑋珊譯）。臺北縣汐止市：中國生產力。

國家圖書館（2009）。*全國新書資訊網*。上網日期：2009 年 12 月 20 日，檢自
　　http://isbn.ncl.edu.tw/NCL_ISBNNet/

國家圖書館（2012）。*全國出版品國際標準書號及預行編目作業要點*。上網日期：
　　2013 年 9 月 20 日，檢自
　　http://www.ncl.edu.tw/ct.asp?xItem=17703&ctNode=1652&mp=2

國家圖書館國際標準書號中心編輯（2006）。*中華民國國際標準書號與出版品預行編目手冊*（第二版）。臺北市：國家圖書館。

國家實驗研究院科技政策研究與資訊中心資訊服務處科技產業資訊室（2006）。*產業策略評析：SWOT、PEST 與五力分析*。上網日期：2008 年 8 月 23 日，檢自
　　http://cdnet.stpi.org.tw/techroom/analysis/pat_A025.htm

萊克（Liker, J. K.）（2005）。*豐田模式：精實標竿企業的 14 大管理原則*（初版 21 刷）。
　　（*The Toyota way: 14 management principles from the world's greatest manufacture*，李芳齡譯）。臺北市：麥格羅希爾。（原作 2004 年出版）

鄒淑文（民 96，12 月 2 日）。由 e 化到 u 化：全面打造優化產業。*經濟日報*，A8 版。

廖又生（2002）。試論圖書館危機管理理論與實際。*佛教圖書館館訊*，32，65-69。

廖又生（2003）。圖書館知識管理初探。*中國圖書館學會會報*，71，51-60。

衛　民（2007）。千年爭戰下的歐洲和平：「新區域主義」與「全球化」的共生。*通識研究集刊*，11，67-92。

顧敏（2007.10.14）。*知識管理的核心問題*。上網日期：2008 年 9 月 15 日，檢自
　　http://karlku.blogspot.com/2007/10/blog-post_9304.html

IFLA. (2004). *Survey of CIP programs report*. Retrieved January 5, 2012, from
　　http://www.loc.gov/catdir/cipsurvey/IFLA_CIP_Survey_Report.pdf

International ISBN Agency. (2011-2013). *Publishers' International ISBN Directory, 39th edition*.
　　Retrieved August 25, 2013, from http://www.degruyter.com/view/product/180453

全書參考文獻

(一) 中文文獻

Findbook, Ecowork Inc.（2005-2008）。*翻書客（Findbook）*。上網日期：2013 年 5 月 19 日，檢自 http://findbook.tw/

IBM, Taiwan（2010）。*資訊隨選（Information On Demand）*。上網日期：2011 年 5 月 1 日，檢自 http://www-01.ibm.com/software/tw/data/information-on-demand/product/

IFLA Study Group on the Functional Requirements for Bibliographic Records.（2007）。*書目紀錄功能要件最終報告（Functional requirements For bibliographic records: final report*，徐蕙芬、戴怡正譯）。臺北市：文華圖書館管理。（原作 1998 年出版）

O'Reilly, T. (2006)。*什麼是 Web 2.0*（盧澤宇譯）。上網日期：2011 年 6 月 12 日，檢自 http://www.cs.pu.edu.tw/~tcyang/george/course9702/emarket/master/web20.doc

SWOT 分析（2013，9 月 5 日）。在*維基百科*。上網日期：2013 年 9 月 13 日，檢自 2008.8.20 http://zh.wikipedia.org/w/index.php?title=SWOT%E5%88%86%E6%9E%90&variant=zh-tw

SWS 語意及網路服務研究中心（2011）。*Semantic：語意相關工具 語意實作*。上網日期：2011 年 9 月 19 日，檢自 http://www.ws.org.tw/sws/index.php?option=com_content&task=view&id=13&Itemid

丁一顧、馬世驊（2007）。教育資源整合的另一章：策略聯盟模式理念與實務。*教師天地*，*147*，22-28。

卜小蝶（1995）。Internet 資源收集與整理的方法探討。*資訊傳播與圖書館*，2（1），78-88。

卜小蝶（2003）。網路圖像檢索需求初探。*國家圖書館館刊*，92（1），141-154。

卜小蝶（2006）。淺談社會性標記之意涵與應用。在淡江大學圖書館編，*Web2.0 與圖書館學術研討會論文集*。臺北縣：淡江大學。上網日期：2012 年 10 月 15 日，檢自 http://www.lib.tku.edu.tw/libintro/pub/web20&lib_semina/social_tag_ft.pdf

卜小蝶（2007）。Folksonomy 的發展與應用。*國立成功大學圖書館館刊*，*16*，1-7。上網日期：2012 年 9 月 22 日，檢自 http://www.lib.ncku.edu.tw/journal/16/1.htm

卜小蝶、鍾季倫、郭佩宜（2005）。主題式資源指引網站之發展初探。*國家圖書館館刊*，*94*，1-25。

人類發展指數（2014，9 月 28 日）。在*維基百科*。上網日期：2015 年 2 月 12 日，檢自 http://zh.wikipedia.org/wiki/%E4%BA%BA%E7%B1%BB%E5%8F%91%E5%B1%95%E6%8C%87%E6%95%B0

王梅玲、王錫璋（1998）。加拿大、澳洲、與挪威書刊資料送繳制度。*國家圖書館館刊*，*87*（2），93-112。

中文主題詞表編訂小組編訂（2005）。[中文主題詞表. 2005 年修訂版]使用說明。在*中文主題詞表. 2005 年修訂版*。臺北市：國家圖書館。

中文圖書分類法 2007 年版修訂委員會（2007）。*中文圖書分類法. 2007 年版*，類表編。上網日期：2015 年 1 月 22 日，檢自 http://catweb.ncl.edu.tw/portal_e3_cnt_page.php?button_num=e3&folder_id=183&cnt_id=535&sn_judge=1

中北區奈米科技 K-12 教育發展計畫（2006a）。*計劃簡介與計劃內容*。上網日期：2011 年 6 月 11 日，檢自 http://pesto.lib.nthu.edu.tw/

中北區奈米科技 K-12 教育發展計畫（2006b）。*Nano 主題地圖*。上網日期：2011 年 6 月 12 日，檢自 http://pesto.lib.nthu.edu.tw/k12/topicmap.asp

中原大學張靜愚紀念圖書館（2009）。*主題書目 RSS*。上網日期：2013 年 5 月 4 日，檢自 http://cylis.lib.cycu.edu.tw/feeds*cht

中國高等教育文獻保障系統（2005）。*CALIS 介紹*。上網日期：2011 年 9 月 5 日，檢自 http://project.calis.edu.cn/calisnew/calis_index.asp?fid=1&class=1

中國新聞出版總署信息中心（2009a）。關於進一步加強圖書在版編目工作的通知。上網日期：2013 年 10 月 6 日，檢自 http://www.capub.cn/zxgk/jgjs/cipzx/cipxgwj/2009/5891.shtml

中國新聞出版總署信息中心（2009b）。*關於繼續加強 CIP 工作，進一步提高數據質量的函*。上網日期：2013 年 10 月 10 日，檢自 http://www.capub.cn/zxgk/jgjs/cipzx/cipxgwj/2009/4910.shtml

中國新聞出版總署版本圖書館（2006）。*中國圖書在版編目（CIP）工作相關情況介紹*（中國新聞出版總署版本圖書館於 2006 年 11 月 29 日參訪國家圖書館之報告資料）。

中華大學圖書館（2007）。*館藏資源示意圖*。上網日期：2013 年 4 月 6 日，檢自 http://www.lib.chu.edu.tw/files/11-1087-3603.php

古典（2005）。*主題地圖之研究與應用：以漫畫圖鑑為例*。未出版之碩士論文，國立交通大學資訊科學研究所碩士論文，新竹市。

加拿大日（2014，12 月 30 日）。在*維基百科*。上網日期：2015 年 2 月 22 日，檢自 http://zh.wikipedia.org/wiki/%E5%8A%A0%E6%8B%BF%E5%A4%A7%E6%97%A5

北京大學圖書館（2007-2012）。*學科導航*。上網日期：2013 年 5 月 4 日，檢自
　　http://162.105.138.88/portal/index.jsp

申克（Shenk, D.）（1998）。*資訊超載：數位世界的綠色主張*（*Data smog: surviving the
　　information glut*，林宜敬、陳美岑譯）。臺北市：商業周刊。（原作 1998 年出版）

江沛航、褚如君（2011）。語意網的崛起與數位典藏的無限可能。*數位島嶼電子報，76*。
　　上網日期：2011 年 7 月 3 日，檢自 http://content.ndap.org.tw/index/blog/?p=2530

江春琦（2004）。人類知識整合理論：純粹理論建構與推論檢證。*復興崗學報，
　　82*，241-257。

江綉瑛（1989）。出版品預行編目（CIP）作業之探討。*臺北市立圖書館館訊，6*（3），
　　9-18。

艾文（2011）。資訊的特徵。*中華民國圖書館學會電子報，104*。上網日期：2011 年 8 月
　　14 日，檢自 http://blog.lac.org.tw/lac/vj-attachment/2011/05/attach134.pdf

艾文（2011）。詮釋資料：過去，現在，將來。*中華民國圖書館學會電子報，105*。上網
　　日期：2011 年 8 月 21 日，檢自
　　http://blog.lac.org.tw/lac/vj-attachment/2011/06/attach136.pdf

行政院經建會綜合企劃處（2010）。*「時代週刊」：對未來 10 年的 10 個看法*（*10 ideas
　　for the next 10 years*）。上網日期：2015 年 2 月 21 日，檢自
　　http://cdnet.stpi.org.tw/techroom/market/macro/2010/macro_10_005.htm

宋瓊玲（1999）。網路資源過濾技術在圖書館資訊服務的應用。*國立臺灣師範大學圖書館
　　通訊，35*，2-4。上網日期：2011 年 6 月 20 日，檢自
　　http://www.lib.ntnu.edu.tw/jory/j35/j1/j101.htm

朱碧靜（1998）。圖書館館務委外之決策與管理探討。*大學圖書館，2*（2），107-119。

全面品質管理發展中心公司（2000-2012）。*全面品質管理（TQM）*。上網日期：2013 年
　　9 月 20 日，檢自 http://www.tqc.com.hk/big5/consulting/tqm.htm

沈敏華（2005）。歷史教學中的圖像史料及其運用。*歷史教學問題，5*，109 -111。

杜拉克等（Drucker, P. F. et al.）（2000）。*知識管理*（*Harvard business review on knowledge
　　management*，張玉文譯）。臺北市：天下遠見。（原作 1998 年出版）

杜拉克（Drucker, P. F.）（2005）。*典範移轉：杜拉克看未來管理*（第二版）（*Management
　　challenges for the 21st century*，劉毓玲譯）。臺北市：天下遠見。（原作 1999 年出版）

李莉茜（1996）。*國際標準書號與出版品預行編目研究*。臺北市：文華圖書館管理。

李莉茜、蘇雅玲（2000）。許你一個 2000 年新書資訊網。*國家圖書館館訊，84*，16-21。

李嵩賢（2006）。公務機關對知識管理的實踐與應用：國家文官培訓所之經驗分享。*考詮
　　季刊，48*，77-98。

林巧敏（2006）。世界重要國家圖書送存及新書出版資訊服務。*全國新書資訊月刊，96*，
　　7-10。

林光龍、歐陽彥正（2002）。佛教知識庫的建立：以 Topic Map 建置玄奘西域行為例。*佛教圖書館館訊*，*32*，41-54。上網日期：2011 年 7 月 3 日，檢自 http://www.gaya.org.tw/journal/m32/32-main4.pdf

林佳宏、洪聖豪（2011）。以 CIDOC CRM 為基礎的影像資料庫知識探索之研究。*大學圖書館*，*15*（1），87-108。

林宸均（年代未詳）。*網路使用者圖像標記行為初探：以 Flickr 圖像標籤為例*。上網日期：2012 年 9 月 22 日，檢自 http://www.nhu.edu.tw/~society/e-j/86/30.htm

林春奇譯（1986）。*紐西蘭、澳洲等國教育制度*。南投縣：省政府教育廳。

林信成、歐陽慧、歐陽崇榮（2004）。以主題地圖建構索引典之語意網路模型。*圖書與資訊學刊*，*48*，35-56。上網日期：2011 年 8 月 21 日，檢自 http://mail.tku.edu.tw/sclin/research/pub/200402TMSemanticNet.pdf

林偉龍（2004）。中華民國出版圖書目錄光碟系統（SinoCat）新貌。*全國新書資訊月刊*，*65*，4-7。

林榮模（2003）。學習型組織的整合管理策略。*中華技術學院學報*，*29*，201-222。

拓展臺灣數位典藏計畫（2009）。*照片數位化工作流程指南*。上網日期：2015 年 2 月 8 日，檢自 http://content.teldap.tw/index/?p=993&page=2

吳怡瑾、張鈞甯（2011）。維基百科瀏覽輔助介面──整合連結探勘與語意關聯分析。*圖書資訊學研究*，*5*（2），101-142。上網日期：2011 年 8 月 28 日，檢自 http://jlisr.lac.org.tw/vj-attachment/2011/07/attach72.pdf

吳新興（2001）。整合理論：一些概念性的分析。*中國事務*，*5*，41-55。

吳學峰（1978）。國內外 CIP 發展情形研究。*圖書館學刊*，*7*，27-39。

武二偉（2009）。國外圖書在版編目（CIP）現狀分析及對我國的啟示。*現代情報*，*29*（3），18-22。

周樑楷（1996）。影視史學與歷史思維：以「青少年次文化中的歷史圖像」為教學實例。*當代*，*118*，8-21。

周樑楷（1999）。影視史學：理論基礎及課程主旨的反思。*臺大歷史學報*，*23*，445-470。

邱子恆、楊美華（2010）。國家圖書館中長程發展策略規劃之探究。*臺灣圖書館管理季刊*，*6*（2），59-81。上網日期：2011 年 10 月 5 日，檢自 http://www.ntl.edu.tw/public/Attachment/04279471926.pdf

施純福（2006）。創新・活力・大躍進中的高雄市立圖書館之內部顧客經營。*臺北市立圖書館館訊*，*24*（2），1-18。上網日期：2011 年 8 月 28 日，檢自 http://www.tpml.edu.tw/public/Attachment/03301125643.pdf

施毓琦、吳明德（2005）。大學圖書館網站個人化服務之使用者需求研究。*大學圖書館*，*9*（2），2-25。

政治大學商學院經營管理碩士學程（2009）。變化多端的數位科技創新與運用。國立政治大學商學院經營管理碩士學程電子報。上網日期：2011 年 9 月 23 日，檢自 http://epaper.emba.nccu.edu.tw/archives/267

政治大學圖書館（2011）。資源指南。上網日期：2011 年 9 月 4 日，檢自 http://www.lib.nccu.edu.tw/static/resourceweb/resourcehome.htm

胡歐蘭（2006）。邁入 13 位數碼的 ISBN 新里程：回首我國國際標準書號的來時路。全國新書資訊月刊，96，5-6。

高雄市立圖書館（2010）。知識地圖（K. Map）。上網日期：2011 年 9 月 1 日，檢自 http://163.32.124.29:8088/KPL/KSP/search.jsp

郝志平（2000）。中國 CIP：問題與對策。上網日期：2013 年 10 月 5 日，檢自 http://www.people.com.cn/BIG5/channel7/35/20001011/267189.html

晏國政、曹健、葉建平（2006）。在電子閱讀的衝擊下，傳統書業出版的市場影響力將會逐年降低。上網日期：2013 年 7 月 20 日，檢自 http://www.wretch.cc/blog/libnews/5016341

紐西蘭旅遊局（2013）。我們的土地 我們的人民 我們的珍寶。上網日期：2013 年 6 月 29 日，檢自 http://www.newzealand.com/travel/library/o13587_6.PDF

推行出版品預行編目制度研究小組（1991）。推行出版品預行編目制度（教育部圖書館事業委員會專題研究報告）。臺北市：教育部。

莊芳榮（1999）。[全國新書資訊月刊]發刊辭。全國新書資訊月刊，1，1。

莊道明（1994）。加拿大兩大國家圖書館的發展與挑戰：加拿大國家圖書館（National Library of Canada）與加拿大科學技術資訊中心（Canada Institute for Scientific and Technical Information）。國立中央圖書館臺灣分館館刊，1（2），24-37。

清華大學圖書館（2006）。清華大學圖書館奈米館藏資源示意圖。上網日期：2013 年 5 月 4 日，檢自 http://www.lib.nthu.edu.tw/guide/resource/holding_recommend/index.htm

清華大學圖書館（2011）。主題館藏選介。上網日期：2013 年 4 月 6 日，檢自 http://www.lib.nthu.edu.tw/guide/resource/holding_recommend/index.htm

黃廷彬、邱婉晴（民 96，12 月 16 日）。豐田成功解碼：精實產品開發落實 13 大原則，經濟日報，C5 版。

黃國寶（2000）。以 ISO9001 要求為觀點，認識企業整合管理資訊系統。品質管制月刊，36（8），76-80。

黃偉宏（2003）。行政支援系統整合作業簡介。人事月刊，37（1），49-52。

黃鴻珠、石秋霞（2006）。線上目錄的新面貌。在淡江大學圖書館編，Web2.0 與圖書館學術研討會論文集。臺北縣：淡江大學。上網日期：2011 年 7 月 17 日，檢自 http://www.lib.tku.edu.tw/libintro/pub/web20&lib_semina/onlinecat_ft.pdf

陳光華、何浩洋、陳怡蓁（年代未詳）。*圖書館自動化系統與 Web 2.0 的資訊服務*。上網日期：2010 年 6 月 20 日，檢自 http://www.lib.nchu.edu.tw/96leaders/pdf/web20open.pdf

陳和琴譯（1976）。何謂 CIP 計畫。*教育資料科學月刊，9*（2），16-17。

陳忠誠（2007）。建構整合性立法資訊系統：立法關係文書及相關部門作業系統整合管理的探討。*檔案與微縮，84*，10-20。

陳朋（年代未詳）。*學科信息資源的查找與利用：電子資源檢索入門*。上網日期：2010 年 6 月 13 日，檢自 http://www.lib.scuec.edu.cn/resource/xkzy.ppt

陳亞寧、陳淑君（2001）。以知識探索為本之知識組織方法論及研究分析。*圖書與資訊學刊，39*，36-51。上網日期：2011 年 4 月 24 日，檢自 http://metadata.teldap.tw/bibliography/journal/jp011101.pdf

陳建成（2007）。*RFID 行動導覽系統與資訊推送服務模式之設計與製作*。未出版之碩士論文，大同大學資訊工程研究所碩士論文，臺北市。

陳書梅（2002）。知識管理與圖書館組織文化。*中國圖書館學會會報，69*，66-81。

陳書梅（2010）。讀者服務館員負面工作情緒之實證研究：以公共圖書館為例。*圖書資訊學刊，8*（1），59-96。上網日期：2011 年 9 月 5 日，檢自 http://jlis.lis.ntu.edu.tw/article/v8-1-4.pdf

陳源蒸（2003）。*中文圖書 ECIP 與自動編目手冊*。北京市：北京圖書館出版社。

陳慧珍、卜小蝶（2008）。網路圖像檢索之相關判斷初探。*大學圖書館，12*（2），153-170。

陳慧鈴（2006）。整合檢索系統於圖書館服務之應用。*傳技電子報，40*。上網日期：2008 年 8 月 12 日，檢自 http://www.transtech.com.tw/e-paper/e-paper40/e-paper40-5.htm

陳瑩珊（2009）。*圖書館網站使用者介面之主題資訊呈現與欄位型式之設計研究*。未出版之碩士論文，國立臺灣科技大學設計研究所碩士論文，臺北市。

陳奭璁（2010）。*梭羅：創意是知識經濟的成功秘訣*。上網日期：2010 年 5 月 15 日，檢自 http://www.zdnet.com.tw/print/?id=11010201

張卉君（2009）。*晃蕩，在書店*。上網日期：2013 年 7 月 14 日，檢自 http://chiaur333.pixnet.net/blog/post/25267241

張君黛（1985）。CIP 計畫之研究。*知新集，20*，22-28。

張厚生（2000）。國家書目。在 *中國大百科全書智慧藏*。上網日期：2011 年 1 月 25 日，檢自 http://edba.ncl.edu.tw/cpedia/Content.asp?ID=340

張健（2009）。*圖像史料在歷史教學中的意義和運用*。未出版之碩士論文，華東師範大學碩士論文，上海市。上網日期：2015 年 2 月 20 日，檢自 http://www.docin.com/p-428204199.html

張夢禪、余顯強（2008）。應用主題地圖解構章回小說之研究：以紅樓夢為例。*臺灣圖書館管理季刊，4*（4），82-98。上網日期：2011 年 7 月 30 日，檢自 http://www.ntl.edu.tw/public/Attachment/992614374941.pdf

張瀚文（1999）。圖像資訊之描述與分析。*大學圖書館*，3（1）， 104-115。

萊克（Liker, J. K.）（2005）。*豐田模式：精實標竿企業的 14 大管理原則*（初版 21 刷）。（*The Toyota way: 14 management principles from the world's greatest manufacture*，李芳齡譯）。臺北市：麥格羅希爾。（原作 2004 年出版）

野中郁次郎、竹內弘高（2004）。*企業創新的螺旋：全球競爭下的知識創新架構*（胡瑋珊譯）。臺北縣汐止市：中國生產力。

國家圖書館（2008）。*每日預告書訊服務*。上網日期：2009 年 7 月 15 日，檢自 http://tps.ncl.edu.tw

國家圖書館（2009）。*出版品預行編目準則*。上網日期：2013 年 10 月 10 日，檢自 http://isbn.ncl.edu.tw/NCL_ISBNNet/main_ProcessMenuItems.php?PHPSESSID=c5bbu1m8gl0vndp0il70875g17&Ptarget=64&Pact=ViewContent&Pval=64&Pfld=Ffile

國家圖書館（2009）。*全國新書資訊網*。上網日期：2013 年 7 月 28 日，檢自 http://isbn.ncl.edu.tw/NCL_ISBNNet/

國家圖書館編（2009）。*國家圖書館 2009 至 2012 中程發展策略計畫*。臺北市：國家圖書館。

國家圖書館（2009）。*國際標準書號準則*。上網日期：2013 年 10 月 10 日，檢自 http://isbn.ncl.edu.tw/NCL_ISBNNet/main_ProcessMenuItems.php?PHPSESSID=c5bbu1m8gl0vndp0il70875g17&Ptarget=134&Pact=ViewContent&Pval=134&Pfld=Ffile

國家圖書館（2010）。*主題隨選（SOD）百科書目服務*。上網日期：2013 年 9 月 28 日，檢自 http://sod.ncl.edu.tw/SODFront/about.jspx?&gainticket=yes

國家圖書館（2010）。*國家圖書館編目園地*。上網日期：2010 年 2 月 22 日，檢自 http://catweb.ncl.edu.tw/index.php?sso_sn=1

國家圖書館編（2010）。*第四次全國圖書館會議中心議題與案由*。上網日期：2013 年 5 月 25 日，檢自 http://4thldt.ncl.edu.tw/download/991214subject_05.doc

國家圖書館編（2010）。*臺灣書目控制的未來報告書（稿）*。在 *2010 現代圖書館學術研討會會議手冊*（附錄）。臺北市：國家圖書館。

國家圖書館（2010）。編目人員應具備的基本素養為何？。*國家圖書館編目園地電子報*，*53*。上網日期：2013 年 10 月 3 日，檢自 http://catweb.ncl.edu.tw/portal_e2_page.php?button_num=e2&folder_id=1&cnt_id=15&order_field=&order_type=&search_field=&search_word=&search_field2=&search_word2=&search_field3=&search_word3=&bool1=&bool2=&search_type=1&up_page=3

國家圖書館編（2011）。*第四次全國圖書館會議成果摘要*。上網日期：2013 年 7 月 6 日，檢自 http://4thldt.ncl.edu.tw/upload/1228_1229Result_Abstract_v1000110.pdf

國家圖書館（2012）。*全國出版品國際標準書號及預行編目作業要點*。上網日期：2013 年 9 月 20 日，檢自 http://www.ncl.edu.tw/ct.asp?xItem=17703&ctNode=1652&mp=2

國家圖書館年報編輯小組編著（2009）。CIP 啟用新版分類法 啟航傳播每日書訊服務。
在國家圖書館年報. 2008：75 周年禮讚。臺北市：國家圖書館。

國家圖書館年報編輯小組編著（2010）。2009 國家圖書館年報：國家圖書館服務年。臺北
市：國家圖書館。

國家圖書館研究組編輯（2010）。國家圖書館2010 至 2013 中程發展策略計畫。臺北市：
國家圖書館。

國家圖書館國際標準書號中心編輯（2006）。中華民國國際標準書號與出版品預行編目手
冊（第二版）。臺北市：國家圖書館。

國家實驗研究院科技政策研究與資訊中心資訊服務處科技產業資訊室（2006）。產業策略
評析：SWOT、PEST 與五力分析。上網日期：2008 年 8 月 23 日，檢自
http://cdnet.stpi.org.tw/techroom/analysis/pat_A025.htm

逢甲大學圖書館（2011）。主題資源。上網日期：民 2011 年 8 月 20 日，檢自
http://web.lib.fcu.edu.tw/library/subjectguides/index.html

童敏惠（1998）。隨選資訊系統（IOD）簡介：VOD 與資源整合技術在圖書館之應用。教
學科技與媒體，38，46-49。

曾淑賢（2010）。國內外公共圖書館建築與空間改善之探討。臺灣圖書館管理季刊，6（4），
8-29。

彭于軒、柯皓仁（2008）。運用主題地圖於資源示意圖之研究。圖書館學與資訊科學，34
（1），39-61。上網日期：2011 年 7 月 3 日，檢自
http://jlis.glis.ntnu.edu.tw/ojs/index.php/jlis/article/viewFile/505/505

葉慶隆（2007）。語意網與知識管理。上網日期：2011 年 7 月 10 日，檢自
http://www.cse.ttu.edu.tw/chingyeh/courses/swkm/index2005Spring.htm

魁北克（2011，12 月 21 日）。在維基百科。上網日期：2012 年 1 月 5 日，檢自
http://zh.wikipedia.org/zh-tw/%E9%AD%81%E5%8C%97%E5%85%8B

鄒淑文（民 96，12 月 2 日）。由 e 化到 u 化：全面打造優化產業。經濟日報，A8 版。

廖又生（2002）。試論圖書館危機管理理論與實際。佛教圖書館館訊，32，65-69。

廖又生（2003）。圖書館知識管理初探。中國圖書館學會會報，71，51-60。

臺大圖資系（2008）。Principle of Least Effort 最小努力原則。在 Wiki in Library and
Information Science。上網日期：2011 年 6 月 15 日，檢自
http://morris.lis.ntu.edu.tw/wikimedia/index.php/Principle_of_Least_Effort_%E6%9C%80
%E5%B0%8F%E5%8A%AA%E5%8A%9B%E5%8E%9F%E5%89%87

臺北市立聯合醫院圖書館（2008）。新知服務 Auto alert。上網日期：2011 年 5 月 14 日，
檢自 http://service.tpech.gov.tw/library/auto%20alert.htm

臺灣大學圖書館（2010）。多媒體服務中心 影音@Online。上網日期：2013 年 5 月 4 日，
檢自 http://multimedia.lib.ntu.edu.tw/cvweb.aspx

臺灣師大圖書館期刊組（2000）。資料庫 SDI 免費服務。*線上資料庫消息報導*，*3*。上網
　　日期：2011 年 6 月 20 日，檢自 http://www.lib.ntnu.edu.tw/Database/OEDNR/news_3.htm
鄭肇陞譯（1983）。紐西蘭的圖書館服務和資源。*國立中央圖書館館刊*，*16*（2）89-92。
賴阿福（2005）。數位化學習之探討。*教師天地*，*136*，16-23。
聯合國新聞部聯合國網站事務科（2010）。*2010 年人類發展報告*。上網日期：2013 年 6
　　月 15 日，檢自 http://www.un.org/zh/development/hdr/2010/
聯合國開發計劃署（2013）。*2013 年人類發展報告*。上網日期：2013 年 7 月 14 日，檢自
　　http://www.un.org/zh/development/hdr/2013/pdf/HDR_2013_CH.pdf
薛理桂、王麗蕉（2006）。檔案館、圖書館與博物館三大知識領域在新資訊時代的整合趨
　　勢：以加拿大與英國為例。*檔案季刊*，*5*（4），1-16。
衛　民（2007）。千年爭戰下的歐洲和平：「新區域主義」與「全球化」的共生。*通識研
　　究集刊*，*11*，67-92。
簡立峰（2006）。以網路探勘為基礎的個人化的資訊過濾技術。*工程科技通訊*，*87*，88-91。
簡秀娟（2006）。*國家圖書館出版品預行編目（CIP）資料格式改動及施行之探討（未發
　　表之研究報告）*。
簡秀娟（2007）。出版品預行編目（CIP）在資訊時代的角色詮釋。*國家圖書館館訊*，*111*，
　　25-29。
簡秀娟（2008）。從知識型組織的整合管理策略探討 ISBN/CIP 作業模式。*全國新書資訊
　　月刊*，*111*，17-23。
簡秀娟（2009）。*出版品預行編目（CIP）編製範圍比較研究*（國家圖書館自行研究報告）。
　　臺北市：國家圖書館。
簡秀娟（民 99 年）。加拿大國家圖書館與檔案館新書資訊服務管窺。*臺灣圖書館管理季
　　刊*，*6*（4），110-118。
簡秀娟（2010）。臺灣地區出版品預行編目（CIP）作業近十餘年來的回顧與前瞻。*佛教
　　圖書館館訊*，*51*，81-88。
羅倩宜（民 102，5 月 13 日）。Big data IT 產業新黑金。*自由時報*。上網日期：2015 年
　　2 月 21 日，檢自 http://news.ltn.com.tw/news/business/paper/678811
顧敏（1984）。圖書館資源示意圖：很值得推廣的知識推廣工作。*臺北市立圖書館館訊*，
　　2（1），2-6。
顧敏（2007.10.14）。*知識管理的核心問題*。上網日期：2008 年 9 月 15 日，檢自
　　http://karlku.blogspot.com/2007/10/blog-post_9304.html
顧敏（2009）。2009 國家圖書館服務年的理念與新猷。*漢學研究通訊*，*110*，1-4。
顧敏（2009）。國家圖書館書目資訊服務 2009 年現況與展望。*國家圖書館館刊*，*98*（1），
　　1-22。

(二) 西文文獻

Antelman, K., Lynema, E. & Pace, A. K. (2006). Toward a twenty-first century library catalog. *Information Technology and Libraries, 25*(3), 128-139.

Association des Libraires du Québec. (2013). *Mission et historique.* Retrieved July 21, 2013, from http://www.alq.qc.ca/_a-propos/mission-et-historique.html

Audley, P. (1976). Why Canadian publishers support cataloguing in publication. *Ontario Library Review, 60*, 164-165.

Baker, N. (1996, October 14). Letter from San Francisco, the author vs. the library. *The New Yorker, 50.* Retrieved September 22, 2012, from http://www.newyorker.com/archive/1996/10/14/1996_10_14_050_TNY_CARDS_000375994

Barnett, S. J. (2008). *Publications New Zealand.* Retrieved July 7, 2013, from http://librarytechnz.natlib.govt.nz/2008_02_01_archive.html

Besser, H. (1990). Visual access to visual images: the UC Berkeley image database project. *Library Trends ,38* (4), 787-798.

Beier, J., Tesche, T. (2003). *Navigation and interaction in medical knowledge spaces using topic maps.* Retrieved June 4, 2011, from http://www.sciencedirect.com/science/article/pii/S0531513101000875

Bibliothèque et Archives nationales du Québec. (2006). *CIP program.* Retrieved January 5, 2012, from http://www.banq.qc.ca/services/services_professionnels/editeurs/programme_cip/index.html

Bottin des Éditeurs Francophones Canadiens. (2010). Retrieved July 21, 2012, from http://www.banq.qc.ca/portal/dt/ressources_en_ligne/bottin_des_editeurs/i-r_bottin.jsp

Calhoun, K., Cellentani, D., OCLC et al. (2009). *Online catalogs: what users and librarians want: an OCLC report.* Retrieved August 28, 2011, from http://www.oclc.org/us/en/reports/onlinecatalogs/default.htm

Canada. (2003). In *Funk & Wagnalls New World Encyclopedia.* Retrieved August 3, 2011, from http://web.ebscohost.com/ehost/ detail?vid=4&hid=108&sid=d59b33a4-c911-4803-a2c0-570c2ae229ca%40sessionmgr113&bdata=Jmxhbmc9emgtdHcmc2l0ZT1laG9zdC1saXZl#db=funk&AN=CA024000

Cataloging in Publication Division, Library of Congress. (2009). *The cataloging in publication program, Library of Congress.* Retrieved June 17, 2011, from http: //cip.loc.gov/

Cataloging in Publication Division, Library of Congress. (2012).*These categories of material are ineligible for CIP*. Retrieved October 10, 2013, from http://www.loc.gov/publish/cip/about/ineligible.html

Clavel-Merrin, G., Danskin, A., Knutsen, U., Parent, I., & Varniene-Janssen, R. (2009). Organisation and management of national bibliographies. In IFLA Working Group on Guidelines for National Bibliographies (Ed.), *National bibliographies in the digital age: guidance and new directions* (pp. 79-102). Munchen: Saur.

CIDOC CRM. (2010). Retrieved August 28, 2011, from http://cidoc.ics.forth.gr/

Danskin, A. (2009). Cataloguing. In IFLA Working Group on Guidelines for National Bibliographies (Ed.), *National bibliographies in the digital age: guidance and new directions* (pp. 37-53). Munchen: Saur.

Davis-Brown, B., Fineberg, G., Sayers, J., & Dalrymple, H. (2008). The future of bibliographic control: library convenes advisory group to look forward. *Library of Congress Information Bulletin, 67* (12), 212-215.

Dempsey, L. (2000). The subject gateway: experiences and issues based on the emergence of the resource discovery network. *Online Information Review, 24*(1), 8-23.

Dyson, M. C. (1992). How do you describe a symbol? the problems involved in retrieving symbols from a database. *Information Services & Use, 12*, 65-76.

Enser, P. G. B. (1995). Pictorial information retrieval. *Journal of Documentation, 51*(2) , 126-170.

Fast, K. V. & Campbell, D. G. (2004). I still like Google: university student perceptions of searching OPACs and the Web. In *Proceedings of the 67th ASIS&T Annual Meeting* (Vol. 41, pp. 138-146). Melford, NJ : Information Today.

Flickr. (2015). *BiblioArchives / LibraryArchives* . Retrieved February 19, 2015, from https://www.flickr.com/photos/lac-bac/sets/

Gislason, T. (1986). CIP: how it's being used. *Canadian Library Journal , 43*(6), 413-416.

Golden Gate Bridge, Highway and Transportation District. (2008, March 17). *Golden Gate Bridge research library*. Retrieved September 22, 2012, from http://goldengatebridge.org/research/

Google. (2012b). *Google Images*. Retrieved September 22, 2012, from http://images.google.com/

Hendry, D.G., Jenkins, J.R., & McCarthy, J.F. (2006). Collaborative bibliography. *Information Processing & Management, 42*(3), 805-825. Retrieved May 21, 2011, from http://citeseerx.ist.psu.edu/viewdoc/download?doi=10.1.1.103

IBM. (2015). *What is big data?* . Retrieved February 23, 2015, from http://www.ibm.com/big-data/us/en/

IFLA. (2004). *Survey of CIP programs report*. Retrieved January 5, 2012, from
http://www.loc.gov/catdir/cipsurvey/IFLA_CIP_Survey_Report.pdf

IFLA International Office for UBC ed. (1983). *Proceedings of the International Cataloging-in-Publication Meeting, Ottawa, 16-19, August 1982.* London: the editor.

IFLA Working Group on Guidelines for National Bibliographies (Ed.). (2009). *National bibliographies in the digital age: guidance and new directions.* Munchen: Saur.

Images Canada. (2002). *About* . Retrieved January 3, 2015, from
http://www.imagescanada.ca/009005-220-e.html?PHPSESSID=pimflnhp8kule49dsvrvdi8713

Images Canada. (2002). *About: acknowledgement.* Retrieved February 2, 2015, from
http://www.imagescanada.ca/009005-210-e.html?PHPSESSID=r6npn062lis9oro69u4deslqu7

Images Canada. (2002). *About: news.* Retrieved February 9, 2015, from
http://www.imagescanada.ca/009005-200-e.html?PHPSESSID=r6npn062lis9oro69u4deslqu7

Images Canada. (2002). *Educational resources.* Retrieved February 18, 2015, from
http://www.imagescanada.ca/009005-300-e.html?PHPSESSID=r6npn062lis9oro69u4deslqu7

Images Canada. (2002). *Photo essays.* Retrieved February 22, 2015, from
http://www.imagescanada.ca/009005-205-e.html?PHPSESSID=bsi5js52jss04ge06qrqd8ma83

Images Canada. (2004). *Copyright.* Retrieved February 20, 2015, from
http://www.imagescanada.ca/009005-230-e.html?PHPSESSID=r6npn062lis9oro69u4deslqu7

Images Canada. (2004). *Image trails.* Retrieved February 19, 2015, from
http://www.imagescanada.ca/009005-205-e.html?PHPSESSID=r6npn062lis9oro69u4deslqu7

International ISBN Agency. (2011-2013). *Publishers' International ISBN Directory, 39th edition.* Retrieved August 25, 2013, from http://www.degruyter.com/view/product/180453

Kelley, M. (2011). *Library of Congress may begin transitioning away from MARC.* Retrieved September 18, 2011, from
http://www.libraryjournal.com/lj/home/890784-264/library_of_congress_may_begin.html.csp

Kimak , J. (2009). *6 new personality disorders caused by the Internet.* Retrieved April 24, 2011, from
http://www.cracked.com/article_17522_6-new-personality-disorders-caused-by-internet_p2.html

Kupersmith, J. (1992). Technostress and the reference librarian. *Reference Services Review, 20*(2), 7-14. Retrieved September 6, 2011, from http://www.jkup.net/tstr_ref.html

Lancaster , F. W. (1996). Artificial intelligence, expert systems and the digital library. 在 *21 世紀資訊科學與技術的展望國際學術研討會論文集*（頁 1-22）。臺北市：世界新聞傳播學院圖書資訊學系。

Lee, W., Sugimoto, S., Nagamori, M., Sakaguchi, T., Tabata, K. (2003). *A subject gateway in multiple languages: a prototype development and lessons learned*. Retrieved September 6, 2011, from http://dcpapers.dublincore.org/ojs/pubs/article/viewFile/734/730

Library and Archives Canada. (2002). *Images Canada*. Retrieved January 4, 2015, from http://www.imagescanada.ca/index-e.html

Library and Archives Canada. (2004). *About AMICUS*. Retrieved August 5, 2012, from http://www.collectionscanada.gc.ca/amicus/006002-122-e.html

Library and Archives Canada. (2005). *Introducing Library and Archives Canada (LAC)*. Retrieved January 15, 2012, from http://www.collectionscanada.gc.ca/legislation/index-e.html

Library and Archives Canada. (2005). *New Books Service*. Retrieved August 5, 2012, from http://www.collectionscanada.gc.ca/newbooks/index-e.html

Library and Archives Canada. (2006). *About us*. Retrieved February 2, 2015, from http://www.collectionscanada.gc.ca/about-us/012-204-e.html

Library and Archives Canada. (2008). *AMICUS*. Retrieved July 2, 2013, from http://www.collectionscanada.gc.ca/amicus/index-e.html

Library and Archives Canada. (2009). *Benefits of the CIP Program*. Retrieved May 21, 2013, from http://www.collectionscanada.gc.ca/cip/041003-3000-e.html

Library and Archives Canada. (2009). *The Canadian ISBN Service System (CISS)*. Retrieved March 2, 2013, from http://www.collectionscanada.gc.ca/ciss-ssci/041002-2000-e.html

Library and Archives Canada. (2009). *CIP (Cataloguing in Publication)*. Retrieved October 12, 2013, from http://www.collectionscanada.gc.ca/cip/index-e.html

Library and Archives Canada. (2009). *CIP: cataloguing in publication: comments*. Retrieved January 22, 2012, from http://www.collectionscanada.gc.ca/cip/041003-120.01-e.php?title=CIP

Library and Archives Canada. (2009). *CIP: cataloguing in publication: scope and coverage*. Retrieved January 29, 2012, from http://www.collectionscanada.gc.ca/cip/041003-1000-e.html

Library and Archives Canada. (2009). *How to apply for CIP*. Retrieved January 19, 2012, from http://www.lac-bac.gc.ca/cip/041003-1000-e.html

Library and Archives Canada. (2009). *List of CIP agents for Canadian publishers*. Retrieved February 2, 2012, from http://www.collectionscanada.gc.ca/cip/041003-4000-e.html

Library and Archives Canada. (2009). *User's guide.* Retrieved January 2, 2012, from http://www.lac-bac.gc.ca/cip/041003-3000-e.html

Library and Archives Canada. (2010). *CIP Application Form: New Books Service.* Retrieved July 2, 2013, from http://www.collectionscanada.gc.ca/cip/041003-5030-e.php

Library and Archives Canada. (2010). *CIP for government publishers.* Retrieved January 26, 2012, from http://www.collectionscanada.gc.ca/ cip/041003-5005-e.html

Library and Archives Canada . (2010). *CIP for trade publishers.* Retrieved January 19 , 2012, from http://www.collectionscanada.gc.ca/cip/041003-5000-e.html

Library and Archives Canada. (2012). *Library and Archives Canada services.* Retrieved January 4,2015, from http://www.collectionscanada.gc.ca/contact/index-e.html

Library and Archives Canada. (2013). *Our Mandate.* Retrieved June 21,2013,from http://www.bac-lac.gc.ca/eng/about-us/Pages/our-mandate.aspx

Library and Archives Canada. (2013). *Services and programs.* Retrieved June 21, 2013, from http://www.bac-lac.gc.ca/eng/services/Pages/services-programs.aspx

Library and Archives Canada. (2015). *News.* Retrieved January 25, 2015, from http://www.baclac.gc.ca/eng/news/Pages/default.aspx

Library and Archives Canada Blog. (2015). *Category archives: Flickr.* Retrieved January 24, 2015, from http://thediscoverblog.com/category/flickr/

Library of Congress. (2008). *Survey of CIP Programs.* Retrieved July 25, 2008, from http://www.ifla.org/VII/s12/pubs/s12-Survey-National-CIP-Programs.pdf

Library of Congress. (2009). *Browse by topic.* Retrieved May 22, 2010, from http://www.loc.gov/topics/

Library of Congress. (2011). *Transforming our bibliographic framework: a statement from the Library of Congress.* Retrieved August 28, 2011, from http://www.loc.gov/marc/transition/news/framework-051311.html

Library of Congress. (2012). *About browse by topic.* Retrieved April 6, 2013, from http://www.loc.gov/topics/about.php

Maxwella, Robert L. (2010). Bibliographic control. In *Encyclopedia of Library and Information Sciences* (3rd ed.), *1*(1). Retrieved May 10, 2012, from http://www.informaworld.com/smpp/content~db=all~content=a917620538~frm=titlelink? words=cip

McKeen, L. (2009). Canadiana, the national bibliography for Canada, in the digital age. *International Cataloguing and Bibliographic Control, 38*(2). Retrieved June 25, 2012, from http://archive.ifla.org/IV/ifla74/papers/162-McKeen-en.pdf

National Library of Australia. (2011). *Research guides.* Retrieved April 6, 2013, from http://www.nla.gov.au/guides/

National Library of Australia. (2012). *Cataloguing in Publication (CIP)*. Retrieved June 22, 2013, from http://www.nla.gov.au/cip

National Library Board Singapore. (2010). Retrieved June 20, 2010, from http://www.nlb.gov.sg/page/Corporate_portal_page_home

National Library Board Singapore. (2012). Retrieved October 21, 2012, from http://www.nlb.gov.sg/page/Corporate_portal_page_home

National Library Board Singapore. (2013). *About CIP*. Retrieved June 25, 2013, from http://deposit.nl.sg/LDNet-web/CIPUserGuide.pdf;jsessionid=AAC04355B4AC3E9E20B FA6BF54785F62

National Library of New Zealand. (2009). *You can generate your own reports on Publications New Zealand.* Retrieved July 7, 2013, from http://gethelp.natlib.govt.nz/2009/06/11/reports-on-publicationsnz/

National Library of New Zealand. (2010). *The PublicationsNZ Book Cover Image Service.* Retrieved July 6, 2013, from http://natlib.govt.nz/files/pubsnz/Accessing-book-cover-images-from-NLNZ.pdf

National Library of New Zealand. (2011). *History of the National Library of New Zealand.* Retrieved February 5, 2013, from http://natlib.govt.nz/about-us/our-history

National Library of New Zealand. (2011). *Joining the Cataloguing-in-Publication (CIP) programme.* Retrieved January 2, 2013, from http://www.natlib.govt.nz/services/get-advice/publishing/cataloguing-in-publication

National Library of New Zealand. (2011). *New Generation National Library Strategic Directions to 2017.* Retrieved June 22, 2013, from http://natlib.govt.nz/files/strategy/Strategic_Directions_to_2017.pdf

National Library of New Zealand. (2011). *New Zealand National Bibliography.* Retrieved February 13, 2011, from http://www.natlib.govt.nz/catalogues/ downloads-nznb/NZNB-intro.pdf

National Library of New Zealand. (2011). *Publications New Zealand.* Retrieved January 17, 2011, from http://natlib.govt.nz/collections/a-z/publications-new-zealand

National Library of New Zealand. (2011). *Publications New Zealand RSS Feed.* Retrieved February 4, 2011, from http://nbd.natlib.govt.nz/cgi-bin/pubnz_rss.cgi

National Library of New Zealand. (2011). *Role of the National Library.* Retrieved February 17, 2011, from http://www.natlib.govt.nz/about-us/role-vision/the-role-of-the-national-library

National Library of New Zealand. (2012). *Cataloguing in Publication (CIP)*. Retrieved June 30, 2013, from http://natlib.govt.nz/publishers-and-authors/cataloguing-in-publication

New Zealand. (2003). In *Funk & Wagnalls New World Encyclopedia*. Retrieved January 3, 2011, from http://web.ebscohost.com/ehost/detail?hid=17&sid=81c2aca4-f439-4989-8609-a5a265046 185%40sessionmgr11&vid=3&bdata=Jmxhbmc9emgtdHcmc2l0ZT1laG9zdC1saXZl#db= funk&AN=NE040400

OCLC. (2005). *Perceptions of libraries and information resources: a report to the OCLC membership*. Retrieved July 10, 2011, from http://www.oclc.org/reports/pdfs/Percept_all.pdf

OCLC. (2010). *Perceptions of libraries, 2010: context and community*. Retrieved July 17, 2011, from http://www.oclc.org/asiapacific/zhtw/news/releases/2011/20115.htm

Outing, S. (1999). *Keep it simple in the age of overload*. Retrieved September 6, 2011, from http://www.brainnew.com.tw/Article/outing1999/F_122099.htm

Parliamentary Counsel Office. (2013). *National Library of New Zealand Act 2003*. Retrieved July 7, 2013, from http://legislation.govt.nz/act/public/2003/0019/latest/DLM191962.html?search=ts_act_nati onal+library_resel&p=1&sr=1

Rosa, C. De, Dempsey, L., Wilson, A. (2004). *The 2003 environmental scan: pattern recognition: a report to the OCLC membership*. Retrieved August 27, 2011, from http://www.oclc.org/membership/escan/toc.htm

San Francisco Public Library. (2002-2013). *Browse digitized images by subject*. Retrieved May 4, 2013, from http://sfpl.org/index.php?pg=2000028501

San Francisco Public Library. (2011). *About the Main Library*. Retrieved October 13,2012, from http://sfpl.org/index.php?pg=2000063301

San Francisco Public Library. (2011). *About the photo collection*. Retrieved October 13, 2012, from http://sfpl.org/index.php?pg=2000017201

San Francisco Public Library. (2011). *Branch library improvement program (BLIP)*. Retrieved October 13, 2012, from http://sfpl.org/index.php?pg=2000002301&sl=1

San Francisco Public Library. (2011). *Browse digitized images by subject*. Retrieved October 21, 2012, from http:// sfpl.org/index.php?pg=2000028501

San Francisco Public Library. (2011). *Featured galleries*. Retrieved October 14, 2012, from http://sfpl.org/index.php?pg=2000029101

San Francisco Public Library. (2011). *Library timeline*. Retrieved October 6, 2012, from http:// sfpl.org/index.php?pg=2000105801

San Francisco Public Library. (2011). *Main Library*. Retrieved October 7, 2012, from http:// sfpl.org/index.php?pg=0100000101

San Francisco Public Library. (2011). *Order images*. Retrieved October 14, 2012, from http://sfpl.org/index.php?pg=2000014701

San Francisco Public Library. (2011). *Other facts about the building*. Retrieved October 7, 2012, from http:// sfpl.org/index.php?pg=2000063401

San Francisco Public Library. (2011). *Print collections*. Retrieved October 10, 2012, from http://sfpl.org/index.php?pg=2000019501

San Francisco Public Library. (2011). *San Francisco History Center*. Retrieved October 10, 2012, from http://sfpl.org/index.php?pg=0200002501

San Francisco Public Library. (2011). *Subject guides*. Retrieved October 14, 2012, from http://sfpl.org/index.php?pg=2000015201

San Francisco Public Library. (2012). *About old S.F.*. Retrieved October 28, 2012, from http://www.oldsf.org/about

San Francisco Public Library. (2012). *Explore the library's geocoded images on old S.F.*. Retrieved October 28, 2012, from http://www.oldsf.org/#

San Francisco Public Library. (2012). In *Wikipedia*. Retrieved October 10, 2012, from http://en.wikipedia.org/wiki/San_Francisco_Public_Library

Sutcliffe, R. J. (2002-2003). Toward the metalibrary. In *The fourth civilization: technology society and ethics* (4th ed.). Retrieved March 31, 2012, from http://www.arjay.bc.ca/EthTech/Text/index.html

Shapira, B., Shoval, P., Raveh, A., Hanani, U. (1996). Hypertext browsing: a new model for information filtering based on user profiles and data clustering. *Online & CD-ROM Review, 20* (1), 3-10.

Staff of the Bibliographic Access Divisions of the Library of Congress. (2007). *CIP poised for change: survey findings and recommendations of the 2006 CIP Review Group*. Retrieved July 10, 2009, from http: //cip.loc.gov/2006cipsurveylist.html

Sutcliffe, R. J. (2002-2003). Toward the metalibrary. In *The fourth civilization: technology society and ethics* (4th ed.). Retrieved June 3, 2010, from http://www.arjay.bc.ca/EthTech/Text/index.html

Time Inc. (2006). Person of the year: you. *TIME, 168*(26). Retrieved February 21, 2015, from http://content.time.com/time/covers/asia/0,16641,20061225,00.html

TopicMaps.Org. (2000). *XTM*. Retrieved September 6, 2011, from http://www.topicmaps.org/

Toronto Public Library. (2002). *Toronto: a place of meeting,10,000 years of history virtual gallery*. Retrieved January 12, 2015, from http://ve.torontopubliclibrary.ca/TPM/index.html

Travis, M. (2011). *Seven habits of highly effective library websites.* Retrieved July 24, 2011, from http://blogs.talis.com/panlibus/archives/2011/06/seven-habits-of-highly-effective-library-w ebsites.php

University of California Libraries Bibliographical Services Task Force. (2005). *Rethinking how we provide bibliographic services for the University of California.* Retrieved, September 6, 2011, from http://libraries.universityofcalifornia.edu/sopag/BSTF/Final.pdf

White, Hayden.(1988). Historiography and historiophoty. *American Historical Review, 93*(5),1193-1199.

Working Group on the Future of Bibliographic Control. (2008). *On the record: report of the Library of Congress Working Group on the future of bibliographic control.* Retrieved July 8, 2009, from

http: //WWW.loc.gov/bibliographic-future/news/LCWGRptResponse_DM_053008.pdf

World eBook Library. (2015). *Library and Archives Canada.* Retrieved February 18, 2015, From http://ebook2.worldlibrary.net/articles/Library_and_Archives_Canada

Yahoo!. (2012). *Flickr.* Retrieved September 22, 2012, from http://www.flickr.com/

Yahoo!. (2014). *Flickr.* Retrieved February 18, 2015, from http://www.flickr.com/

Zumer, M. (2009). Value of national bibliographies: use and users. In IFLA Working Group on Guidelines for National Bibliographies (Ed.), *National bibliographies in the digital age: guidance and new directions* (pp. 19-28). Munchen: Saur.

國家圖書館出版品預行編目(CIP) 資料

數位時代圖書資訊服務新建構 ： 國際視野的觀察 /
簡秀娟著. -- 初版. -- 臺北市 ： 元華文創，
民 106.03
　　面 ； 公分
　ISBN 978-986-393-905-4（平裝）

1.書目服務 2.資訊服務 3.出版品預行編目 4.新
書通報 5.文集

023.07   106001798

數位時代圖書資訊服務新建構
——國際視野的觀察

The New Construction of Library Information Services in the Digital Era: an International Perspective

簡秀娟（Hsiu-Chuan Chien）　著

發 行 人：陳文鋒

出 版 者：元華文創股份有限公司

聯絡地址：100 臺北市中正區重慶南路二段 51 號 5 樓

電　　話：(02) 2351-1607

傳　　真：(02) 2351-1549

網　　址：www.eculture.com.tw

E - m a i l：service@eculture.com.tw

出版年月：2017（民 106）年 3 月 初版

定　　價：新臺幣 420 元

I S B N：978-986-393-905-4（平裝）

總 經 銷：易可數位行銷股份有限公司

地　　址：231 新北市新店區寶橋路 235 巷 6 弄 3 號 5 樓

電　　話：(02) 8911-0825　　傳　　真：(02) 8911-0801

版權聲明：

　　本書版權為元華文創股份有限公司（以下簡稱元華文創）出版、發行相關著作權利（含紙本及電子版）。非經元華文創同意或授權，不得將本書部份、全部內容複印或轉製、或數位型態之轉載複製，及任何未經元華文創同意之利用模式，違反者將依法究責。

封面圖片引用出處：insspirit

https://pixabay.com/en/abstract-geometric-world-map-1278008/

■ 缺頁或裝訂錯誤 請寄回本公司 其餘本書售出恕不退換 ■